[英] 安迪·克拉克
Andy Clark
著

魏军 刘林澍 | 译

The Experience Machine

How Our Minds Predict and Shape Reality

体验机器

我们的大脑如何预测和塑造现实

中信出版集团 | 北京

图书在版编目（CIP）数据

体验机器：我们的大脑如何预测和塑造现实 /（英）安迪·克拉克著；魏军，刘林澍译 . -- 北京：中信出版社，2025.4. -- ISBN 978-7-5217-7454-2

Ⅰ. B84

中国国家版本馆 CIP 数据核字第 2025YT7146 号

The Experience Machine : How Our Minds Predict and Shape Reality © 2023 by Andy Clark
Published by arrangement with the original publisher Pantheon Books
Simplified Chinese translation copyright © 2025 by CITIC Press Corporation
ALL RIGHTS RESERVED
本书仅限中国大陆地区发行销售

体验机器——我们的大脑如何预测和塑造现实

著者：　　［英］安迪·克拉克（Andy Clark）
译者：　　魏军　刘林澍
出版发行：中信出版集团股份有限公司
　　　　　（北京市朝阳区东三环北路 27 号嘉铭中心　邮编 100020）
承印者：　三河市中晟雅豪印务有限公司

开本：787mm×1092mm　1/16　　印张：19.25　　字数：300 千字
版次：2025 年 4 月第 1 版　　　　印次：2025 年 4 月第 1 次印刷
京权图字：01-2024-6626　　　　　书号：ISBN 978-7-5217-7454-2
　　　　　　　　　　　　　　　　定价：69.00 元

版权所有·侵权必究
如有印刷、装订问题，本公司负责调换。
服务热线：400-600-8099
投稿邮箱：author@citicpub.com

特别献给亚历克莎和吉尔

你的所见所闻很大程度上取决于你的立场，
　　还取决于你是什么样的人。

　　——C.S. 刘易斯，《纳尼亚传奇：魔法师的外甥》

目 录

前　　言　　形塑体验　　　　　　　　　　　　*III*

第 1 章　　预测机器开箱　　　　　　　　　　　*001*
第 2 章　　精神病学与神经病学：弥合偏差　　　 *035*
第 3 章　　作为自我实现预言的行动　　　　　　 *075*
第 4 章　　预测身体状态　　　　　　　　　　　 *095*
插　　曲　　心智问题：对预测性大脑的预测？　　*123*
第 5 章　　期待更好的事物　　　　　　　　　　 *141*
第 6 章　　突破原生大脑局限　　　　　　　　　 *163*
第 7 章　　"黑进"预测机器　　　　　　　　　　*201*
结　　论　　预测生态学：心智的大一统理论　　　*235*

附　　录　　细节补充　　　　　　　　　　　　　*243*
致　　谢　　　　　　　　　　　　　　　　　　　*257*
注　　释　　　　　　　　　　　　　　　　　　　*259*

前　　言　　形塑体验

几年前，我受邀在一个于伦敦举办的科普节上演讲。作为一位认知哲学教授（这个古怪的头衔反映了我横跨哲学、神经科学、心理学和人工智能的兼收并蓄的兴趣），我准备就我最喜欢的话题之一——人类大脑作为"预测机器"来发表演讲。这个科普节名为"新科学家在线"，由一家科普杂志主办。每年，《新科学家》（杂志）都会邀请许多不同领域的专家做公开演讲。那年，它在位于伦敦码头区的伦敦展览中心（ExCel）举行。步入伦敦展览中心就像踏上了多艘连在一起的远洋客轮，每艘客轮都在举办不同的大型活动。作为一名大学教授，我对公开演讲并不陌生，但站在一个大礼堂的后台，想到幕布后座无虚席，我不禁紧张起来。也许我应该对演示文稿做一些最后的修改，也许我应该穿一件低调点儿的衬衫，我有没有忘记向某人致谢？突然，手机在口袋里振动起来，打断了我那焦虑的思绪。

但是手机并不在我的口袋里！我很快回想起来，我已经把它拿了出来，放到了讲台下，为了演讲活动，我还将它安全地设置为飞行模式。但是我感受到了振动，还是清晰、强烈的振动！我所经历的完全是一种现代现象，是大脑玩的一套司空见惯的把戏，现在被称为幻觉振动综合征。由于我常年"机不离身"，我的大脑已逐渐习惯于期待口袋中频繁的振动干扰，而且我不是唯一会产生这种感觉的人。2012年，有一项研究发现，89%的本科生声称自己会感受到虚幻的手机振动提示，这种现象在医学实习生中尤为常见，他们感受到的振动幻觉与压力水平密切相关。"幻觉振动综合征"在2013年被澳大利亚的《麦考瑞词典》评为"年度词汇"。

我要开始演讲时，突然产生这种振动幻觉其实是合乎情理的。尽管这种现象在心理学和神经科学领域已众所周知，但其现在已成为我过去10年来一直在构建的一个更宏大理论的一部分。根据这个包罗万象的理论（我演讲的主题），振动幻觉只是一切人类体验构建方式的生动例证。根据一种被称为"预测处理"的新理论，我们所体验的现实是根据我们自己的预测构建的。是我对口袋中振动的习惯性期待，加上上台前的压力，让我感受到了纯属虚构的振动。

预测处理涉及科学和哲学中最具挑战性的问题之一——我们的心智与现实间关系的本质。这一稳步发展中的理论改变了我们对这种关系的理解，并产生了深远的影响。人们曾普遍相信感官是通向世界的被动的窗口，但预测处理理论描绘的图景与这种观念大相径庭：我们的大脑总在努力预测世界正要呈现给我们的样子，而且这种预测活动永不止息。正是预测构建与形塑了人类的一切体验，从我们解读他人面部表情的方式，到我们感受到的痛苦，再到我们的观影计划。

如果这一理论是正确的，那么我们所做的，或我们的任何体验都必然与我们的期望有关。这意味着一种持续不断的"相互迁就"：体验不仅反映了世界正向我们传达的，而且反映了我们对它向我们有意或无意传达的内容的期望。结果之一便是，我们永远无法单纯地看到"绝对真实"的世界——剥离了自身期望，或隔绝了过往经验。相反，人类的一切体验在某种程度上都是幻觉，它来自我们根深蒂固的预测。我们无法在没有预测和期望的条件下体验现实，正如我们无法在平滑如镜的海面上冲浪。

当我站在"新科学家在线"科普节的后台时，等待演讲的压力让我的预测机器超负荷运转。根据我多年的经验，我不会期望脚下的地板瞬间变成果冻，或有一块铁砧像动画片里的那样砸在我头上。但我的手机确实经常在口袋里烦人地振动，导致我的大脑形成了对频繁振动的基线预测。压力和咖啡因（对我来说都不少）会放大这种效应，而来自内脏的焦虑信号则会直接传入大脑中的预测机器。当所有因素汇集在一起时，对口袋中振动的基线预测暂时成了我的现实。这一切发生得确实很快，但我也能同样快速地调整自己，回到现实之中，意识到那只是一种幻觉。[1]

我之所以会产生这种幻觉，是因为预测性大脑其实是一台猜测机器，它会主动预测来自身体和周围世界的信号。它所做的假设水平越高，猜测的水平就越高。当然，即使我们基于充分信息做了最好的猜测，也免不了出错——毕竟手机确实不在我的口袋里。当大脑的最佳猜测出了错，与实际感觉信号的不匹配就会带来关键的新信息。大脑会用这些信息（预测误差，prediction error）再度尝试，试图更准确地猜测事物的真实情况。但我们的体验依然反映了大脑当前的最佳猜测，只不过每一轮的新猜测都更有依据。

这挑战了关于感知的传统观念。感觉信息通常被认为是体验的起点，但关于预测性大脑的新兴科学提出了截然不同的见解，即当前的感觉信号被用于完善和纠正正在进行的有依据的猜测（预测的尝试）的过程。预测成了"主角"。根据这种新见解，我们对世界、自己甚至自己身体的体验从来不是对外部或内部事实的简单反映。相反，一切人类体验都源于有依据的预测和感官刺激的交汇。

这是我们对心智理解的一次深刻变革，从根本上改变了我们应该如何看待感知与人类现实的构建。在人类历史的绝大多数时间里，科学家和哲学家都将感知视为一个主要"由外而内"的运行过程：光、声音、触碰和化学气味会刺激眼睛、耳朵、鼻子和皮肤中的感受器，这些信号而后被进一步提炼，大脑据此绘制出一幅关于广阔世界的更加丰富的图景。即使进入 21 世纪，无论是神经科学还是人工智能领域的前沿模型仍保留了这一观点的核心要素。

预测处理的新科学将这一传统说法颠覆了。现在，知觉的形成在很大程度上是反方向的，因为在大脑深处形成的预测会下行至皮肤、眼睛、鼻子和耳朵等接收外界信号的感官附近的区域，从而改变反应。传入的感觉信号有助于纠正预测中的误差，但预测有主导权。这意味着我们今天所感知的深深根植于我们昨天乃至更早的经历之中。我们日常体验的方方面面都由隐藏的预测网络过滤后传递给我们——大脑的最佳预期根植于我们自己的过往经历。

要想理解这有多么重要,想象一下:在一个奇怪的世界里,天气预报不仅仅预测天气,还能在导致天气变化方面扮演重要的角色。关于降雨的有把握的预报会引起决定天气变化的物质和能量流动的改变,也就是说,关于降雨的有把握的预报具有使降雨的可能性变大的因果效应。在那个世界里,就像在现实中一样,天气预报依赖于一个(永远不完美的)模型,这个模型描述了现有天气状况最有可能依时而变的方式。但在那个世界里,此时此地的天气反映了先前的预报本身和外部世界先前状况的综合影响。

我们并不生活在那个奇怪的世界里。现实中的天气并不受我们基于模型的最佳预测的影响。但我们的心智世界在某种程度上确实具有非凡的特征:大脑对特定景象、声音或感受的强烈预测会在塑造我们所见、所闻或所感的过程中发挥作用。

情绪、心境甚至计划也都以预测为基础。抑郁、焦虑和疲劳都反映了塑造我们体验的内隐预测的改变。改变预测(比如使用不同的词汇"重构"特定情境),我们的体验本身也会改变。想象我在上台演讲前因肾上腺素飙升而感到躁动。我曾刻意练习,在口头上避免将躁动感表述为失败的预兆,而是将其解读为自身为出色表现准备就绪的化学反应,这有助于改变我对自己的预测,从而在演讲中更加轻松自如。我们将探索几种类似的干预措施,并强调它们出人意料的适用范围以及不可否认的局限性。

你与你感知的现实有怎样的关系?你以何种方式塑造它,进而以何种方式塑造自己，甚至常常不自知？在本书中，我将直面这些关键问题，借鉴范式转换的研究成果，并探讨这些见解对神经科学、心理学、精神病学、医学以及我们的生活方式意味着什么。从慢性疼痛到精神疾病，我们将深入探究身体感受和自我体验，并了解对预测性大脑的研究如何帮助我们解释人类的行为和神经多样性。我们将重新评估自己对世界的体验，从社交焦虑到情绪反馈循环，再到可能渗透到我们判断中的各种偏向。我们还将探讨预测性大脑如何支持"延展心智"，使我们与最匹配的工具和环境间的界限越发模糊。

　　本书结论部分将介绍如何将关键见解付诸实践，探讨如何通过改变行动、使用不同话术重构体验以及有控制地使用致幻剂来"黑进"预测性的心智。随着这些主题汇聚，我们将窥见全新的、更加深刻而统一的心智科学的轮廓，它能公正对待人类体验的广度和多样性，对我们更好地认识自身并改善生活也具有现实意义。

第 1 章

预测机器开箱

清晨，我还在卧室中熟睡，一大堆令人生畏的工作文件放在床边。我缓缓从睡梦中醒来，听到了一阵轻柔的鸟鸣声。或者，至少一开始貌似是这样的。但我很快发现我错了。我努力倾听，意识到四周是死一般的寂静。连我家猫咪清晨讨要食物的叫声都没有打破这片寂静。原来鸟鸣声只是我的幻听。

幸运的是，我对此有一个简单的解释。我爱人为了让早上醒来的过程更加舒缓，最近决定使用一款会播放鸟鸣声而非传统闹铃声的智能手机应用程序。这款应用程序的闹铃声一开始是轻柔的鸟鸣，然后非常缓慢地增强为近乎鸟儿晨间的大合唱。当天早上，闹钟实际上并没有响起，因为时间还太早。而且，真正的鸟鸣声也从未透过双层玻璃传入房间。但我已经习惯在那缓慢增强的鸟鸣声中醒来，以至于我的大脑开始对我耍起了花招。我现在发现自己经常在闹钟响起之前就已经醒了，似乎已经听到了那些预先录制的鸟鸣声的轻柔前奏。

这是真正的幻听，是由我新形成的对在轻柔鸟鸣声中苏醒的强烈期望而引起的。我对这种幻听的倾向可能并没有什么凶险之处。人们早就知道，适当的训练会很容易诱发幻觉，无论是幻视还是幻听。[1]但我们直到最近才意识到，这些现象（以及许多其他有趣的现象）的背后其实是一幅宏大图景，它正是人类一切体验的核心。

我们的主要观点（本书的主题）是：人类的大脑是预测机器。它们是进化而来的器官，从期望与实际感官证据的交织和变化中构建及重构我们的主观体验。根据这一观点，我自己对醒来时可能听到的声音的无意识预测，将我的感知体验朝着那个方向简单地"拽"了一下，造成了短暂的幻听，随着更多信息传入我的感官，幻觉很快得到纠正。这些新信息（表示没有鸟鸣声）生成了"预测误差信号"，至少在这种情况下，这些信号足以修正我的体验，使其与现实一致。对寂静房间的明确体验消除了幻听。但在其他情况下，正如我们将看到的，错误的预测可能会变得根深蒂固，我们也更难接触现实（这本身就是一个复杂而棘手的概念）。即使没有误差，当我们看到事物的"本来面目"时，我们大脑的预测仍然发挥着核心作用。人们越来越认为预测和预测误差是人脑的"通用货币"，正是在它们的动态平衡下，人类的一切主观体验得以形成。

本书正是关于这种平衡的，它构成了一门新兴的科学，颠覆了我们对感知世界的许多已有看法。这门科学的理念是，大脑根据从过往遭遇中了解到的信息，不断地试图猜测外界的（以及我们自身的）事物最有可能是什么样子的。这门新科学认为，我所看见、听见、触摸和感受到的一切反映"隐藏的预测源泉"。如果期望足够强烈，或者

（就像闹钟一开始的轻柔鸟鸣声那样）感官证据足够弱，我就可能出错，也就是用大脑对事物应然状态的最佳猜测"覆盖"了部分真实的感觉信息。

这并不意味着成功的感知仅仅是幻觉的一种形式，尽管其机制与幻觉的机制相关。我们不应低估眼睛、耳朵和其他感官搜集的丰富信息。但我们的新科学以一种新颖、别样的方式解释了视觉乃至更普遍的知觉的运作过程，将其视为一种由我们大脑本身的最佳预测引导的过程；而后，我们会根据感官输入对预测进行检查和校正。当预测机器正常运行时，感知不仅取决于传入的感觉信息，而且取决于差异——实际接收的感觉信号与大脑预期的信号间的差异。

大脑不会每次都以初始状态"开机"——即便我一大早刚醒，它也不是白纸一张。预测和期望总是在起作用，主动地构建我们每时每刻的体验。根据这种非传统解释，感知的大脑从来不会单纯被动地回应世界。相反，它积极地尝试产生关于世界的"幻觉"，再以感官输入的证据加以检验。换句话说，大脑一直在绘制一幅图画，当预测与实际输入的感官证据不匹配时，感觉信息的作用主要是对笔触进行微调。

对感知过程的这一新的认识对我们的生活至关重要。它改变了我们看待自身感官证据的应有方式，也影响了我们对自身状态（疼痛、饥饿和其他体验，如感到焦虑或抑郁）的认识。对自身状态的感受同样反映了我们大脑的预测和当前身体信号的复杂混合。这意味着我们有时可以通过改变自己（有意识或无意识）的预测来改变我们的感受。

这并不意味着我们就可以简单地"更好预测自己",也不意味着我们可以随意改变自己对疼痛或饥饿的体验。但它确实提出了一些原则性的,或许是意想不到的回旋余地,而通过监督和训练,我们可以善加利用。若能谨慎处理,更好地认识预测的力量可以改进我们看待自身医学症状的方式,并提供理解心理健康、心理疾病和神经多样性的新途径。

视觉的智能相机模型

大脑本质上是一台伟大的预测机器,这一理念是近期才出现的。在此之前,人们普遍认为感觉信息主要以"前馈"的方式处理,即由我们的感官获取并直接"正向"传入大脑之中。举一个研究得最为充分的例子,我们曾相信视觉信息会先由双目"登记",然后以逐步深入的方式在大脑内部进行处理,提取出越发抽象的信息形式。大脑可能先从入射光的模式中提取有关简单特征的信息,如线条、斑点和边缘,然后将它们组合成更大、更复杂的整体。我称之为视觉的智能相机模型。这显然不是一台相机,而是一个高度智能的系统。但和常见的相机一样,影响的流动方向主要是向内的:从双目到大脑。直到在这个过程中某个较晚的节点,生命记忆和世界知识才会参与其中,让你（感知者）得以理解自身所处的世界中的事物。

智能相机模型，即感知的前馈观的各种版本在哲学、神经科学和人工智能领域都颇具影响力。这种观点很直观，因为我们通常认为感知完全是关于从世界到心智的信息流动。这种观点可追溯至 1664 年出版的笛卡儿的遗作《论人》。笛卡儿将感知描述为内管网络的复杂开合，首先将世界的图像印在感官（如眼睛）上，然后通过由微小通道构成的网络传递至大脑深处。笛卡儿相信，当这些源于外部世界（和身体内部）的印象流入大脑，它们就会被保存在我们的脑海之中，就像手指压入蜡模后，有关其形状的信息就会被保留下来。

我们从未知晓笛卡儿所描述的机制如何运作。但即使更为复杂的科学理解不断出现，笛卡儿的核心思想依然稳固，即感知的大脑是一个相对被动的器官，接收外界感觉传入，而后主要以前馈（从外到内）的方式"处理"它们。这一思想在 20 世纪晚期的认知神经科学领域得到了广泛认可，或许是因为它似乎可被视为大卫·马尔极具影响力的计算机视觉模型的指导原则。[2]

马尔是一位举足轻重的人物，他在神经科学、计算机视觉和人工智能方面的工作是对认知科学有史以来最为重要的贡献。在马尔的描述中，视觉处理始于检测某些传入信号中的基本要素，例如有序的像素阵列。自此，分层处理逐渐形成更为复杂的理解。例如，下一阶段可能会寻找像素强度相比相邻像素显示出快速变化的地方，这通常是现实世界中边界或边缘的存在线索。随着处理过程逐步推进，一步一步地深入大脑，更多模式被进一步检测到，如表征条纹的重复序列。

在这里，视觉是对原始信号进行一系列操作的过程，例如检测边缘或条纹，这些操作逐渐揭示环境中越来越复杂的模式，即传入信号的来源。最终，检测到的复杂模式与知识和记忆相结合，形成一幅关于现实场景的三维图像（尽管值得注意的是，关于这幅图像具体如何形成的难题从未得到令人满意的解答）。

就像任何其他的计算机模型一样，马尔的计算机模型的独特之处在于明确指出了早期阶段的视觉处理可能涉及的重要计算，尽管关键的最终步骤依然有些神秘莫测。马尔的模型多年来不但是人工视觉领域的标准模型，还是神经科学领域的标准模型。即使到了 21 世纪，许多学者仍沿袭马尔的方向，认为视觉系统主要是对传入的感觉信息进行前馈分析的工具。[3]

然而，值得注意的是，马尔的模型中缺少另一个影响方向——一种相反的方向，从大脑深处下行至眼睛和其他感官。据估计，以这种方式向相反方向传递信号的神经元连接数量大幅超过正向传递信号的连接数量，二者的比例在一些区域甚至高达 4∶1。[4] 从大脑深处向感官外围传递信息的这种下行连接的作用到底是什么？这种连接方向与马尔早期计算机模型中描述的执行处理任务所需的连接方向相反，但它直达那些特定区域。[5]

像这样的实际神经线路在安装和维护上是昂贵的。据估计，大脑重量仅占体重的约 2%，却耗费了人体全部能量的约 20%。[6] 它是迄今为止我们最"昂贵"的自适应配件。然而，我们现在已经知道，大脑能耗的很大一部分主要用于建立和维护一个庞大的下行（和横向）

连接网络，不仅覆盖早期视觉处理系统，而且覆盖整个大脑。这是一个真正的谜。它令人费解到足以让人工智能先驱帕特里克·温斯顿在2012年评论说，由于有如此多信息明显向另一个方向（下行）流动，我们面对的是"一个我们几乎一无所知的奇怪架构"。[7]但是，一旦我们认识到一个大胆的新主张的吸引力，一切就会变得明朗起来：大脑只不过是一台大规模的预测机器。

流向的反转

目前来看，感知的大脑的核心工作原理与智能相机观点基本相反。大脑并非不断耗费大量能量来处理传入的感觉信号，其主要工作其实是学习和维系一种关于身体和世界的模型，这种模型无时无刻不被用于尝试预测感觉信号。这些预测有助于构建我们看到、听到、触及和感受到的一切。当我早上听到并不存在的鸟鸣声时，它们正在工作。当我感受到不在我口袋里的手机振动幻觉时，它们也在工作。但我们将会发现，当我听到真实的鸟鸣声，感受到真实的手机振动，以及看到散落在我大学办公室桌面上的各式物品时，它们也在发挥作用。

预测性大脑是对我们周围世界的一种不断运行的模拟——或者至少是对我们很重要的部分世界的模拟。传入的感觉信息被用于保持模型的真实性——比较预测与感官证据，并在两者不匹配时生成误差信号。尽管这种连接方式带来了高昂的成本，但我们很快将看到不断的预测提高了效能。或许更重要的是，它还使我们能够灵活地以反映当前任务和环境要求的方式调整我们的反应。与从一连串感官线索中稳定提取丰富的世界图像不同，丰富且不断演变的世界图像只是起点，而感觉信息被用于测试、探测和微调该图像。在接收新的感觉信号之前，预测性大脑已经在忙着描绘事物最可能呈现的样子了。

这大体上解释了所有下行连接的必要性。它们承载着来自大脑深处的预测，将预测推向感官外围。这也解释了仅用于维持大脑内在活动的巨大能耗，这些活动是为了维持即时预测的模型而必不可少的。当大脑接收新的感觉信息时，其任务就是确定该传入信号中是否有任何内容看起来像是重要的"新异信息"，即对我们尝试看到或做的任何事情都很重要，却又未被预测的感觉信息。越来越多的学者已开始相信，这正是我们的大脑处理感觉信息的主要方式。为了检验这一假设，过去10到15年间，计算神经科学和认知神经科学领域涌现了大量研究，现有理论已经能详细且可验证地解释这一过程，让我们得以理解温斯顿所说的"奇怪架构"了。[8]这些理论有各种称谓，包括"预测处理""分层预测编码""主动推理"。我将主要使用"预测处理"这个便捷的标签来概括它们。

根据这种观点，感知的智能相机模型其实大谬不然。尽管它直观上很有吸引力，但对感知的正确解释（在大多数情况下）不应是一个主要从眼睛和其他感官向内运行的过程，大脑也永远不只是在那里耐心等待感觉信息的到来。[9]相反，它积极地预测感觉信息，运用它对世界中的图案和物体的所有了解——鸟儿的叽喳声（以及我爱人设定的晨起闹铃）、太过频繁的手机振动干扰以及我办公桌上各式物品的摆放。它还不断利用活动的身体，转动头部、眼球和肢体来获得新的、更好的信息。这样的大脑不是感觉信息的被动接收者和处理者，而是一个不知疲倦的预测者（而且我们稍后将看到，它还是一个熟练且主动的询问者），它基于自身的感觉信号流进行预测。

劣质收音机和受控的幻觉

当代对预测性大脑的描述源于19世纪德国物理学家、博学大师赫尔曼·冯·亥姆霍兹。亥姆霍兹发明了眼科医生用于检查眼睛的检眼镜，提出了能量守恒定律，还对知觉理论很着迷。他认为我们只有通过一种无意识的推理或推断才能感知世界，也就是大脑会问自己："基于我所知的一切，世界必须是怎样的，才能让我接收当前呈现的信号模式？"[10]这是感知系统一开始就要解决的问题。

你可能还没意识到这在我们的日常生活中有多么普遍。如果你在收音机上听一首熟悉的歌，即使信号很差，歌词和节奏听起来仍然出奇清晰。但如果在相同的信号质量下听一首全新的歌，声音似乎更加模糊，人声也难以辨别。正如亥姆霍兹所言，在每种情况下，你的大脑都在利用它所知道的知识来推断是哪些词和声音最有可能引发你耳朵当前接收有些不完整的听觉信号。但是大脑对熟悉歌曲的猜测要好得多，也使它听起来更加清晰。事实上，这种猜测会改变大脑的反应，这种影响一直"向下"延伸到早期听觉处理区域，从而使这些反应更符合预期的声音。在非常现实的意义上，你的大脑现在正在为自己播放歌曲的大部分内容，利用自身存储的关于外部世界的知识修复糟糕的传入信号。

这是大脑在发挥其所长，根据其期望听到的声音填充和完善缺失的信号，从而产生"良性幻觉"。大脑了解歌曲的旋律，以及特定歌手演唱的各种微妙之处，它可以利用先验知识在歌曲播放时积极预测听觉信号最可能呈现的模式。如果没有接收来自外部世界的有力反证，这些预测就将塑造我们的听觉体验，让歌曲听上去更清晰。

需要强调的是，与其说这是记忆耍的把戏，不如说是我们了解感知本身运作方式的绝佳机遇。大脑对熟悉的歌曲的预测有助于它从噪声中提取信号，使声音比劣质收音机信号本身呈现给我们的更加清晰。这种感知方式高度活跃，涉及沿信号处理链路从高级处理区域向感官外围下行传递复杂的预测，以及每当检测到严重的不匹配时生成预测误差。这种反向的信息流有时被认知科学家称为"自上而下"的信息流。在这些过程进行的同时，人类感知者本身也是活跃的：我们会试图通过例如抬起头或转动眼珠等身体动作收集关键感觉信息。这些动作也是由预测机器选择和启动的，创建了心智与身体活动的一体化网络。随着故事的推进，我们将会更多地谈及行动的作用。

一种对上述机制的生动描述是：它让预测占据了主导地位，使日常的感知变成了某种"受控的幻觉"[11]——大脑正在猜测世界是什么样的，利用感官证据来纠正和调整猜测。当内部猜测完全掌控一切时，我们只会产生幻觉，仅此而已。但如果猜测对感官刺激有适当敏感度——借助预测误差信号——猜测就是受控的，世界就能为心智所知。当我们从一台劣质收音机中听到熟悉的歌曲时，我们正受益于"良性幻觉"。尽管前言中提到的手机振动幻觉在那种情况下具有误导性，但它也是以同样的方式产生的。人类的一切体验都是以这种方式由预测处理过程构建的。我们通过预测世界来看见世界。但产生预测误差时，大脑就必须重新预测。

节俭的大脑

用预测来解释感知还有一个重要的好处：它揭示了大脑如何以一种非常高效的方式处理传入的感觉信息。众所周知，信息科学的主要目标之一就是提高通信效率，这门科学在开发非常节俭的信号传输方式方面发挥了重要作用。20世纪中叶，全球电信系统由于需求持续增长而不堪重负。对电信巨头来说，要使用老式电话线传递越来越多的信息，就要直面通道噪声干扰严重且传输能力有限的问题。这给了信息科学以用武之地：信息理论家最终为提高信号传输的经济性而开发了一项沿用至今的强大技术——线性预测编码。[12]

线性预测编码的起源可追溯至1948年香农发表的一篇论文，他是供职于贝尔实验室的数学家和密码学家。这篇重要的论文指出，英文文本可以利用单词和字母之间的可预测性，以一种非常高效的压缩方式进行编码。如果某个字母之后几乎总是跟着另一个字母，那么一个高效的编码方案就可以做这样的简单假设，除非遇见需要特别标记的例外情况。仅标记那些偶发的例外要高效得多——比编码每个字母更节约带宽。

有了恰当的预期，即便没有信号也能携带大量信息。假设你制订了一个计划，告诉别人，如果你不给他们打电话，那么一切都将"按计划进行"，也就是说，你会在当地时间下周三上午9点飞抵迈阿密，他们应该接机。直到那天，接机者都没接到电话，但这一事实（可转化为1比特的信号）恰恰传达了非常重要的信息：你将会乘坐飞机，在那个时间、那个地点抵达。其巧妙之处在于，接收者拥有的智慧与先见之明抵消了你本该为编码和传输所有信息而承担的成本。

各种基于预测的压缩技术已让电信技术的发展受益匪浅。[13]原则上，你可以利用关于特定信号最可能形态的先验知识来帮助预测接收端的信号，这样，珍贵的电线和电缆就可以只用来传输与预测模式不同的信号。接收端只要根据该残差对信号进行更新即可。这个过程的精妙之处在于，只需要传输少量的误差，就可以重构丰富的内容（比如图像或消息）。这些丰富的内容主要建立在预测的基础上，但能通过残差与现实锚定。

这种借助有依据的预测压缩信息的方法，其实就是通过"回补"（adding back in）所有能被成功预测的元素来有效地节约带宽。正因有了这门绝技，我们才能用JPEG和MP3等格式以经济的方式存储和传输图片、声音、视频文件。对图片文件而言，预测编码的原理是假设每个像素的值都可以根据相邻的各像素的值来实现较好的预测。在满足这种条件下（通常都满足），我们不需要传输该像素的值。所有需要编码的仅仅是预测值的偏差。但这只是一个简单的规律。只要存在任何形式的可检测的规律，预测（和借助预测的数据压缩）就可以实现。

我们再看看视频文件的运动压缩编码。1959年，视频文件的帧间预测编码技术问世。为了更好地理解，想象一下视频的内容是一个人在沿着走廊跑步。[14] 视频的第4帧和第5帧的视觉背景没有任何区别，唯一的差异是跑步者前进了一点儿。有了现成的可预测内容（背景），我们只需要传输少量的差异（残差），就能完整地捕捉第5帧画面。换言之，你可以认为第5帧是对第4帧的微调，两帧画面的差异只在（比如说）脚的位置，因此将脚的位置信息通过系统传输的成本远远低于传输第5帧中每个像素的新值。这种技巧至今仍在使用。

现在请想象一个已经了解了更多信息的系统，比如，一个了解各种不同的奔跑步态的动态细节的系统。这样的系统能利用更详细（更"高层级"）的信息进行预测，因此只有意料之外的脚部动作才会引发预测误差信号。假设脚部动作和预期一致，那么就不需要更新帧间信息。这种更智能的系统甚至可以产生通常的持续运动幻觉，仅在有意外发生时更新（比如跑步者突然被绊了一跤）。无论预测有多复杂或高级，新异信息都要由预测误差来传递，在不符合预期之处发出信号，从而让我们与一个不断变化且时而令人惊讶的世界保持接触。

人类大脑似乎受益于这种智能的预测策略，并使用了"多层信息处理"这一强大的方式。[15] 在这种多层级的情境中，简单的预测被嵌套在不那么简单、更抽象的预测之中，就像我们在奔跑步态的例子中所示，对步态的预期是一种更高层级的预测，反过来又会生成关于实际脚部位置的预测（更低层级的预测）。在那一刻，预测误差形成并通过系统向上传输。这些细微的差异进而对各层级的猜测进行微调，比如跑步者当前的步态与我们的预期不符，因此要调整我们的预测，使其与信号更加契合。

在大脑的预测处理架构中，我们通常认为有不同的神经元集群专门负责不同的功能，因此较高的层级就能利用自己的专业知识和专属资源来尝试预测较低层级的状态。具体而言，一个专注于预测完整单词的层级可能会利用自己的知识来帮助预测更低层级的状态，后者专门识别字母。而负责预测单词的层级本身可能会被专门从事完整语句预测的更高层级预测。本书附录中提供了一个与此相关的详细示例以及其他细节。

目前需要注意的是，在这种多层级的安排中，所有向前流动（从感受器边缘流向大脑深处）的都是新异信息——与预期的偏差。

这样非常高效。一些信息如果已得到了很好的预测，就不应占用宝贵的带宽来向上传递。如果你每天按部就班地工作，公司总部又干吗要费心思过问你的进度？同样，在神经层面，每个层级的预测误差只会传递预料之外的内容，即可能需要进一步思考或采取行动的内容。

像这样的系统在利用输入信息时非常节俭。相较于尝试从头处理每一条信息，它们会高效地筛选和过滤输入数据，只突出显示那些预料之外的部分。说到底，人类对现实的体验是大脑产生的幻觉。这意味着我们所体验的世界在某种程度上是我们所预测的世界。感知绝不仅是一扇窥视世界的窗口，非要这样比喻，那就是镶在窗棂上的玻璃从一开始就带有我们自身的预测和期望的色彩：不仅意味着我们的观念和偏向会影响我们后续对事物的判断，预测还会在更深层、更原始的意义上塑造我们的感知过程——作为使我们与世界保持接触的特殊机制，感知活动始终在丰富的预测和期望的驱动下进行。

在接下来的章节中，我将尝试让你亲身体验预测的力量如何改变你的所见所闻。

预测的力量

图 1-1 提供了一个简单的示例。先从上往下，再从左向右看。请

注意，每个序列的中间字符的形状都是相同的。但根据你看的顺序，视觉体验似乎会有微妙的不同。当从上往下看时，你的大脑开始预期那是一个数字（13），而从左向右看则引发了对一个字母（B）的预期。这些不同的预测会影响视觉体验本身。

图 1-1　数字 / 字母网格

研究表明，即使是数字 / 字母提供的无意识（"掩蔽"）呈现也会以某种方式让我们对居中的模棱两可的图形的感知产生偏向。掩蔽是一种技术，其中一个刺激物会先被短暂呈现，然后立即呈现一个不同的刺激物。这个过程阻止了我们对第一个短暂呈现的刺激物的意识觉知。尽管如此，被掩蔽的刺激物仍可以影响我们的行为和反应。在本例中，字母 A 和 C 的掩蔽呈现会让受试对象偏向于将居中的图形看成字母 B，而数字 12 和 14 的掩蔽呈现则会让受试对象偏向于将居中的图形看成数字 13。[16] 这表明主动但无意识的预测也会让我们的反应和判断产生偏向。当我们稍后将本章所学应用于精神病学和精神医学中的更复杂示例时，这一点将变得很重要。

接着，我们看一下"凹脸错觉"。你如果从背面去看一个面具

（这种面具在搞笑玩具店里很常见），显然会看到它的凹面。但如果从另一面打光将面具照亮，而你离面具又有几英尺①远，就会看见一张正常的凸脸——它的鼻子和其他面部特征会明显地向外凸出。[17]这是因为我们习惯于从正面看人脸（我们确实很少看到它们的反面），于是大脑似乎会忽视表征凹陷的传入信号，并允许其根深蒂固的"凸面预测"占据主导。对名人或熟人的面孔（我们对其有最强烈和最详细的预测），凹脸错觉最为明显，如果将面具倒置，效果则会大大减弱或消失，这可能是因为这样做让我们能将其视为一个标准对象，而不是一个让我们有如此强烈且根深蒂固的凸面预期的对象。

视觉处理的最后一个例子，请看图 1-2。

图 1-2　穆尼图

这幅所谓的穆尼图在你看来可能什么都不像，只是一些黑白的轮廓和斑点。[18]但现在看一眼原始的灰度图像（见图 1-3），再回过头看穆尼图，你体验到的就会从根本上——而且可能是永远地——改

---

①　1 英尺约为 0.3 米。——编者注

变。穆尼图变得结构明确且有意义。你的行为也会受到影响，因为你的眼睛现在会以跟踪其显著特征的方式来检视穆尼图，视线尤其会落在小狗的眼睛和鼻子上。我们现在体验的是本书反复强调的核心效应之一。图片在第二次看时会有所不同，因为对世界的更充分了解（在这里是对原始图片的了解）让你的大脑能够做出更好的预测。[19]

图 1-3　图 1-2 所示穆尼图的全灰度版本
资料来源：Flickr, Boris Schubert。

正弦波语音和"绿针"效应

我们接下来的例子涉及声音，鉴于我们大概是用眼睛而不是耳朵来阅读，这些内容可能不那么直观。你如果现在不在一个可以联网的设备附近，仅仅阅读下面的文字就足够了。但你如果能够打开一些音频文件，就会发现非常值得：你将有机会亲身体验这些非常简单但又极富戏剧性的效应。

首先要讨论的现象被称为"正弦波语音"。正弦波语音录音是一种人为降低质量的正常语音录音，用纯音哨声代替了声音流的关键部分。这项技术是在 20 世纪 70 年代初由美国哈斯金斯实验室发明的，作为研究语音感知的本质[20]的一种手段，具体而言，就是对各种关于声音流的哪些部分对听语音至关重要的理论进行检验。正弦波语音听起来像是一系列起初难以理解的、包含升调和降调的哔哔声和哨声。

网上有许多录音（登录我萨塞克斯大学同事克里斯·达尔文的网页，可以找到一些我最喜欢的，或者只需搜索"正弦波语音"），它们听起来是这样的。首先，你会听到一段"语音"录音，质量低到听上去毫无意义可言。然后，你会听到原始录音，其中有人会说一个简单的句子，比如"水壶煮沸得很快"。之后，带有哔哔声和哨声的正弦波语音会再次播放。第二次听的时候，你的听觉体验会发生巨大改变。现在，你清楚地听到了语音中的词以及它们之间的间隔。这就像之前展示的穆尼图一样，只不过这次是以声音的形式。

如果你使用不同的例子多次练习，你就会迅速变得很熟练，甚至不需要先听原始的句子。听母语中的日常用语也有相同的技巧——你的预测越准确（也许是因为你认识说话者或者有相同的口音），声音听上去就越清晰。在每种情况下，都有一个良好的预测模型可以改善感知。这样的模型使用预测来帮助你从噪声中辨别信号。之前听起来像一系列无意义的哔哔声和哨声，现在听起来像是一个结构化的句子，尽管声音有点儿失真。与原始体验相比，差异是如此之大——就像将原始声音文件用另一个截然不同的文件替换了一样。

再举一例（有些人可能对这个例子已经很熟悉了），重复播放声音，同时从两个不同的词（或词组）中任选一个呈现在屏幕上，比如"brainstorm"（头脑风暴）和"green needle"（绿针）。令人惊奇的是，你听到什么似乎取决于眼前的是哪一个词，可这两个词听上去差异非常明显！这是因为眼前的词会使基于证据的平衡偏向于其中一种听觉预测而非另一种。你所体验到的显著差异再次揭示出你的听觉体验在多大程度上是由你自己的预测构建的。在搜索引擎中输入"green needle"和"brainstorm"，你将有机会亲身体验一番。

这些效应看似神奇，但它们都属于正常的感知现象。我们能借助感知理解自己所处的世界，既离不开外界传入的感觉信号，又要仰仗丰富的、基于知识的隐形预测。

"白色圣诞节"效应

请回想你非常熟悉的一首歌。现在问自己：如果这首歌的录音极其微弱，并且隐藏在一个大部分都是白噪声的三分钟声音文件中，我是否能察觉这首歌的一个片段？你可能不确定——你会认为这取决于它隐藏得有多好。早在2001年，荷兰马斯特里赫特大学的研究人员给一组本科生分配了这个任务，要求他们不论何时，只要自认为听到了这首歌就按下按钮。这首歌（宾·克罗斯比演唱的《白色圣诞节》）在他们进入实验室时正在播放，当时他们被要求确认这确实是一首熟悉的歌曲的曲调，然后他们被告知：

> 你刚刚听到的《白色圣诞节》歌曲可能隐藏在听觉阈限以下的白噪声中。如果你认为或者相信自己清楚地听到了这首歌，那么请按下你面前的按钮。当然，如果你认为自己听到了这首歌的多个片段，你可以多次按下按钮。

录音被播放后，学生们在觉得自己听到了隐藏的曲调时按下了按钮。每个试次后，他们还被要求报告自信水平。如果他们百分百确定自己在某个时刻听到了这首歌，他们会给自信水平打 100 分，以此类推，一直到 0 分，这意味着他们确信自己根本没有听到。其实，这个实验的巧妙之处在于录音中根本没有任何所谓隐藏歌曲的痕迹——录音中全是白噪声，没有一点儿《白色圣诞节》的曲调。但在这项研究中，约有 1/3 的学生至少按了一次按钮——一个值得注意的结果。几年后，这个实验成功地被一组更大规模的学生复制。[21] 时至今日，类似的实验已有很多，它们都使用了《白色圣诞节》这首老歌。通过操纵人们的期望（让受试者期望听到歌曲的微弱片段），研究者可靠地诱发了受试者对宾·克罗斯比的轻声吟唱的"幻听"。

被用于解释"白色圣诞节"效应的理论不止一种。例如，在 2001

年的研究论文中，研究者注意到那些最明显表现出这种效应的人在"幻想倾向"心理测试中的得分通常也要更高。2011年的另一项研究发现，这种效应（就像手机振动幻觉一样）会因压力和咖啡因的摄入而显著增强。还有一些证据表明，精神分裂症患者虚报歌曲的次数和对此的信心水平都更高，我们稍后再讨论这一领域的研究。[22] 似乎不容置疑的是，实验诱发的对听到歌曲的期望在构建幻觉体验方面发挥了主导作用，就像我自己对听到鸟鸣闹铃的预测一样。[23]

那条裙子和其他幻觉

　　2015年2月，一丝源自社交媒体的火花引起了一场不可阻挡的、火遍互联网的热议，引发了1 000万次快速转发，并且活跃了许多家庭的晚餐聊天。这丝火花其实是一张照片，拍的是一条要用于参加苏格兰婚礼的裙子。许多读到这段文字的人都能想起这件事，并认为那条裙子明显是白金相间的，而另一些人则坚信它是蓝黑相间的。你如果当年信息闭塞，现在可以上网查看一下。我当时坚定地站白金色阵营，但我们输了（如果这事儿有胜负一说），因为在正常光线下观看时，那条裙子确实是蓝黑相间的。我们该如何理解这种体验之间的根本差异呢？

　　图1-4展示了所谓的蓬佐错觉的一个版本。这两个侧脸剪影的尺

寸完全相同（去量一下它们的尺寸吧），但在现实世界中，最好的解释（考虑到视角）是远处的头更像是一个巨人的脑袋。这表明，正如亥姆霍兹所认为的那样，我们所看到的并不是事物原本的样子：更准确地说，我们将自己大脑的推断（猜测）视为感官证据传入的最可能的诱因。

图 1-4 蓬佐错觉的一个版本
注：图片中的两个剪影尺寸完全相同。
资料来源：eyeTricks 3D Stereograms / Shutterstock。

  基本相同的推理也适用于裙子案例。但在裙子案例中，不同的看法之所以产生，是因为不同人的大脑似乎对所描绘的场景有相当不同的假设，尤其是两个阵营（蓝黑色和白金色）对室内的照明条件有不同的假设。这些假设包括室内亮度的一般水平、光源的位置，以及裙子是否在阴影中。对这些条件有不同假设的大脑会对裙子的颜色做出不同的推断，让一些人明确无疑地视裙子为蓝黑色，另一些人则同样明确无疑地视其为白金色。[24]

  为了证实这一理论，纽约大学的帕斯卡尔·瓦利施和他的团队对

1.3万名受访者进行了在线调查。受访者不仅被问及在他们看来照片中的裙子是什么颜色的，还被问及他们认为照片拍摄时的光照条件如何，即他们认为照片是在人造光源还是在自然光下拍摄的（或是不确定）。果然，结果显示了两者的高度相关性，即那些认为是自然光的人更倾向于将裙子看成白金相间，而那些认为是人造光源的人更倾向于将裙子看成蓝黑相间，那些不确定的人则两种回答都有。

为什么身处同一世界的不同个体会做出如此不同的假设呢？这里有一个有趣的转折。受访者还被问及自认为是晨型人还是夜型人。晨型人是那些倾向于早睡早起并在早晨感觉最好的人，而夜型人则恰好相反，更喜欢晚睡晚起并在夜晚感觉最好。令人惊奇的是，这些自我认定的"昼夜节律类型"与对那件裙子的色彩感知存在着明显的关联。晨型人倾向于认为裙子是白金相间的，夜型人则倾向于蓝黑相间。报告这项研究结果的作者推测，受访者的日常生活习惯为他们更多地提供了其中一种而非另一种类型的体验（自然光相对人造光源），因而他们看待照片的方式有所不同，会根据他们自己与世界的感知互动的经历做出对光照的假设。[25]

在某种意义上，这并不令人惊讶。大脑对光源性质和来源的预测必须有一定的基础，而个人经历在这方面必定起着重要作用。从另一种意义上说，让人感到惊讶的是，我们对一张简单照片的看法竟如此不同，这些不同植根于——事实上，相当微妙地响应于——我们独特的日常习惯。这是我们第一次在讨论中碰到具有重要影响的话题：我们自己的日常行为如何影响我们大脑的预测模型。我们个人的行为和经历塑造了大脑中的预测机制，这一机制反过来塑造了我们作为人类的意识，直至影响对我们来说属于基本感官体验的层面，比如我明确无疑地看出那条裙子是白金相间的。

学会预测

预测有助于构建我们所有的体验，因此自然而然地引出了一个问题：那些预测最初从何而来？诚然，我们先具备感知和体验这个世界的能力，才能学会做出预测，对吗？但问题是，如果我们的感知依赖于一个已经存在的良好的预测模型，我们又该如何习得一个良好的预测模型？

在某种程度上，我们显然不是从零开始的。数百万年的进化决定了我们出生时已经具备的基本配置：大脑的早期神经连接、感觉器官的结构，以及身体的形状。多亏了这一切，我们在启程时就已经拥有了大量来之不易的知识。你甚至可以说（可能有点儿牵强）拥有肺的生物在结构上已经"预期会呼吸"。但是，进化还留下了很多待做的，而像我们这样的生物就专门在反复的感官接触的基础上学习认识世界。

在这方面，预测机器开始扮演另一个极其互补的角色，因为事实证明，我们可以通过尝试预测我们自身的感觉信号流来驱动学习。这意味着，仅仅通过试图预测世界，我们就能获得后来使我们能够更好地预测世界的知识。这听起来有点儿像魔法，仿佛凭空变出一个良好的预测模型。虽然其中并没有魔法，但这个巧妙的过程仍然令人印象深刻！通过尝试（和可能失败地）预测世界，我们可以学会做得更好，直到我们的预测成功。

在思考这一过程时，重要的是区分原始的感官证据（比如光线和声音的传入模式）与我们由此形成的有意义的感知体验。如果没有足够好的预测模型，我们就无法成功地将这些原始的证据转化为对这个世界近似连贯的理解。这就像看那些穆尼图一样，或者更糟糕。即便如此，大脑仍然可以设法学习。它通过不断寻找更好的方式来预测难以驾驭的传入信号来做到这一点。婴儿似乎将大部分时间花在做这件事上，试图从感觉信号流中提炼有用的模式。

我们已经充分了解的机器学习技术清楚地表明了这如何成为可能。通过反复尝试预测感官证据流，某些类型的系统可以逐渐提高它们最初糟糕的预测性能，直到构建一个有用的预测模型。这样的系统在起始阶段甚至可以只使用一个随机生成的"模型"，毫无疑问，其预测性能确实会非常糟糕。但只要这一人工神经网络无法生成良好的预测，它就会改变自身信息处理业务的例程，使其在下一次预测时有可能表现得更好。随着时间的推移，这样的过程会挖掘出做出良好预测的方法。由此可知，要习得一个良好的预测模型，可以从一个非常糟糕（或完全随机）的模型开始，通过逐步改进慢慢实现。

通过尝试预测来学习预测的一大好处在于世界本身会不断纠正你

的错误。如果我错误地预测了你即将说出的下一个词，接下来我的耳朵接收的就是对应正确词的声音流。我的大脑可以利用这一信息尝试改善下一次预测。这很好理解。例如，学习预测句子中最可能出现的下一个词的一种有效方法是暗中掌握足够的语法知识。但学习语法的一种好方法是一次又一次地尝试预测你将要听到的下一个词。只有在不断的尝试中，你的大脑才有可能逐渐无意识地发现那些能让你进行更好预测的规律。[26]

感知即预测

那么，当你身处现实世界中，远离穆尼图和正弦波语音，你的预测性大脑会如何运作呢？假设你正在森林中露营，四周都是宁静、平和的自然景观。你已经在帐篷里窝了一整夜，第二天一大早，当你走出帐篷时，你的朋友们已经醒来并很快引起了你的注意。他们指着你脑袋上方说："看看那边的树。"当你的眼睛看向朋友所指的方向时，你的大脑会采取哪些步骤呢？请记住，我们的大脑从来不是从零开始的——即使当你早晨第一次在一家新旅店或度假地醒来时，你的大脑也已经在忙碌地预测着什么了。随着你抬头仰望，新的感觉信息波抵达了。有反射光"撞"到了你的视网膜上，可能还有声音传入了你的耳朵，气味进入了你的鼻孔，以及各种触觉刺激你的皮肤。另外

（我们将在后文详细探讨这一点），还有来自你的肠道、心脏和其他器官的内部信号。

简单起见，我们只考虑反射光，它刺激了你视网膜上的细胞，然后它们向大脑发送信号。当这些信号到达早期视觉处理区域时，它们会被你的大脑用来与当前预期的信号进行比较。也许你的大脑只期望一些相当普通的树木，尤其是你如果像我一样并非护林人。或者它在预测某种更具体的树。也许你知道自己在森林中某个特定的地方，你的大脑正在预测特定树的视觉信息。

不论以哪种方式，你都没有预测到你现在看到的正栖息在树梢上的知更鸟。你的大脑的最佳预测与感官证据相遇，会产生至关重要的残差。这些预测误差信号编码了你的大脑到目前为止还无法预测的感觉信息，向上（和横向）流动到大脑更深的区域，用于生成新的、改进的猜测。这些误差信号会作用于相应的结构，看有无已知信息可用于生成更成功的预测，能更好地匹配实际的感觉信号的预测。而后，大脑做出了更好的下行预测，包含更丰富的细节，比如周遭树木和树梢上那只知更鸟的外观。

知更鸟可能会让你大吃一惊——也许它们通常不在每年的这个时候出现。但是预测和预测误差的交换速度非常快，所以我们无法意识到表面之下所有正在进行的疯狂活动。对你而言，事情很简单：你看向朋友所指的地方，看到了那棵树，上面落了只知更鸟（这有点儿令人惊讶）。你当然不会先看到一个粗略的树轮廓，再看到一个更细致的树轮廓，这次包括一只鸟。一切发生得太快，但在某种意义上，这正是大脑内部真实的运作过程。

图 1-5 有效阐释了这一过程。其中，上方图片描绘了大脑如何处理信息的传统视角。左侧部分代表我们的视网膜接收的原始感觉数据，右侧覆盖在上层的卡通图案则代表我们从这些数据中提取有关外界信息的过程。但根据下方图片（预测处理视角），我们并不是从原始数据出发，而是从一个预测开始的，在这个例子中，是一棵相当普通的树。当传入的感觉数据与这个预测进行比较时，很快就会发现这里有一些意外情况，远远超出了对普通树的预测所能解释的范围。预测误差信号就产生了，启动了一段反复的过程，使被修正的预测与感官证据相匹配。经过一连串此类交换后，大脑最终形成对场景的稳定解释，这个解释现在包括了意想不到的知更鸟，并且（尽管图中未予展示）补充了关于树的更多细节。

请注意，千万别以为我们能体验到我所说的"感官证据"或"原始感觉信号"。相反，我们只有在感官证据（如撞到视网膜上的反射光的模式）与越来越准确的对该证据的预测相匹配时，才能"体验到"一些东西，而我们的预测是从过往经验和学习中提炼出来的。最初的预测就像粗略体验的草稿：我们辛苦获得的关于世界的基本知识通常让我们能做出很好的初步尝试，但体验是通过对这些草稿（基于由此产生的预测误差）的迅速改写来构建的。换言之，体验反映了随着未被预测到的感觉信息（预测误差）在系统中流动，我们调整最初的预测的方式。这些预测误差标记出意外信息，并要求进行新的、更好的预测。图 1-6 描绘了这一流程。更为详细的相关阐述可以参阅附录。

第 1 章　预测机器开箱

传统视角

预测处理视角

图 1-5　如传统视角（上方图片）所示，感觉信息被收集后沿着信息链传递，在此过程中与记忆相匹配，并激活更抽象的理解。如预测处理视角（下方图片）所示，你从一个主动模型（大脑对可能存在之事的最佳猜测）开始，然后使用由此产生的预测误差（这里由表征知更鸟的意外视觉信息引起）来完善和修正这种猜测[27]

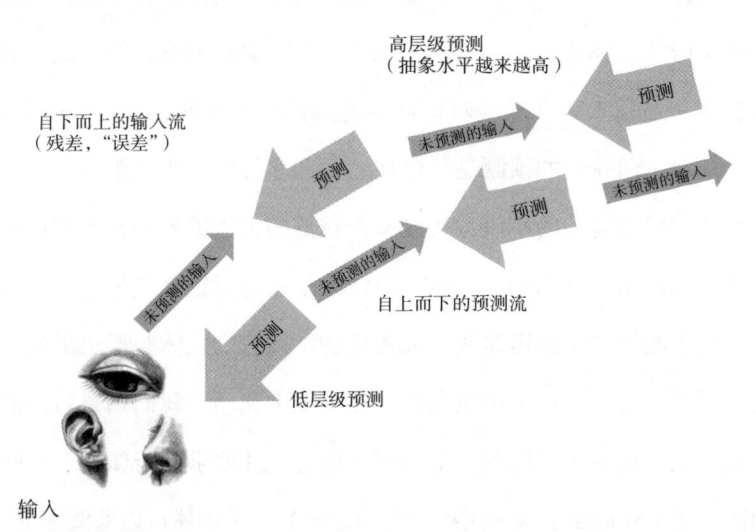

图 1-6　预测处理视角下对大脑中信息流动的高度图化。感觉输入是在来自大脑深处的预测（基于先验知识和过往经验）的背景下进行处理的。预测误差标记出感觉信号中未被预测到的部分。这些误差会前馈流动，触发经过修正的预测

从虚幻的手机振动到对鸟鸣声和《白色圣诞节》的幻听，再到在林中看到一只真实的知更鸟，我们的体验深受大脑持续预测的影响。大脑是预测机器，我们体验外部世界甚至自身的方式反映了这一简单却具有变革性的事实。[28] 这改变了我们对心智、感官证据、身体感受、医学症状乃至与现实本身的关系的看法。

第 2 章

精神病学与神经病学：弥合偏差

"疼痛但没受伤"是1989年电影《威龙杀阵》中帕特里克·斯韦兹饰演的道尔顿所说的台词。但我们都知道疼痛确实会带来伤害。我和我的伴侣拥有一艘老船屋，停泊在英国西约克郡郊外那美丽的科尔德-赫布尔通航运河。沿着这条运河航行有点儿像穿越两侧长满了茂密、高悬的枝叶的丛林水道。虽然富有情调，但这一茂密的景象是由高强度的降雨维系的，因此通往船舱后门的台阶经常会变得非常湿滑。在异常多雨的一天，我的伴侣——曾经是一名医生，现在是一名神经科学家——在走下台阶时摔倒了。她躺在又硬又湿的金属台阶上痛苦万分，担心自己的背部可能骨折了，而我们只能焦急地等待医护人员设法找到去我们的船屋的路。事实证明，这在一段没有明显标志的运河上绝非易事。当医护人员最终赶到时，他们很快就确定伤势（虽然糟糕）并没有那么严重。即使那个令人担忧的时刻已经过去，我的伴侣仍然需要等待一些强效药起作用后才能离开台阶。

现在来看另一起事故。《英国医学杂志》中的一篇论文描述了一名从某个认知支撑体系上跳下的建筑工人的案例。[1]令他惊恐的是,他下方一根15厘米长的钉子在他着地时刺穿了他的靴子。这名男子——和我的伴侣一样——感到极度疼痛,每次脚稍微移动都会备受折磨。医生给他开了一些更强效的镇静剂,即芬太尼和咪达唑仑。但当医生取下他的靴子时,他们发现那根钉子根本没有刺穿他的脚。实际上,它从他的脚趾之间安全地穿过了。没有任何身体损伤引起他所感受到的剧烈疼痛,尽管疼痛是完全真实的。然而,在他的例子中,这种体验完全是由他自己强大的预测机器产生的。那些强烈的疼痛是他的大脑(根据视觉证据)对严重受伤及其可能会引发的感觉的预测所产生的假知觉。

这个案例以及本章中的许多其他案例表明,疼痛有时可以与一般性的身体原因明显无关。一旦我们认识到大脑只通过整合自己的预测与感官证据来构建人类体验,这种无关和道尔顿大胆断言的"疼痛但没受伤"就不再那么令人费解了。就像对来电的长久期待使我感到口袋里有虚幻的手机振动,对疼痛的强烈期望(由于看到破损的靴子和穿出的钉子)使那名建筑工人体验了极大的疼痛。正如我们将在后文看到的那样,同样的事情也可以在较长时间内以不太明显的方式发生,使得不仅有疼痛,还有许多其他医学症状被我们真实地体验到,即使在缺少通常的生理原因的情况下。一旦我们接受了我们可能认为简单或"原始"的感官证据本身从未被体验到的事实,这些效应似乎就不再那么令人惊讶了。相反,体验随时随地反映了先验知识和此时此刻的期望所交织的复杂网络。

当我们看到一只红色大甲虫沿着树枝爬行时,我们所看到的并不是我们自己眼睛里的光感受器的反应。它们的活动只是导致大脑(在考虑了它所知的其他信息后)推断出这种甲虫存在的证据来源之一。同样,"疼痛受体"(称为伤害性感受器)的反应并不是我们被剧烈疼痛侵袭时所感受到的。相反,这些反应只是证据来源之一,与丰富的知识和信念背景相一致。这就是为什么即使缺少伤害性感受器的活动,我们仍然能够真实地感受到疼痛。

我们同样可以在伤害性感受器的剧烈活动存在的情况下不感到疼痛,这也许是因为我们正忙于行动以求生存。在任何情况下,我们感受到的都是一种建构(正如亥姆霍兹所提及的)。这一建构反映了有关引起我们感官刺激的事件本质的一个无意识推理的过程,即有依据的猜测。有时,这种有依据的猜测的结果是一种外向的体验,例如"看到一只红色大甲虫",而在其他时候,它是一种内向的体验,例如"我左脚剧烈疼痛"。但过程本质上是相同的。

预测处理为我们提供了一个深刻而统一的框架,可以用来解释这些效应。[2] 通过这样做,我们得以用新的方式思考人类体验及其多种不同的可变形式。了解疼痛的本质固然重要,但对于解释所有不同的人类体验这一更宏大的工程而言,这实际上仅仅是一个有用的起点。意识到基于大脑的预测在构建我们所有体验中的作用会带来概念上的红利。它指引我们超越旧有且无益的二元论,例如"心理"相对"生理","精神病学"相对"神经病学"。这可能是更好地理解运转中的预测性大脑的最重要遗产。

超越组织损伤

疼痛最基本的作用是警示我们有实际或即将受到的身体损伤。这显然是至关重要且具有高度适应性的功能——表明有需要解决的问题。但当疼痛在没有损伤的情况下出现时，或者（如慢性疼痛）在正常愈合期之后持续存在时，它本身就成了问题。据估计，全球有多达10%的人口患有慢性疼痛。仅在英国，2016年的一项荟萃分析显示，1/3~1/2的人口经历过慢性疼痛。这对医疗保健系统和全球经济都是沉重负担。[3]

是什么导致了慢性疼痛呢？有观点认为，疼痛是对身体损伤的简单且直接的反应，但该观点早已被临床实践和心智科学抛弃。相反，疼痛通常被认为可分成两种不同的类别：伤害性疼痛和神经性疼痛。伤害性疼痛是执行其适应性功能的疼痛，表明实际或有潜在威胁的身体损伤，例如，你感到手指被划伤的刺痛、骨折的剧烈疼痛或伴随感染的搏动性疼痛。与之相反，神经性疼痛被定义为由影响传递疼痛体验或疼痛信息处理的感受系统的病损引起的疼痛。伤害性疼痛正在告诉我们身体出了点儿问题，但神经性疼痛（如糖尿病神经病变，其中由高血糖引起的神经损伤导致了肢体疼痛）更像是疼痛信号系统本身出现了问题。

伤害性疼痛可以比作汽车上正确指示出某种机械或电气问题的警告灯。神经性疼痛则更像是一个有故障的警告灯——由于线路损坏而持续发出干扰信号。但随着科学家们越发深入研究疼痛的本质和起源，即使这两个非常广泛的类别也很难囊括所有情况。2016年，第三个类别加了进来，被称为"可塑性疼痛"。[4]这指的是疼痛信号的异常处理引起的疼痛，没有明显的组织损伤或任何其他公认的系统病理学证据。换句话说，警告灯亮着，但根本没有明显的原因，连警告灯线路本身都没有损坏。

预测处理为最后这个神秘类别提供了一些令人着迷的线索。在一个不断发展的研究领域中重复出现的主题是，我们对自身疼痛状态的有意识和无意识的期望可以对我们体验的疼痛程度产生令人惊讶的巨大影响。[5]早在20世纪90年代的研究中，牛津大学的艾琳·特雷西教授和她的团队展示了对疼痛的期望激活了与疼痛体验相关的关键神经回路。[6]在一项引人注目的fMRI（功能磁共振成像）研究中，他们发现宗教信仰可以调节对生理疼痛的体验，认为一种对感觉信号的高层级重构可以介导实际体验并产生镇痛效果。[7]当看到宗教图像时，宗教信徒报告的疼痛程度要比看到相同图像的无神论者低。但如果将图像更改为没有宗教意义的图像，那么两组报告的疼痛程度就相当了。通过各种形式的主动重构来改变疼痛体验的潜力是一个引人入胜的主题，我们会在第7章再次讨论，它只是"黑进"我们自己的预测性大脑的众多方式之一。

最近的研究表明，许多这种效应取决于我们（有意识或无意识地）做出怎样的预测，以及正如我们马上会看到的，我们对自己身体的关注方式。就像眼睛和耳朵向外感知一样，大脑并不被动地等待向内感知的疼痛信息通过神经传递过来。相反，它主动地预测疼痛信息的到来和强度，并估计自己的预测可能会有多可靠，然后相应地上调或下调经验上的疼痛。甚至一些简单的语言操纵，比如牙医将你即将体验到的感觉描述为"轻轻挠个痒"，都会改变你体验牙钻效果的方式。但这些效果不仅取决于你听到的话，还取决于你对牙医所说内容的相信程度。

要理解这一点，我们就需要在预测处理谜题中添加最后一块至关重要的拼图。我们已经知道，人类体验是在预测和感官证据交汇点产生的。但这两股强大的力量如何交汇与平衡还由一个因素——大脑对它们的相对可靠性和重要性的最佳估计——灵活决定。预测处理的表述称之为估计的"精度"，并将其作为预测和感官刺激的可变权重。根据这些表述，预测性大脑不断估计精度，并相应地改变它们处理感官证据和自己预测的方式。这意味着我们需要考虑的不仅有大脑的预测和传入的感官证据，还有这些对精度的估计如何灵活改变它们之间的权力平衡。

精度被认为是在整个大脑的神经元集群中估计的。由此产生的"精度变化"为从原始感官刺激到人类体验的漫长过程中的机动提供了空间。对于电影《威龙杀阵》中的道尔顿来说，这样的变化也许能使他对自己的疼痛体验施加一定程度的控制。而对于那名建筑工人来说，无意识的精度变化导致他即使没有身体损伤也体验了难以忍受的疼痛。他的疼痛在某种程度上是作为对视觉信息（看到穿过靴子的钉子）的反应而形成的，这些信息似乎提供了强有力且可靠的身体严重损伤的证据。

多项研究表明了估计的可靠性（精度）对疼痛体验的影响。在一项这样的研究中，研究人员使用热刺激来诱发不同强度的疼痛，同时操纵受试对象对疼痛强度的期望。[8]研究人员通过如实告知受试对象何时会接受低、中或高强度的热刺激，或让他们预估一个"未知"强度，来建立受试对象的自信预期。他们的自信预期如何影响了他们的感知呢？当受试对象对剧烈疼痛有可靠的预期时，他们对高强度刺激会感到更加疼痛。同样，当他们被低强度疼痛的语言提示——就像牙医说的"轻轻挠个痒"——预示时，他们会觉得低强度刺激更不疼。但当预测变得不确定时，这些效应都消失了。这一结果与大脑对精度（可靠性）的最佳估计在塑造我们的体验方面起着不可或缺的作用的观点非常吻合。只有被我们的大脑估计为可靠的预测才能对我们的感觉产生强烈影响。如果你真的不太信任你的牙医，那么情况可能就会完全不同。

然而，也有研究表明，对疼痛强度的基于预测的影响有时候可以在完全不涉及有意识期望的情况下被诱导。使用标准技术（例如迅速闪现视觉线索，使之仅进入潜意识水平），对即将到来的疼痛建立强烈（精确）的无意识预测是可能的。在一项实验中，不同的潜意识呈现的视觉刺激（两张不同男性面孔的图片）与随后不同强度的电击配对。一旦这种面孔/疼痛的关联在无意识中习得，随后在潜意识水平呈现"低强度"面孔后施加的电击，比在呈现高强度线索（另一张面孔）之后施加相同的电击感受到的疼痛要轻。[9]即使同样的面孔后来被展示得够久，足以进入意识觉知，这种减轻疼痛的效应仍然存在。尽管在习得阶段从未有意识地体验不同的面孔/电击的关联，但大脑的预测机制明显已经捕捉到了它，并使用它来塑造我们对疼痛的体验。

这证实了有意识的预测、信心和期望仅构成了传递人类体验的复杂多层级的预测机制中的一小部分。它们仅仅是预测过程的冰山一角。

安慰剂效应和反安慰剂效应

众所周知，在不使用任何临床活性成分的情况下，有时候可以使症状缓解，这就是所谓的安慰剂效应。这种效应的影响深远得令人惊讶。研究表明，安慰剂诱导的变化可以十分深入，甚至改变了脊髓水平上的反应。[10]这充分表明了安慰剂效应并不仅仅是对高层级报告的表面影响。相反，我们对疼痛或缓解的积极期望在以某种方式影响构建体验的整个网络。

一个突出的例子就是"安慰剂镇痛"，即惰性治疗导致疼痛缓解。[11] 这一效应相对容易诱导，并且在许多情况下出乎意料地有效。与经典的糖丸治疗一样，安慰剂镇痛之所以有效，是因为它激活了对疼痛缓解的有意识或无意识的期望。患者对治疗方法的功效估计得越高，其效果就越显著。例如，通过注射输送的惰性物质通常比通过口服药片递送的惰性物质更有效，这大概是因为我们自动地将注射视为一种更强有力的干预形式。催眠也可以产生类似的效果，有时效果好到可以让一些人在催眠状态下舒适地接受侵入性手术。在实验室环境下，一些形式的催眠被证明可以在牙髓刺激（一提名称就让我不寒而栗的手术）后大大地提高疼痛阈值，有45%的病人获得了完全镇痛效果，平均疼痛阈值也提高了220%。[12] 医生有时会开具"不纯的安慰剂"，这些药物（不像真正的安慰剂）确实含有一些临床活性成分，但与患者的具体症状无关。不纯的安慰剂通常非常有效，这大概是因为它们也激活了强烈的缓解期望。2013年，英国的一项大规模调查发现，97%的家庭医生曾给患者开过安慰剂（纯的或不纯的）。[13]

当然，如果期望可以改善结果，那么它们也可以使结果变得更糟。反安慰剂效应是安慰剂效应的反例，当期望和预测导致我们出现不希望的症状而非缓解症状时，反安慰剂效应就会出现。如果你的医生使用一种百分百无害的药膏，但警告你"许多患者会经历强烈且不愉快的瘙痒感觉"，你可能会直接因为你的期望而经历强烈的瘙痒感觉。虽然仔细列出处方药的所有已知副作用可能是值得赞扬的，对知情同意而言甚至是必要的行为，但这些警告有时实际上会带来它们所描述的不受欢迎的药效。这可能会形成另一个自我延续的循环。即使只有一小部分患者本来会经历这些特定的不良反应，但由于人们被医生告知了（或者从包装上阅读了）这些反应——这本身就会增加它们明显的发病率，导致进一步的警告——这迅速巩固了人们对不良反应的期望。[14]

疼痛的自我确认循环

许多研究已经证明了期望对疼痛和缓解的深刻影响，但还有更多即将发生的转折。在一项重要研究中，实验者展示了对疼痛强度的预期如何能在较长时间跨度内自我实现，从而形成另一个周期性的自我强化循环。[15]

在这些研究中，受试对象首先看到任意抽象的视觉线索（两种不同的几何形状），每条线索与一个显示高温或低温读数的模拟温度计的图像配对。[16] 在多次重复看过这些配对线索后，受试对象学会了将这些几何形状与温度计读数关联起来。然后，他们又看到了这些几何形状（线索），不过没有与之关联的温度计读数，同时使用一块加热垫在他们的前臂内侧或小腿上施加一种精确控制疼痛程度的热刺激。受试对象不知道的是，所施加的热刺激强度始终是相同的。无论显示哪种几何线索，施加的热刺激始终保持在48摄氏度左右。

通过以这种方式保持实际热刺激的强度恒定,实验者能够分离出受试对象习得的对疼痛体验的期望所产生的影响。[17] 在接受 fMRI 检查时,受试对象会评估他们期望将感受到的疼痛程度,以及他们之后主观感受到的疼痛程度。脑成像数据使实验者不仅能够查看这些关于疼痛期望和疼痛体验的报告,还可以查看内在的神经活动。具体来说,他们正在探寻一种与实际的身体疼痛体验似乎密切相关的复杂脑成像特征。这使得实验者可以检验受试对象所报告的体验是否也反映在通常表征疼痛的神经活动模式中。[18]

研究结果非常明显。体验到的疼痛水平会根据基于线索的期望而上下波动,而且这些效应在神经疼痛特征中也有所反映,这正是早期研究引导我们得到期望的结果。但是——转折来了——这些有实验性偏差的经验本身又会引发新的期望。似乎体验到由几何形状提示的更高或更低程度的疼痛,会在参与者身上形成一种反馈循环,他们的自身体验近似证实了他们基于线索的(虚假的)期望。这种"虚假确认"巩固了他们对不同线索的预测能力的错误信念。或许你会期望受试对象随着时间的推移会认识到这些线索并不可靠,但这种情况并没有发生。不过话说回来,为什么会这样?每次施加热刺激时,不同的几何线索都会使他们体验到与他们习得的虚假期望相一致的疼痛强度。因此,从主观上看,每次暴露于线索似乎只是确认了线索的预测效力!

这些研究反映了一种复杂的动态过程,虚假期望一旦占据上风,就变得越来越难以改变。这种有关虚假的自我确认期望的现象可能比我们意识到的更常见，就像一个期望牙齿治疗会很痛苦的患者，会体验到比自己本该感受到的更剧烈的疼痛，这似乎又反过来证实并巩固了他们先前的信念。

功能障碍[19]

预测性大脑假说（尤其是有关预测处理和主动推理的详细研究）提供了一个用于理解各种心理现象的统一框架。因此，它在研究心理疾病（以及心理差异）的新方法中起主导作用。传统的精神病学通常根据一系列关联不大的症状和大脑中的相关化学变化来诊断并提供治疗。[20] 然而，一种新兴的被称为"计算精神病学"的跨学科方法以更本质的方式来研究心理健康和心理疾病。计算精神病学诞生于神经科学和心智计算机模型的交叉领域，旨在开发一种相比基于症状的标准方法更有洞察力、更系统化的替代方法。[21] 它试图将心理疾病（以及更普遍的心理多样性）理解为对大脑处理信息方式的不同平衡的反映。在这种理解可行的情况下，症状群开始变得有意义，并且治疗选择（在治疗方案适当的情况下）也更合理。因此，希望以一种有原则和证据导向的方式来对待心理健康和心理疾病，就像我们现在对待身体健康那样，例如，试图理解和干预衰老与癌症的深层原因，而不仅仅在各种表面症状出现时对它们进行治疗。

其中，有一类特别能说明问题的病例，它们徘徊在精神病学和神经病学的标准范畴之间，涉及我们所知的功能障碍。这些病例存在如运动问题、瘫痪甚至失明等症状，却无法找到标准的生理原因。这种现象也被称为"医学上无法解释的症状""转换障碍""身心疾病""心因性症状"，甚至（在相当遥远的过去）"癔症性"障碍。功能性神经障碍完全是真实存在的，但似乎并不是由任何类型的解剖学或结构上的变化或常规疾病过程引起的。"功能性"这一术语所反映的事实是，正常功能的某些方面（通常涉及感觉或运动）发生了改变或丧失，尽管明显缺少任何结构上或公认的神经病学原因——换句话说，存在缺少系统性损伤或疾病证据的功能障碍。重要的是，一种功能障碍的存在不是——也绝不应该被视为——伪造或"假装"的证据。相反，功能障碍或残疾是真实的，没有任何证据表明它们受到蓄意操控。

也许有必要简单解释一下相关术语。我会使用"结构性障碍"和"结构性损伤"来指代任何存在标准神经症、身体损伤或疾病过程的病例：其行为已经可以解释其所经历的疼痛、残疾或感觉改变。我将这与功能性疼痛、残疾或感觉改变的病例进行对比，这些病例出现了类似的症状，但没有任何证据表明存在充分且持久的结构性原因。在很多文献中，同样的区别通常使用更有问题的"生物性 vs 功能性"这对术语来表示，其中，使用"生物性"来表示存在标准神经病症、身体损伤或疾病过程的病例。[22] 我避免使用这种说法，因为坦率地说，这是毫无意义的。功能障碍与其他任何障碍一样，都是起源于生物体的，而这实际上也是预测处理方法可以帮助我们理解的最重要的事情之一。

功能障碍可能是情感创伤或压力引起的后果，但它们也可能在事故或受伤后出现，比如，正常愈合过程完成后，功能障碍仍然莫名其妙地持续很长时间。它们还经常（有些令人费解地）与各种结构性问题引起的障碍和残疾交织在一起，例如受伤或疾病的存在，而且它们并不罕见。它们是神经科转诊的新患者的第二大常见转诊原因（仅次于头痛），约占这类病例的 16%。[23] 功能障碍可以表现为不明原因的失明、耳聋、疼痛、疲劳、虚弱、步态异常、震颤和癫痫发作等症状——实际上包含了几乎所有可能的障碍。[24] 让问题变得更加复杂的是，许多现实世界的病例呈现出令人困惑的混合情况，其中身体疾病或损伤实际存在，但不足以解释实际体验到的疼痛和丧失能力的程度或多样性。换句话说，疼痛或障碍在严重程度上的差异，似乎无法通过直接参考潜在原因来解释。

在这种情况下，一种恰当的反应当然是谦卑地指出，通常有一些一般性的潜在原因，要么被医生遗漏了，要么目前的科学尚不知晓。但有时，正如我们将要看到的，证据表明存在另一种不同的原因，那是一种涉及预测性大脑内部平衡改变的原因。当出现这种情况时，对某种形式的功能性神经障碍的诊断仍然是一个微妙的问题。患者通常会抗拒这种诊断，认为医生告知他们的真正的问题（疼痛、瘫痪、震颤）在某种意义上"全部存在于他们的大脑中"。但随着我们对所有人类体验（包括具有更常规的身体原因的医学症状）的建构方式有了更好的理解，这种刻板印象可能逐渐被避免。

医生如何才能合理地诊断功能性神经障碍呢？[25] 最引人注目的证据是，功能问题的轮廓通常遵循我们对疾病或解剖学的直觉观念，而非医学或生理学上的规律。一个例子是"管状"视野缺陷。在这种情况下，丧失中央视野功能的患者通常会报告一个直径始终相同的视觉"盲区"，无论他们的视野测试距离是远还是近（见图 2-1）。这种管状缺陷模式在光学上显然是不可能的：任何视野缺陷在离眼睛 150 厘米处测试时，肯定比在离眼睛 50 厘米处测试时会影响更大的视野。如果你把本书拿到离你的脸 50 厘米处看，那么它肯定比从离你 150 厘米处看时占据你更大的视野。

在 50 厘米处检测　　　在 150 厘米处检测

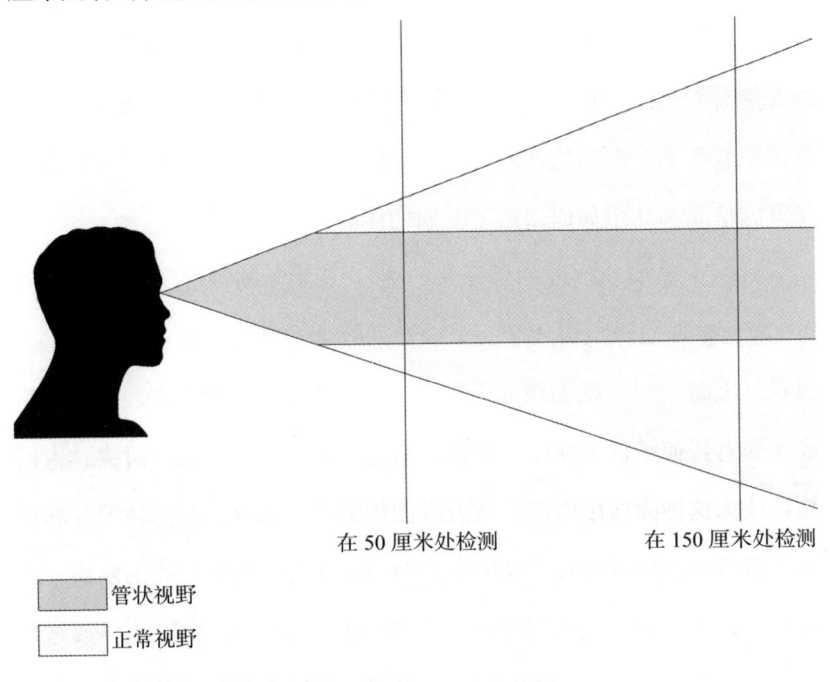

■ 管状视野
□ 正常视野

图 2-1　管状视野缺陷，这种视野缺陷的模式在光学上是不可能的

管状视野缺陷不符合这种必然的光学规律，这表明这种缺陷本质上是功能性的：确实存在一定的视觉功能丧失，即一个盲区，但基于光学规律，它并不能反映对视觉系统本身的潜在损伤。

这是怎么回事呢？我们需要理解的重要一点不是说这种损伤模式在光学上是不可能的（尽管这是一条确凿的线索，表明有不寻常的情况发生）。重要的是，损伤的形状依从于个体自身期望和预测的形状。他们的大脑强烈地预测了一种始终一致的管状视野丧失，这就是他们之后所体验到的。这种统一直径的视野丧失在光学上是不可能的，也不可能由视觉通路或视觉处理区域本身的任何形式的结构性损伤引起。但是，这可能是由个体对自身视觉体验的潜在预测引起的。即使如此，也没有证据表明——我再怎么强调都不为过——管状视野丧失的人是有意预测这种丧失的，从而假装或故意导致自己的残疾。这个盲区是真实的，失明的体验是无意识的。但它的形状反映了我们自己隐藏的信念和期望如何塑造了我们的体验。

另一个更加戏剧性的例子来自爱丁堡大学的神经学家兼教授乔恩·斯通。斯通教授讲述了一个少女的故事，她的视力逐渐恶化，直到有一天醒来时，她彻底成了盲人。[26] 大量检查都没有发现她的眼睛或大脑有任何结构性缺陷。她被诊断为功能性神经障碍。过去，人们总是认为这种障碍由虐待、压力或创伤引起。如今，显然情况并非如此。虐待或创伤可能是诱发因素，但身体损伤、其他形式的疾病，或者有时甚至没有任何明显原因（至少表面上没有），也可能导致这种情况。在这位失明少女的案例中，事实证明她有偏头痛的病史，而该病是由光线引发的。因此，她经常待在黑暗的房间里。

斯通教授怀疑这名少女对光线的厌恶和她越来越长时间地身处黑暗中的体验，不知何故唆使她的大脑不断产生对黑暗的预测，这是她功能性失明的原因。为了反驳这些隐藏的预测，斯通教授向她表明她的大脑仍然通过眼睛获得了良好的感觉信息。例如，他通过指出她经常与他进行眼神交流或模仿他的手势来说明这一点，尽管这些完全没有进入她的意识觉知。他还采用了 TMS（经颅磁刺激）技术，该技术利用磁场来诱导大脑中的神经元活动。经过谨慎的应用，TMS 技术导致了视觉中枢的神经元被激活。在这种情况下，她"看到"了光幻视（眼内闪光）。斯通教授猜测，这可能有助于她的大脑认识到"看不到任何东西"的预测是被误导的。

通过这些干预措施，以及斯通教授及其同事在大量精心设定的场景中解释功能障碍的本质和可能的起源，这位少女视力恢复，并最终完全康复。当然，我们无法证明这些干预措施直接引起了她的康复。但斯通记录的其他类似的案例，都表明康复发生在类似的解释和干预后。预测处理理论提供了一个令人信服的总体观点，可以解释功能障碍的存在，以及这些治疗方法的显著效果。这一观点的核心思想是，关于我们自身感官能力或身体能力的预测起着关键作用，使得我们真正体验到的症状与我们隐藏的期望相符。

这究竟是怎么一回事呢？

注意力紊乱

我们需要理解的是，为什么错误的预测和期望在这种情况下还能有如此重要的作用，有效地从整体上创造出新的体验。对此的解释似乎与大脑估计精度的机制存在隐藏的干扰有关，这种机制以各种形式传递注意力。虽然这可能听起来有点儿技术性，但理解它非常必要，因为现在认为异常的精度估计据说与各种精神疾病和功能障碍有关，还决定了更多典型神经反应的范围和多样性。

回顾一下，精度在这些模型中只是一种权重因素，可以增强或抑制不同方面的信息处理。在大脑中，精度加权涉及复杂的神经递质系统的活动（除其他外），其中以多巴胺等化学信使为中心。它们的协同作用会增强某些神经元活动，代价是牺牲其他神经元活动。精度变化就像音量控制一样，改变了整个神经元集群对下游（后突触）的影响。但这里并不只有音量控制在起作用，还有许多这样的控制因素，这是因为人们认为精度在任何时候对所有神经元集群都是估计的。对精度的不同估计改变了后突触影响的模式，从而决定了（此时此地）要依靠和忽略什么。这也是大脑平衡感官证据与预测之间影响的方式。换句话说，精度变化控制着我们所知和所感的信息中最为重要的那一部分，每时每刻都将对进一步的处理和活动产生最大的影响。这样说来，精度和注意力显然有紧密关联。精度变化实际上就是注意力（一个有用但有点儿模糊的概念）的本质。

比如，假设我从一堆干草中找一根刚掉进去的银针。根据预测处理理论，我的大脑会调高对显示细小银色物体的特定视觉信息的精度权重，以增加成功找到银针的概率。如果这些表述正确，这就说明了注意力真正是什么，注意力就是大脑在我们完成日常任务时对精度权重的调整，以最大限度地利用知识和感知。通过恰当的注意，我能更好地发现和应对我正在执行的任务中最重要的事项（与此相关的更多内容，请参阅附录）。因此，精度估计是灵活、流体智能的核心和灵魂。

但是当精度估计出错时会发生什么呢？这将扭曲不同感官证据和不同预测的影响。[27] 精度估计是大脑用来告诉自己该把"赌注"下在哪里以及下多大"赌注"的方式。当这一过程出错时，我们的大脑会做出错误的判断：它们会错误地估计要认真对待什么，不认真对待什么，从而产生虚假或误导性的体验。这似乎正是发生功能障碍时的表现。在这种情况下，对精度无意的分配不当会充当自我实现预言。对疼痛或损伤的预测会变得权重过高，并会压倒实际的感官证据，迫使体验符合我们自身隐藏却错位的期望。

正如我们已经看到的，这些效应出乎意料地常见。在第 1 章中，我就体验过这种效应，当时我似乎误以为听到了闹钟发出的轻柔鸟鸣声。但当这些效应变得根深蒂固，并且涉及像我们自己的疼痛或残疾状态等重要问题时，其后果可能是毁灭性的。在这种情况下，人类的体验变得与实际的身体和现实证据流完全脱节。[28]

有充分的证据表明，出错的精度分配（注意力的不正常模式）在许多甚至所有功能性神经障碍中起着作用。例如，仅仅通过干扰患者，使他们将注意力转移到其他地方，就能让功能性（但不是结构性）震颤消失。相比那些有常规原因的震颤患者，功能性震颤的患者会花费更多时间观察它们，并且大大高估了震颤发作的频率。[29] 当震颤是由结构性（标准神经病学的）障碍引起时，患者的估计跟真实频率要接近得多。在功能障碍的情况下，是注意力紊乱导致了震颤的发生，这么说是有道理的。在这些情况下，关注震颤的过程调高了对震颤的隐藏的期望的精度权重，从而导致了震颤发生。

这就如同著名的"冰箱灯幻觉"的另一个版本。你可能会推断你的冰箱灯一直亮着，只是因为你每次打开冰箱门时灯都亮着。但实际上，是察看（开冰箱门）的行为打开了灯。同样，你可能会认为你几乎一直在震颤，因为当你每次关注时，震颤都在。但如果震颤实际上完全或部分是"预测和关注"过程的结果，那么这种假设可能大错特错。[30]

胡佛征

有关异常注意力在功能障碍中作用的经典范例包括所谓的胡佛征现象。这一现象以美国医生查尔斯·富兰克林·胡佛的名字命名，它指的是一条腿出现不明原因的无力症状。当患者的注意力被转移到别处时，他们竟能够用那条腿施加正常的压力。

其作用原理如下：医生在要求患者用未患病的腿做某种动作时，同时检查另一侧（患病的腿）施加的压力。对正常人来说（既没有功能性也没有结构性无力症状）会存在一种交叉效应，即抬起（比如）左腿会导致侧臀部伸展，并使右脚的脚跟施加向下的压力。但对于右腿有结构性无力症状的患者，这种交叉效应并不存在，因为右腿无法做出反应。但如果无力症状本质上是功能性的，患者就会不自觉地使用患病的腿，脚跟施加向下的压力。医生的要求会将患者的注意力转移到未患病的腿上，从而揭示出患病的腿仍然保留着正常的生物力学能力。[31]

神经学家乔恩·斯通在向患者解释这一点时，喜欢强调他们严重受损的腿部自发运动与非自发（自动）运动（没有受损）之间的差异。胡佛征表明，问题实际上并不在于腿部的力量，更不在于大脑在受干扰时调用这种力量的能力。它其实反映了当注意力集中于使用患病的腿时会发生什么。

这是一个巧妙的测试，并且在当代临床实践中广泛应用（见图 2-2）。[32]

1908 年关于胡佛征的早期文献将其描述为一种检测"装病"和功能性腿部无力的手段。[33] 但如今，不需要检测患者是否在"假装"。相反，胡佛征所展示的是一种不受意志支配的期望和注意力模式——当然，这是由大脑中某些非常真实的变化引起的——可能是表面上明显无力的潜在原因。对此问题的另一种解读是，缺少疾病或明显的身体损伤并不意味着没有任何病理性变化。但相关变化是微妙且

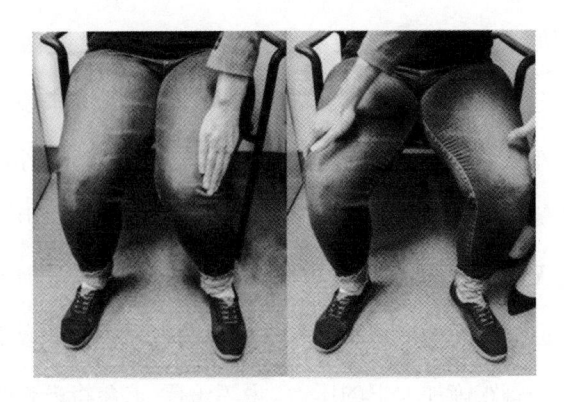

图 2-2 胡佛征
左图：左侧臀部伸展无力
右图：通过右侧髋关节屈曲，左侧臀部伸展力量恢复正常
资料来源：Sara A. Finkelstein, Miguel A. Cortel-LeBlanc, Achelle Cortel-LeBlanc, and Jon Stone。

深刻的，它们反映了预测性大脑内部的信号放大和衰减的复杂模式中的一种缺陷。

对注意力假说的进一步支持来自我曾经的爱丁堡大学同事罗伯特·麦金托什教授进行的初步研究。[34] 这些研究观察了一侧（但不是两侧）上肢功能性无力的患者。他们发现，对受影响肢体的异常注意力模式与麻木感觉有关。改变的注意力模式似乎不仅可以在所有正常原因都不存在的情况下让我们体验到如疼痛的身体感受，还可以在缺少结构性原因的情况下让我们体验到感觉的缺失（麻木）。

强烈期待疼痛、麻木、无力或其他症状会以放大或完全产生这种体验的方式，改变注意力模式（精度加权），这似乎就证实了那些期望。这实际上就是我们的老朋友"白色圣诞节"效应的再现，只是这次影响了我们体验自己身体的方式，而不是我们听到的声音。为了解释这些自我构建的疼痛、麻木、无力或瘫痪的感觉，患者可能会开始怀疑深藏的原因，比如顽固的隐疾。这些新的信念进一步强化了对这些症状的预期，从而强化了异常注意力的循环。正如我们稍后会看到的，类似的虚假确认循环模式也可能会出现在某些精神疾病病例中。

期望及其在慢性疼痛中的作用

功能障碍为我们提供了关于隐藏的预测和注意力模式作用的有力例证。但其背后潜藏着洞见。这一切所表明的就是，根本不存在医学症状的"原始"或"正确"体验。因为所有人类体验都是由期望、注意力和感官刺激混合构建的，所以我们绝无可能体验到这个世界或自身"原本的样子"。确实，我们很快就会搞不清楚这究竟意味着什么。相反，在期望和注意力"从整体中"创造症状的情况（正如前文所述）和它们也反映某种更标准形式的疾病或伤害的运作情况之间，存在着一种深层的连续性。功能障碍仅仅处于这个连续性谱系的一端。

这一最初令人惊讶的观点有大量的证据支持。荷兰鲁汶大学的健康心理学家奥默·范·登贝赫指出，在大多数情况下，症状只有在早期、急性和局部性的功能障碍或疼痛中才会与其身体原因呈强匹配关系，例如由手术、割伤和骨折引起的短暂剧痛。[35] 但换成慢性病，情况则大不相同。例如，慢性阻塞性肺疾病患者报告的呼吸困难在相同肺损伤水平下，不仅在不同患者之间，而且在同一患者的不同时期也存在很大差异。类似的结果在涉及心房颤动、哮喘症状、糖尿病和很多其他症状的报告的研究中被发现。[36] 多项研究表明，哮喘患者时常体验到与其当前肺部状况不符的症状，其实是受到根深蒂固的期望的影响。[37] 通常情况下，这种由期望驱动的病情发作——据估计有 15%~60% 的患者受此影响——发生在回到与之前发作相关的环境（或遇到线索）时。这迅速建立了另一个自我确认的循环，即在该环境中体验到的新一次发作似乎再次证实了期望，从而使其更有可能在未来发作。这有点儿像患有舞台恐惧症的表演者，他们自己对失败的压倒性期望掩盖了他们真实的能力。这种循环是可怕的。每一次新的舞台恐惧症发作都会证实对失败的期望，而这些期望注定了失败的次数会不断累积。然而，认识到这种循环往往是打破循环的第一步，我们稍后会在探讨如何"黑进"我们自己的预测性大脑时具体介绍。

某些慢性背痛病例中似乎也存在类似情况。在 2019 年的一次采访中，来自伦敦的健康心理学家塔马·平卡斯评论道：

> 经历了几次背痛之后，人们开始以不同的方式感知世界……他们的疼痛融入了与他们关联的事物之中。[38] 如果你看到一个楼梯的图像，你的第一想法可能是"我爬不上去"。一段时间之后，你看到和感受到的事物似乎都蒙上了疼痛的阴影。你不再需要真受伤才会感到疼痛。而且，你可能仅仅

因为正在期待疼痛而感受到更加剧烈的疼痛。

个体会在为身体信号（包括与疼痛和残疾相关的信号）分配精度时存在差异。此外，长期患有某种疾病会导致特定期望（例如在不同情境下对疼痛程度的期望）产生并变得根深蒂固。这意味着即使存在一些标准的结构性原因，比如背痛患者可能存在腰椎间盘突出或脱出，我们体验症状的方式仍可能会随着时间的推移开始涉及大量思维和期望的成分。

从某种意义上说，最好不要把慢性疼痛视为一种症状，而要把它当作疾病本身——一种需要应对的特殊状况。[39] 2004年的首个世界镇痛日，宣布"慢性和反复发作的疼痛是一种特殊的健康问题，本身是一种疾病"。从那时起，这一曾经边缘化的观点在理论和临床实践上变得越来越有影响力。预测处理提供了第一个完整的理论框架，在这个框架内，可以捍卫并准确阐述这一强烈主张。正如疼痛理论领军专家米克·撒克所说，这一观点准确地向我们展示了为什么我们不需要再将疼痛视为简单的感觉、损伤或潜在损伤的直接信号，而应将其视为一种感知。与所有感知一样，它的形成仅仅源于精度加权下的预测和当前身体信号的相互作用。正是这种结合过程提供了回旋的余地，使持续的疼痛或功能障碍可以在没有损伤、威胁或疾病的情况下存在。这并不是说一切都会响应期望的改变。其实并不会。但注意力和期望在我们对健康与疾病的所有体验构建中起着关键作用，即使在标准的结构性原因（损伤或疾病）存在时也是如此。

孤独症谱系障碍中的平衡改变

　　预测处理还有助于我们更好地理解各种典型和非典型的人类体验。一个好的起点是注意到有两种非常常见的方式可能导致这种处理出错。第一种方式是大脑对预测和期望赋予的权重不足，这会使大脑难以在嘈杂或模糊的环境中探测到微弱但可预测的模式。但第二种常见的出错方式是大脑对期望赋予的权重过高。在极端情况下，权重过高的期望会导致幻觉。你似乎会看到和听到那些实际不存在的东西，仅仅因为你在某种程度上强烈期望它们出现，就像那些虚幻的手机振动或鸟鸣闹钟一样。

　　最初，孤独症谱系障碍被认为反映了第一种类型的特定不平衡：对先验期望的系统性赋权不足。这就是"削弱先验"孤独症理论。赋权不足的先验知识会使微弱或难以捉摸的模式难以察觉，也难以学习。这些模式包括面部表情、语调或肢体语言等在特定情境下微妙地暗示他人心理状态和态度的事物。这种不平衡也会使人们在首次学习这些模式时遇到很大的困难，而在复杂或模糊的情境下识别它们则更加困难。然而，一些证据对这一大胆的初步假设提出了一点怀疑。层出不穷的有趣证据表明不是预测被削弱，关键问题（不是对基于知识的预测赋权不足）涉及大脑对传入的感官证据主动赋予了过高权重。[40]

　　你可能会认为这两者本质上是等价的，毕竟这是一种权衡，权重不足一方（预测）会产生与权重过高的另一方（感官刺激）相同的效应。但是反对这种简单的"削弱先验"理论的有力证据已经通过使用我们在第 1 章中介绍的那种穆尼图获得。你会回想起，穆尼图就是一种最初难以识别的黑白图像，但是你一旦看过原始全灰度图像就会很容易识别。一组来自荷兰的心理学家向孤独症谱系障碍患者展示了穆尼图及其源图像（原始的、非穆尼化的图片）。他们还向一大群多样化的、更具备神经典型特征的参与者展示了这些图像。之后，所有人都被再次展示了穆尼图，并被要求识别图片代表什么。

与削弱先验理论的期望截然相反，孤独症谱系障碍患者与其他参与者在表现上没有差异。明确的结论是，两组人利用习得的先验知识来执行穆尼任务的能力都是完整的。这支持了一种替代性理论，即孤独症患者更可能对正常的感官证据赋予过高的权重，而不是对自己的知识或预测赋权不足。[41] 越来越多的证据现在更支持这一广泛观点，即对感官证据赋予过高权重（增强感觉精度）的倾向是孤独症谱系障碍与更典型神经特征的核心差异。这在实践中可能意味着什么？[42]

增强的感官世界

在报道孤独症谱系障碍研究新闻的在线论坛 *Spectrum* 中，乔治·马瑟报道了他与一位来自东京的博士生绫屋纱月的对话。绫屋被诊断患有孤独症。她提到，她的经历让她感受到大量的细节，但这些细节通常不能满足她的日常需求。正如马瑟所写：

> 她细致入微地感受到了典型的人类容易识别为饥饿的复杂感觉，但她无法将它们拼凑起来。"我很难得出我饿了的结论，"她说，"我会感到烦躁，或者感到难过，或者感到有些不对劲。这些信息是分散的，没有联系。"她需要很长时间才能意识到自己饿了，以至于她经常感到虚弱，只有在有人提醒她吃东西之后才会去吃。[43]

她不仅仅感到"饥饿"，身体信号中更精微的细节占据了主导地位。你感受到了某种强烈的感觉，但那究竟是什么呢？根据感觉信息权重过高理论，孤独症谱系障碍患者不断遇到来自他们自身和外部世界的高度详细且非常明显的过量感觉信息。这种感觉信息过量阻碍了对更广泛的背景或情境（在这种情况下是饥饿）的即时识别。换句话说，对每个感觉细节的过分关注实际上使人无法从树木中看到更大的森林。

此外，就像神经典型的人会构建适合其神经典型的大脑平衡证据、期望和不确定性的环境一样，孤独症谱系障碍患者会构建并寻找更契合自身独特内在平衡的环境。[44]我受邀参加了一个关于预测性思维的孤独症社区研究网络会议。在那次会议上，一位孤独症谱系障碍患者评论说："如果世界由我的认知模式主导，那么只会有安静的火车，也许只有一节指定的'嘈杂'车厢。"换句话说，我们会构建一个世界，在这个世界里，安静车厢的分布反映了一种不同的认知模式。

相反，面对源源不断的丰富且看似需要关注的感觉信息，孤独症谱系障碍患者可能会开始自我选择更可预测的环境，对复杂的社交互动逐渐变得更加谨慎。重复和刻板的行为，如摇晃或拍手，也可能出现，因为这些行为将提供一种巧妙的方式来确保（通过自我生成）可预测的感觉输入流。另一种减少感觉意外的方式是在受限的领域中发展极端的专长。总之，如果我们将孤独症谱系障碍看作涉及权重过高的传入感觉信息，那么很多看似不相关的效应就能得到解释了。

麦格克效应

孤独症谱系障碍似乎涉及对来自感官的刺激的细节和细微差别赋予过度"关注"。但究竟什么才算是过度关注呢？在我们绝大多数人生活的世界中，对感觉信号中的每一个细微差别都给予权重可能导致信息过载。但在某些情况下，这也可以揭示更多真实情况。一个很好的例子是一种听觉错觉，被称为麦格克效应。这种效应最好被理解为一种腹语术的变体。在腹语术中，来自腹语表演者的听觉信号会被听成木偶发出的声音，因为木偶嘴唇的动作能与声音即时匹配上。重申一次，我们对恰当原因的隐藏的期望会误导我们——我们下意识地期望声音是在我们最清楚地看到嘴巴动的地方产生的。在这一效应中，大脑会推断听觉刺激源是木偶在动的嘴巴。这种强烈的期望通过致使大脑降低真实感官证据相对权重（将其视为噪声而非信号）来微妙地扭曲感知体验。这一效应与我们在第 1 章中已经看过的凹脸错觉等情况相同。

在麦格克效应中，受试者看到一段剪辑的视频，其中"叭叭"的声音响起，但实际上人的嘴唇的动作是在说"嘎嘎"。面对这种明显的矛盾，神经典型的受试者倾向于整合这两种信息源，并清楚地听到"哒哒"。这种"哒哒"的感知是一种错觉，是大脑基于感官证据以及它对语音与嘴唇动作之间关系的了解，对世界可能传递给它的信息做出的最佳猜测。现在有许多在线视频展示了麦格克效应。[45]

在孤独症谱系障碍患者中，麦格克效应有所减弱，有时甚至完全不存在。这是有一定道理的，如果这些患者更倾向于从表面意义上理解接收到的声音（"叭叭"），而不是扭曲他们的体验以符合最能调适随之而来的视觉信息的猜测。[46] 类似的易感性降低也出现在某些其他错觉（包括凹脸错觉）中。在这种情况下，孤独症谱系障碍导致直觉上获得更准确的感知，因为感知更少受错觉的影响。[47]

然而，随着故事的发展，我们将看到更为详细的内容，届时，关于什么对感官证据更为"真实"的问题将变得极为复杂。在一种情境中追求更准确的感知可能会导致在其他情境中犯下代价高昂的错误的倾向。没有一种平衡感官证据和先验知识的方式完美适用于所有目的。

精神分裂症的平衡改变

预测处理也可能有助于我们更好地认识一种常被误解的病症：精神分裂症。心理学家彼得·查德威克描述了他自己精神分裂症发作的经历，称其涉及一架"通向不可能之境的梯子"。随着他一步步攀登这架梯子，他开始赋予一系列模式和巧合越来越重要的意义，这逐渐迫使他改变了对世界如何运作的基本理解。他说："我不得不理解，用任何方式理解所有离奇的巧合。我彻底改变了我对现实的看法。"[48] 例如，他开始听到广播中的话仿佛是直接对他说的，以某种无法解释的方式捕捉到他内心的想法。为了解释最初可能只是巧合和模糊的联系，他进而推断出一个庞大的隐藏阴谋的技术专家组织：

> 显然，确实存在一个由技术专家组成的组织，他们由以往的敌人、邻居，也许还有报社工作人员提供信息，旨在监视和预测我的想法，然后通过无线电发送回复。

我们如何理解这样一个过程呢？精神分裂症通常涉及幻觉（明显与现实不符的感知）和妄想——奇怪的信念（例如对技术专家组织存在的信念）。应用预测性大脑理念进行的重要早期研究表明，这两个特征可能有一个共同的根源：错误生成的预测误差信号。[49]

这一理念是，精神分裂症涉及错误生成的高加权（高精度）预测误差信号。这些信号通常表示重要但未被预测到的感觉信息，如查德威克所说的多重"巧合"。然后,这些信息被传递到大脑深处,大脑视其表征了重要的消息。研究者认为,这类似于出了故障的仪表盘警告灯,它高声喊着"立即采取行动",尽管实际上并没有什么需要关注的。错误生成的高权重的预测误差迫使大脑寻求一个新的预测模型。由此产生的假设(如组织、心灵感应、外星人控制,以及如今各种与互联网有关的离奇信念)在外部观察者看来可能很离奇。然而,从内部来看,它们构成了最好的——实际上是唯一的——可用解释。

这也有助于解释在精神病发作的早期特殊阶段可能发生的情况。那时,尽管患者在其他方面的表现基本正常,但世界开始看起来有些不同或奇怪。研究者认为,这种奇怪反映了持续的、未解决的预测误差的存在。然后,这些误差逐渐驱使系统形成越来越激进的假设来适应它们。

重要的是,预测性大脑不仅控制感知,还控制行为,所以妄想症患者会主动寻找支持他们激进假设的证据。随着这个过程的展开,对新信息本身的解释可能会变得很不同,从而看起来能够证实或巩固激进的信念。误差的循环因此变得开始(以及再次)猛烈地自我保护。这种有害的结果似乎是预测性大脑的阿喀琉斯之踵。

然而,这项研究仍处于起步阶段,相关结论需要谨慎看待。即使异常的预测误差在精神病的发展中起到一定作用,也可能只在很少的情况下(如果有)是问题的全部原因。[50]几乎可以肯定的是,此处我们面对着一个由多种复杂原因构成的拼图,而且可能存在多条通往精神病的路径,每条路径都有自己独特的"理解"。不断变化的文化背景也很重要，正如前文所述，当代的妄想往往涉及与互联网有关的离奇信念，而更传统的信念（例如涉及心灵感应和外星人的信念）似乎越来越不流行。这些都是需要更合理解释的重要事实，还有很多工作需要做。但不管最终的解释有多复杂，现在似乎可以确定的是，它涉及（对预测性大脑特有的）精密制衡系统产生的级联改变。[51]

创伤后应激障碍

预测处理可能会对理解和治疗创伤后应激障碍（PTSD）产生类似的变革性影响。PTSD 有时被称为"现实监测"缺陷，患者会经历可能与真实事件难以区分的闪回，以及伴随而来的过度焦虑、回避行为和一系列改变生活的症状。[52] 据估计，在经历了高度创伤事件（如强奸、战斗或家庭暴力）的受害者中，多达 30% 的人最终会发展出某种形式的 PTSD。

在一些有启发性的实验中，研究人员招募了 54 名参加过战斗并表现出各种 PTSD 症状的退伍军人。[53] 其中 24 人被诊断患有 PTSD，另外 30 人没有。研究人员给参与者展示了两张"有点愤怒"的面部图像中的一张，然后轻微电击参与者。最初，面部图像 A 在其出现的 1/3 次数中预示了之后有电击，而面部图像 B 的出现从不预示有电击。然后，在"反转阶段"，这种关联颠倒了过来，以至于先前最有可能预示电击的面部图像不再预示电击,而另一张面部图像则会预示电击。研究人员使用皮肤电导率作为一种可靠的生理指标,以此来判断每位参与者在每次测试中预测何时会感受电击,以及会感受到多大强度的电击。我们处于压力或其他情绪唤起状态下会出现皮肤电反应,因为皮肤中汗腺所分泌的汗液会暂时使其电导率增强。

然后,研究者应用了多种不同的模型,以确定哪一个能最好地解释生理数据随着这些测试而变化的模式。在最佳模型中,PTSD的严重程度与由意外的负面结果(意外的轻微电击)引发的预测误差信号的精度加权异常大幅增加高度相关。在受影响最严重的个体中,对未能预测电击的反应是激进地加权错过的线索(特定的面部图像),从而使其对线索在未来的出现变得高度敏感。[54] 在战区,这种倾向会导致对预示突发且危及生命事件(如突发导弹袭击、爆炸或其他威胁)的线索(如光线、闪光和突然的噪声)产生持续甚至可能终身的超敏反应。

这或许有助于解释为什么一些遭受过创伤的人后续会患上PTSD,而另一些人在完全相同的情况下则不会。不同的人脑对感官意外之后的预测误差信号有不同的反应。因此,一些个体更容易患上PTSD和其他令人衰弱的疾病。如果这被证实是正确的,这样的测试今后可以被用来识别那些风险最高的人,并相应地调整他们在服兵役期间的角色。[55] 这就是所谓的"感知表型分析"的一个例子,该分析使用心理测试来帮助建立可以识别有风险个体的认知特征。这些测试还将为了解哪些人最受益于不同干预措施或改变的环境提供重要线索。我怀疑它们将迅速揭示在神经典型人群中存在着出奇广泛的认知特征。这些特征今后将可以用于定制更符合个体需求和不同认知风格的培训、学习及康复。

哪种平衡最好？

预测性大脑承载着复杂的（精度加权的）平衡行为，而不同的平衡行为导致我们以多种多样的方式去体验我们所在的世界并对其做出反应。但什么构成了这些不同平衡的一种好的设置或最佳设置呢——一种将确保感知体验揭示了事物"本来是什么样的"设置？不幸的是，我们如果没有对实际环境的本质及其相对稳定性或变化趋势（环境的易变性）做出多种假设，将无法回答这类问题。例如，在你所处的环境中，意外的巨大噪声在不发生危及生命的爆炸的情况下有多频繁出现，以及这个比率是稳定的，还是不断变化的？我们还需要考虑某种风险/回报结构。在你所处的环境中，将汽车的回火声误判为狙击手的射击声，或将低音炮的声音误当作爆炸声，这种错误的代价有多高？

一种环境可能会拯救你生命的预测平衡，另一种环境可能会给你带来各种各样的伤害。这意味着平衡预测和感官证据的不同方法的好坏只与你所身处的世界有关。为了说明这一点，一项研究将所谓的非临床幻听者（没有被诊断为精神病，但经常听到不存在声音的人）和听不到这种声音的人推入嘈杂的 fMRI 机器中，[56] 但在所有一般噪声中隐藏了一些失真的语音片段（前一章介绍过的正弦波语音）。

在这种不寻常的环境中，幻听者处于明显的优势。75% 的幻听者可以听到并解释隐藏的语音，相比之下，只有 47% 的听不到不存在声音的人可以做到。换句话说，幻听者比其他人明显更擅长在 fMRI 的嘈杂声中检测到真实（尽管是人为改变的）语音的意外存在。幻听者因此是真实语音检测方面的专家。如果我们假设这些个体不断保持对语音的高度预期，导致在正常生活中产生误报（如我的虚幻的手机振动幻觉），但也支持他们在感官证据非常薄弱时有更高的检测率，这就解释得通了。

现在请想象一个世界，在那里有危险的掠食者（有点儿像漫画中的反派角色）倾向于低声说威胁性话语来宣告自己的到来。再想象一下这是一个嘈杂的世界，充满了雷声、爆炸声和口哨声。在这样一个世界里，猎物栖息在这样的生态位中：从嘈杂背景中检测低声威胁性话语是至关重要的。听到这样的低语，你才可能幸免于难。再想象一下，误报并不会带来多大的代价：错误地觉得你听到了一种这样的威胁通常不会有太大问题。我们现在已经想象出了一个世界，在这个世界中，非临床幻听者被改变的平衡将极具适应性。这表明——这是一个我们在下文中还将重提的主题——根本就没有任何单一的、正确的平衡预测和感官证据的方式。也许我们所能期望的最好的情况是对环境设置中的变化保持适度敏感，随着这些变化的发生相应调整我们平衡不同预测和感官证据的方式。

·

我已尝试阐述，我们体验到的不仅仅是外部世界，还有我们自己的身体和医学症状，而这些体验受到由过往经验设置的预测网络的强烈影响。我们所看见、听见和感受到的——即使一切正常运转——从来不是对我们自己的身体状态或更广阔的外部世界的直接反映。相反，我们体验到的世界和身体一直是部分构建的，它们是我们自身有意识和无意识预测的产物。这有助于解释许多其他令人困惑的现象，包括慢性疼痛的本质、功能障碍和精神病的起源，也许有一天能包括所有非典型和典型的人类体验。如果我们的解释是正确的，那么这些现象都反映了预测和感觉证据之间不断变化的（精度加权的）平衡。

希望通过更好地理解这些平衡以及它们可能出错的各种方式，我们可以开始超越表面的、基于症状的理解，迈向更有原则性的理解——将精神性和功能性疾病根据深层原因进行分类的统一方法。这将有助于有朝一日实现更具针对性、个性化和有效的干预。同时，它还有助于我们开始超越一些陈旧且无益的区分，例如心理和生理的二分法，以及"精神疾病"和"神经疾病"之间在根源上的二分法。

但我们的故事才刚刚开始。如我们所见，预测不仅塑造了人类的体验，还塑造了人类的行为，这是接下来我们将讨论的关键作用。行动是令特定预测成为现实的一种方式。

第 3 章

作为自我实现预言的行动

我们已经看到，期望和预测深刻地影响着我们的所见、所闻和所感。但到目前为止，我们对它们如何影响我们的行为还说得很少。然而，大脑的根本任务是帮助我们生存下去，这意味着需要在一个复杂和不确定的世界中采取行动。行动是其中的关键环节，这是拥有一个代谢成本高的大脑必须体现其进化价值的地方。

或许令人惊讶的是，预测也是行动的引擎。这是因为日常的行为（根据预测处理理论）是由对身体感觉的预测引起的。确切地说，它们是由对"假设采取该行动将产生的身体感觉流"的预测引起的。对行动的预测性控制因此具有某种虚拟性质。大脑预测了如果成功执行该行动，事物看起来和感受起来会是怎样的，并且通过减少相对于预测的误差使行动或运动实现。预测打出漂亮的开球或发出制胜的发球时会有什么样的视觉和感觉，就能带来渴望已久的结果。但这并不是对"积极思考"的肤浅认同。相反，这是对我们的大脑如何控制身体的详细假设。重点是成功的行动涉及一种自我实现预言。预测行动的详细感觉效果是导致做出该行动的原因。

通过将预测作为感知和行动的共同根源，预测处理（主动推理）揭示了心智运作的内在统一性。行动和感知共同构成一个整体，二者在消除预测误差的驱动下实现协同调控。[1]

观念运动理论

有一种控制行动的模式非常适合实现流畅、灵活的控制，而且这种控制模式对于预测性大脑来说非常自然。其根源可以追溯至19世纪中叶德国哲学家赫尔曼·洛采的研究成果，这一研究成果而后被美国哲学家兼心理学家威廉·詹姆斯继承并发展。其核心思想是，行动产生是因为我们在心理上表征了行动完成后的效果。换句话说，对所完成行动的想法促使实际行动的产生。这有时被说成颠倒了常识中的因果关系观念，因为不是行动导致效果，而是对效果的心理表征（对完成的行动而言）导致了行动本身的展开。这并不是说效果先于原因，而是原因变成了效果的一种表象。这被称为"行动的观念运动理论"，因为针对完成的运动的观念（或表象）是导致实际运动产生的原因。[2]

让我们开始考虑这在实际情况中是如何运作的。假设你拥有一个有多个关节的木偶，可以通过一组线来操纵它活动。现在你想让它举起手来。通过拉动连接木偶的手的线，你将它的手移动到你需要的位置。但在这样做的过程中，你会自动以所需的确切方式移动所有与木偶的手相互连接的手臂、肘关节和肩关节（见图3-1）。这意味着木偶动作的规划者（在这个例子中是你这个木偶大师）无须担心如何移动如肩关节或肘关节等部位。它们会在手被拉向所需端点时自行处理，以正确的方式组合。

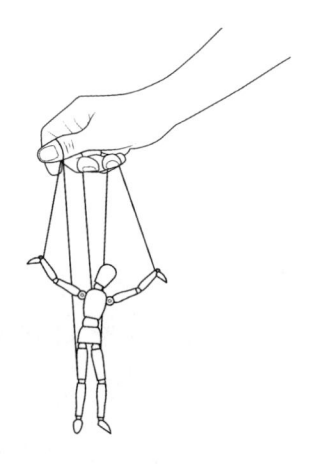

图3-1 被动运动范式的木偶比喻
注：协调和规划所有关节运动的"内部模型"通过作用于身体模型"焦点"上的一小组力场运作。
资料来源：Victoria Gorozanina / Alamy Stock Vector。

用稍微专业的语言来说，你无须担心手臂、肘部和肩部的自由度。通过解决手的端点问题，你会自动确保所有必要的动作到位。从木偶的角度来看（假设它有），它会感觉到它的手被某种外部力量直接拉向某个期望的位置，而身体的其余部分只是自动形成所需的形状和形态。[3] 这也被称为被动运动范式。[4] 这一范式认为，大脑在控制动作时的任务是确定在某种外力以某种方式将身体拉向目标时，身体的每个关节应该如何移动。然后，是大脑对在该情境下预期的所有身体效果的仔细模拟，导致了身体的各部位确切按照所需的方式移动。

这种控制运动的方式涉及一种深刻的倒置，它将在我们探讨预测性大脑如何控制行动时一再出现。一种方法是，我们的大脑必须通过让身体从实际状态向目标状态前进来找到正确的运动指令，即计算出让我们从"手静止"到"手握咖啡杯"等状态的一系列复杂指令。这是一个有许多可能的答案的非常复杂的问题。预测处理建议的是相反的方式。表征某种期望的最终结果，比如握住杯子，会自动调动（在熟练的主体中）让那件事发生所需的一系列运动指令。

这是如何运作的呢？就提线木偶而言，操纵者实际上是在拉动细线。但要将这作为理解大脑如何控制运动的一种方式，我们就需要理解我们如何可以同时是木偶和操纵者。幸运的是，预测性大脑正好非常适合实现这种"魔法"。广义而言，解决方案是大脑通过训练和经验学会预测我们能看到和感觉到什么，但只有当我们的身体以恰当方式移动时，才能达成目标。[5] 这些预测（关于当做出正确动作时我们会看到和感觉到什么）之后——以一种我们即将探讨的方式——作为运动指令使这些动作发生。预测处理就这样提供使所设想的过程发生的一种方式，这些过程广义上是通过古老的观念运动故事所预见的。它展示了对成功行动的"想法"如何成为促使该行动发生的关键因素。

看海鸥

要了解这个过程是如何运作的，请考虑一个简单的行动，以我转过头看办公室窗外的海鸥为例。此刻我没能看到一只海鸥，只看到了我电脑上繁忙的桌面。但窗户对着布赖顿码头停泊的船只上摇曳的桅杆，而且我能听到那些讨厌的海鸥在头顶大声争吵。这些海鸥的声音，以及我当时正在找一个好的基于预测的行动控制的例子的事实，让我想要望向窗外，看一看海鸥。我确实这么做了。

以预测处理的术语来表述，事情是这样发生的。海鸥的声音以及我对一个熟悉例子的需要，让我强烈地预测自己会看向海鸥。要消除由此产生的预测误差（误差有不少，因为实际上我仍在看着繁忙的电脑屏幕），最好的方法就是适度转动我的头和眼球。通过预测这一动作的具体感觉效果，然后以恰当的方式真正转动我的头和眼球来迅速消除由此产生的误差，我成功看到了鸣叫着的巨大的南海岸海鸥。

那么我的大脑是如何恰好找到合适的信号发送给身体，使这一系列动作能够自如展开的呢？答案还是习得的预测模型。[6] 我们可以将这一模型看作从过往经验中提炼的智慧。得益于所提炼的智慧，"现在正看着海鸥"这样一个预测的效果引发了对更多具体感觉效果的进一步预测——例如，当我的颈部肌肉以特定方式移动时，即我的头转向声音方向时连带的颈部运动方式，会出现的预测效果。由于我的头还没那样转过去，这些感觉结果并没有出现。这产生了一大堆预测误差，接着通过移动我的颈部肌肉来消除误差，从而使感觉结果产生。通过引发一连串的感觉预测，然后通过行动使它们成真（从而消除了由此产生的预测误差），大脑就会创造出所需的运动。换句话说，我强烈地预测自己看向窗外，并且这个预测充当了一种自我实现的预言。[7]

在这个配角角色中，感觉结果最初在非常抽象的层面上被表征，就像"我正在将头转向鸣叫着的海鸥"。但随着处理过程的展开，这些顶层预测会产生一系列底层预测。重要的是，一些具体的被称为"本体感受"的感觉信息[8]——由身体内部信号（来自肌肉、肌腱、关节和皮肤）传递的信息，反映了空间中身体的姿势、方向或运动。在阶梯最底层的是涉及引发身体运动的脊髓反射的预测。所以在整个过程中，抽象的预测引发了越来越具体的预测，使得我对期望结果（看到海鸥）的顶层表征能够引发使之实现的身体动作。

感知和行动的深层统一（在预测处理下）现在应该很清楚了。当我们与世界接触时，有两种不同但同样有效的方式可以最小化预测误差。第一种是通过利用预测误差来帮助我们发现针对事物在世界中本来如何的最佳猜测。但第二种是采取行动，使世界与我们的一些预测相符。你现在不是在寻找与感官证据（感知）最为契合的预测，而是寻找或创造与预测最为相符的感官证据。这是通往行动的预测处理。[9]行动只是大脑使其自身的本体感受预测成真的方式。

一张线路图统领全局

这同样解释了一种令人困惑的生理异常现象。根据传统的认知科学解释，感知和运动控制的运作方式截然不同，而且方向完全相反。感知是感觉信息的向内流动，而动作则按相反方向展开。但如果感知和动作真的是由大脑以根本不同的方式构建的，我们可能会预期大脑中信息处理的方向和流动在两者之间存在相应的差异。然而，令人惊讶的是，"运动皮质"的线路图和皮质中的信息流动与大脑感觉（感知）区域中的情况非常相似。[10] 尽管我们可能会直觉地期望运动控制涉及一种反向的感知线路图，但在两种情况下，相同的流动似乎都在起作用。

预测处理通过展示行动和感知如何各自涉及相同类型的信息连接和信息流动方式来解释这种异常现象。[11] 现在，运动控制的工作方式与感知非常相似。在每种情况下，大脑都在寻求实现预测与感官证据的匹配。但在行动的情况下，匹配是通过改变感官证据以使其与预测一致来实现的。

你可能想知道大脑在任何特定情况下如何知道应以哪种方式开展行动。如果我的手（实际上）尚未伸向啤酒杯，为什么不更新预测以适应（正确的）感官证据，表明我的手实际上没有移动？令人惊讶的解决方案是大脑——当我想要移动我的手时[12]——轻微地欺骗自己，强制与我手臂当前的不动状态相关的真实感觉信息降级，同时提升自身对抓握动作的本体感受特征的预测。换句话说，为了使我的身体有所行动，我的大脑需要淡化一些关于我自己身体状态的完全准确的信息。

这是通过我们的老朋友，即精度加权（"注意力"的预测处理版本）的变化来实现的。为了移动我的手臂，我必须对期望的未来状态（手臂移动）赋予高权重，而不是不期望的当前状态（手臂不动）。这意味着要主动不注意手臂的当前状态，从而抑制该感觉信息。这种精细的关注和回避在体育指导中也很常见，熟练的运动员会被教导去想象期望的结果（例如网球会飞去哪里，高尔夫球会飞向果岭的弧线）。

根据预测处理模式，想象的结果会（在熟练的运动员中）引发正确的预测感觉状态，这（因为它们不是实际的状态）触发了一连串的预测误差，对这些误差进行的流畅、自动的校正将引发击球、挥杆或其他动作。正如洛采和詹姆斯的观念运动理论所述，期望结果的观念——心理表征对使结果成真至关重要。但是，为了使这一切发生，我们需要不关注与当前身体状态相关的感觉信息，并关注（增加精度权重）动作如果成功执行所预期的感觉信息。

这也有助于解释为什么（对于已是熟练运动员的情况）仅仅想象自己击球或做出动作实际上可以提高随后的表现水平。尽管没有涉及实际的动作（这纯粹是想象训练），但我们正在训练自己生成哪一天有助于引发击球或动作的心理表征。[13]

逗笑（真正）教给我们什么

这个有关运动行为的观点还可以帮助我们理解一系列长期存在的谜团，即为什么大多数人出乎意料地没有逗自己笑的能力。为什么这么难呢？

早在 1950 年，伟大的德国行为生理学家埃里克·冯·霍尔斯特就提出，大脑发出的每一个运动指令都伴随着一个该指令的"动作复本"。霍尔斯特认为，这个动作复本被向内发送到一种能够预测动作的感觉结果的内部模拟器中。[14] 所以，正当我们试图逗自己笑时，模拟器电路已经预测到了动作的感觉效果。这就消除了任何意外的元素，因此（大多数人在大多数情况下）自我逗笑是不起作用的。自我逗笑就像试图自己给自己讲笑话一样——你很清楚接下来会发生什么，所以笑点无法像通常那样产生效果。[15] 对这一理论的巧妙检验涉及使用一个机器人逗笑装置，通过插入意外的时间延迟来干扰受试对象的预测。在这些奇怪的情况下，我们的确更容易逗自己笑。[16]

神经系统可能需要包含模拟器电路的一个原因是为了巧妙应对时间延迟问题。[17] 打个比方，考虑一下在炎热的夏季保持阳台花园的植物存活的日常任务。一种策略（我过去经常使用）是等看到植物开始枯萎，快死了，才慌忙拿着大水壶赶去浇水。这并不是一个好策略。更好的策略是预测问题，并在每天晚上给植物浇水。对于许多过程来说，等待反馈信号（如植物枯萎）是一个坏主意，因为实际需要的是持续的先发制人的行动。

正如我们将在下一章中看到的，这也适用于我们自己的许多内部身体状态。我们不会等到真正耗尽燃料（糖类或水）才采取补救措施。相反，我们足够准确地对自身进行建模，以便及时采取干预措施。同样的情况也出现在核反应堆、航空和许多其他领域。[18] 在核反应堆的情况中，很明显，在主动采取纠正措施前为反馈等待太长时间是不明智的。相反，那些能够根据当前状态、当前行动以及这些行动将如何影响当前状态的模型来预测未来的系统，总能领先一步。[19]

运动控制面临类似的挑战。由于神经纤维传递信号的速度存在限制，真实的感觉反馈通常来得太晚，以至于在引导行动方面没有多大用处。如果大脑必须等待来自运动肢体的反馈，然后才生成小的纠正信号以确保其正确地朝某个目标前进，那么时间延迟会引发轻微的颤抖和振荡。事实上，这就是当神经系统的特定部分因中风或其他不幸事件而受损时会发生的情况。[20]

以这些方式思考运动控制为我们提供了实质性的洞见。但如果我们按照本章前面所描述的方式理解运动动作，这幅图景就变得更加简单。如果大脑完全就是一台预测机器，那么就不需要额外的回路（动作复本引起的"复制"）来模拟未来的感觉。这是因为预测性大脑通常处于预测我们即将到来的感觉的任务中。毕竟，这正是它实现运动动作的方式。

此外，任何预期会移动的身体部位都应该抑制或减弱感觉体验，即使运动是由外部产生的，比如，实验者轻轻地移动你的手臂，而你被动地看着。这种抑制不同于简单的逗笑示例，不能用传统的动作复本（运动指令的第二份复本）来解释。你的大脑没有发出移动手臂的运动指令，所以没有什么可以复制的。但这种抑制现象确实被实证观察到了。结果是不管事件（或运动）如何发生，我们都会普遍抑制预期事件的感觉影响。[21]

外场的经验

通过将运动控制视为预测的感觉流的结果，预测处理模型也凸显了在一个井然有序的"感知—思考—行动"循环观念（在人工智能和机器人技术的早期流行）中的重要缺陷。在这样的循环中，感知的主要任务是从周围世界中获取尽可能多的信息，以便机器人能够规划行动以实现其目标。一旦机器人掌握了计划，行动的作用就相当有限——只是按照预定的顺序执行各种动作。从某种意义上说，这意味着身体和行动在认知上并不重要。它们仅仅是计划的执行方式。但这种方式是缓慢、脆弱和没有说服力的：仅仅是对生物大脑控制行动方式的肤浅模仿。

另一种替代方式被称为"主动感知"。其理念是，感知本身就是一种智能行为，旨在及时提供恰到好处的信息。作为具身的主体，我们能够通过主动生成感官刺激新模式的方式作用于周遭环境。我们转动头部和眼球来探索视觉场景，主动捕捉细微线索以判断巷子里的黑影到底是狗还是狐狸。我们轻轻触碰周围的世界，通过观察哪些物体的移动独立于其他物体来发现物体的边界。当一只鸡点头的时候，它在主动改变视觉信息的流动方式，以帮助它确定各种物体的相对深度（与眼球的距离）。

通过这些方式，适时的身体动作改善了我们的信息状态。感知不再是一种被动现象。相反，感知与行动不断进行一种耦合的展开——运动产生了感知，而感知引发了更多的运动，进而带来了更高层级的感知。这一系列的研究表明，视觉本身是一种高度主动且智能的过程。[22]

身体动作也能改变基于感觉的控制的情况。以棒球运动为例。外野手是如何接住高飞球的呢？他们绝不会站在那里，构建出视觉场景的复杂模型，然后分析出完整的最佳跑动轨迹，最后将这个计划完整地传达给早已做好准备的身体去执行。如果要求一个外野手站在原地不动，只是猜测球将落在哪里，通常他们会猜得相当不准。这是因为他们接球依靠一种更加主动的策略，关键在于他们自己的身体动作。他们跑动时注视着球，所以他们自己的运动能够抵消棒球飞行时其加速度的任何明显变化。外野手通过跑动来保持感知到的空中飞球的加速度不变，能够恰好到达落地点并完成接球。

这种策略已被证明是一种快速、计算成本低的截球方式。[23] 它是具身问题解决的一个典型实例，因为它使外野手自己的运动成为实际问题解决过程的一部分。这也是通过预测感觉结果来控制行动的另一个示例[24]——只要外野手采取行动使自己的感官刺激保持在特定界限内，问题就能解决。这可以通过预测感觉信息流将保持在那些界限内并移动身体使误差最小化来实现。这是一种非常稳健的策略，能够自动补偿意外偏差，比如突然的风速变化，因为这会立即导致新的、更大的预测误差，从而调动所需的所有身体动作来试图抵消它。

具身化专长

为了稍微深入地探讨对行动的控制，让我们想象熟练的汽车司机如何穿梭于车流中。也许他们正在一个交通状况正常的熟悉城市中，但迫切需要赶到机场，因为他们的航班已经开始登机了。他们不能被堵在路上，必须运用所有的驾驶技巧，以确保安全并准时到达。一个复杂的行动序列展开了，司机似乎只看车需要去哪里，以什么速度前进，然后执行一系列能够挽回局面的相关动作。

这需要多层级的预测控制。这里有一个较为抽象且遥远的目标在起作用，即准时到达机场。我们可以推断，实现这一目标的真正的最佳方式是，他们需要驾驶得非比寻常地快，同时又要避免发生事故和被交警拦下。然后，这个计划（或推断出的策略）逐渐转化为局部感觉预测流和由预测误差引起的校正循环。每个处理层级上都有类似的情况发生。熟练的司机的表现根植于一种不断变化的高层级预测，即汽车需要在彼时彼地如何行驶——因为他们是驾驶高手，会自动产生一系列充当运动指令的较低层级的感觉预测,控制他们自己的身体反应以实现这一目标。最终结果是做出一系列复杂的动作,包括换挡、转向和刹车,与此同时,全程转动头部和眼球以传递恰到好处的传入信息流,在恰当时刻控制这些动作和反应。

当一切都顺利时,汽车会按照司机"正在看着"的轨迹行驶。这涉及自动被调动的不间断细微校正,以消除每当汽车偏离正确路径时产生的微小预测误差(由感觉流所证实的)。这是预测性大脑的核心专长。身体动作被选用是为了使感觉输入与有关汽车当前应以何种速度驶向何方等方面的精确高层级预测保持一致。这些动作反过来反映了最有可能使我们准时到达机场的总体策略(快速但安全驾驶,并且不被交警拦下)。

随着这个过程的展开,熟练的司机的意识觉知被释放,不再由针对其运动动作所展开细节的思考支配,只是由一种"专家视觉"支配——只看到车辆必须向哪里以及如何行驶。然后,具有预测误差校正功能的大脑就会完成剩下的工作。就这样,汽车就像司机身体的延伸——选定的汽车驾驶路线调动了一连串以实现这一路线所需的关于换挡动作和脚部压力感觉的预测。同样,经验丰富的网球选手如果以恰当的方式应对飞来的网球,以做出使这一应对成为现实的行动,其大脑只需预测看起来和感受起来会是什么样子的。[25]

但是正如所有初学者所知,仅仅希望我们的汽车或球拍会以某种方式响应是不足以实现这一切的。这是因为那样流畅的表现需要一个高度训练的内在模型。这样的模型在每个层级上将感知和行动紧密结合在一起，从顶层（看着正确的路线）直到底层（如何轻踩刹车，同时准确转动一定角度的方向盘）。在每个阶段，当内在模型提供预测，作为运动指令引发所预测的感觉状态，成功就会随之而来。如前所述，感觉预测已经考虑了进化和训练已内置的所有生物力学、协同效应和捷径。同样，当我们学习驾驶等技能时，我们学到的是一种结构化的理解，这种理解旨在以一种能够产生预测的感觉状态——我们成功执行动作时会产生的感觉状态——的方式来推动一个复杂的身体-车辆系统（自身具有复杂动力学）。通过这种方式，可以确保节约，感知和行动也能深刻融合。

这种流畅性、效率和成功需要大量的训练。正如体育名人曾经在特别出色的表现之后所说的："我练习得越多，运气就越好。"伟大的穆罕默德·阿里说过："如果我的头脑可以将它构想出来，我的内心可以相信它，那么我就能够实现它。"但是，正如阿里自己其实非常清楚的，没有什么能代替辛勤工作和训练。我们现在可以理解，所有训练的隐藏任务是让我们的大脑能够（通过通常从非常高层次目标或目的开始的级联）预测一个正在展开的成功行动的许多细微感觉结果。

这与我们需要学习如何"采取行动"的想法大不相同。相反，我们学到了如果我们采取恰当的行动，事情看起来和感受起来是什么样子的——我们学习了它的感觉结果，重点关注那些对成功最为关键的结果。如果能做到这些，预测这些视觉和感觉将会自动控制身体以最可靠的方式确保成功。好消息是，通过这种方式，困难的控制问题就可以轻松解决，解决办法是学会预测如果我们做对了，我们将看到和感受到什么。然后，感觉预测充当运动指令，我们发现自己在以实现成功的方式行动（尽管不知道我们是如何做到的）。

坏消息是，学习如果我们做对了，事情看起来和感受起来如何并不容易——专业技能尚且需要长期而痛苦的练习！

长期目标
（以及乐观预测的作用）

我们已经开始洞察预测处理可能蕴含的深刻意义之一，也就是目标导向的行为涉及利用所预测的结果来帮助构建最有利于实现这些结果的行动。对于简单的身体动作，比如将咖啡杯送到嘴边，预测期望结果（开展的运动）的感觉特征会启动"预测—误差—校正"循环，从而实现所期望的状态（咖啡杯在嘴边）。这是可能的，因为我知道（在某种程度上）成功的行动轨迹应该是怎样的感觉。预测这种感觉，然后将其作为一种运动程序，让身体做出相应动作，使得预言能自我实现。

为了将咖啡杯送到嘴边，所有我需要做的就是尽量减小此时此地的某些感觉预测误差。但要实现长期目标，我需要最大限度地减小相对于看起来超前得多的内在模型所发布的预测误差，这个内在模型有更大的"时间深度"。具备了这样的模型，我就可以采取行动来尽量减小误差，我的大脑会计算出如果我没有在此时此刻采取特定行动会产生的误差。

在这种情况下，大脑实际上正在做出反事实的预测——关于如果我采取或不采取某种行动将会发生什么（我后来会经历什么）的预测。这需要关于在更长时间内展开的行动-结果模式的知识。短时间尺度预测（比如导致我身体在此地此刻移动的预测）被嵌套在关于我的未来状态的长时间尺度预测之下，比如准时到达机场的状态。

那么更长期的目标和计划呢？它们与前面所说的并没有太大不同，只是现在我们必须在一个更为抽象和时间跨度更大的领域中尽量减小预测误差。如果我计划成为一个更好的冲浪者，我的大脑需要做一个"既现实又乐观"的预测，即我以后确实会成为一个出色的冲浪者。有了这个激活的目标（长期预测），我可以根据自己对事物在世界里如何运作的了解，来识别过程中达成目标的重要步骤，并根据我目前的技能和个人情况制定一项策略，可能包括搬到海滨、上冲浪课程或在塔里法度假等。

当然，从我个人的角度来看并非如此。对我来说，我只是觉得好像我想成为一个更好的冲浪者，因而寻找使我能够实现这一目标的行动。但在这种主观印象之下，预测处理理论声称，一种潜在的自我实现的（通过行动变为现实）预测机制在运作。这样的预测有点儿像信念（预测将会发生什么），也有点儿像欲望（寻求实现这些事情的期望）。

这些都是成熟的能动性实践，并且它们启动了关于如果我现在采取或不采取某些行动，我将来会或不会经历什么的隐藏预测。这需要一个具有时间深度的预测发布模型，其中包括我作为一个能动性主体的角色。该模型提供了关于在不同的行动序列下，我未来可能经历的不同状态的预测。这一切的底层都有预测，是关于我如果执行某些行动将有什么感觉体验（例如能否按时到达机场）的预测。[26]

从短期的运动控制一直到长期目标导向的行动，普遍的观点是，我们被自己高度预测的未来状态牵引，比如喝咖啡、按时到达机场或提高冲浪技能的状态。这反过来又需要一种有依据的乐观态度。在某种程度上，我们必须坚定地预测，我们终将进入我们有望合理达到并最有可能实现目标的状态。[27]然后，我们将采取行动，旨在消除相对于实现这些目标这种乐观但又现实的预测的误差。现实主义的乐观是至关重要的。[28]

•

预测处理为感知和行动控制提供了一幅清晰而自洽的图景，这幅图景最终能够引导我们，从看到一杯咖啡，到伸手拿起那杯咖啡，再到去采取一系列复杂的行动，以完成某项重大的人生规划。通过将一切都围绕着相互作用的（精度加权的）预测运转，我们揭示了一个出人意料的统一性，它将感知、行动和长期目标导向的行为紧密联系在一起。

这种预测性控制是感知、行动和现实机遇的交汇点。心智、身体和外部世界之间的联系从未如此紧密。它们还将变得更加紧密。

第 4 章

预测身体状态

如果仅从表面上看，好的预测似乎是生物不太可能实现的目标。如果目标仅仅是减小预测误差，那为什么不满足于过一种非常乏味的生活呢？更糟糕的是，为什么不选择一种百分百可以预测却足以致命的生活？为什么不找一个黑暗而空旷的角落，一直待在那里直到死去呢？这就是所谓的暗室谜题。[1]

至少从表面上看，这种对比似乎是鲜明的。人类的生活（以及许多非人类动物的生活）表现出一种对新奇、愉悦、探索和满足的普遍追求。我的猫似乎喜欢某些令它惊讶和不可预测的事物，比如一只新型的猫薄荷味儿的老鼠玩具。我曾经在游乐场乘坐过山车或在一些实验性戏剧表演中寻找刺激。"令人愉悦的惊喜"这个概念，似乎并没有什么奇怪或自相矛盾的地方。但如果预测误差最小化是我们始终的目标，那我们如何解释这些行为呢？

我们进行发现、游戏和探索的努力都饱含情感和感受。适当的惊喜确实会令人愉悦。承认这一点，就意味着要接受一些和我们讨论过的完全不同的事实——拥有感知能力的主体受到了某种较成功预测更加深层的动机的驱使。

假如这样想，我们就将错失一个大好机会，一个以某种更加深刻、统一的方式刻画人类心智的机会，这种刻画将深入人类生活的方方面面。关键在于一些重要的预测涉及我们身体的内部状态，比如心率和内脏的状态。通过将预测机器转向内部，我们开始窥见一门真正统一的心智科学的雏形——情绪、动机、对新奇事物的探索欲都将在此框架中各归其位。

这幅统一图景的核心，是一个简单但具有变革意义的事实，那就是我们大脑内所有预测机制的首要任务是帮助我们维持生命，特别是要将我们自身的内部状态精准控制在一个狭窄得令人吃惊的范围之内。这意味着，我们的行为和反应必须能够创造并维持那些对我们作为生物体持续存在至关重要的内部生理状态。要做到这一点，预测性的大脑还必须针对并主动控制各种关键的内部生理条件。

要理解情绪和效价，我们就需要探索预测性的大脑，因为它试图预测的不仅是外部世界，还有与我们生存和发展所必需的核心身体状态有关的内部世界。我相信，正是这种内观性的具身预测使我们能够或者愿意关心我们的世界和选择。这也是我们无须害怕那个黑暗而致命的房间的吸引力的原因。

逃离暗室

"暗室"场景最富戏剧性的版本可称为"简单死亡陷阱"。为什么我们不干脆找一个黑暗的角落（提供完全可预测、贫乏、单调的感官刺激模式），待在那里，慢慢变得虚弱并最终死去呢？

对这个问题有一个标准但语焉不详的回答：像我们这样的生物根本不期望静静地坐在黑暗的角落里饿死。即便非常适应黑暗环境的动物（穴居动物）也会预测运动、觅食和进食。[2]正如我们在上一章所看到的，这些预测会通过组织实现它们所需的行动——如进食和觅食——来完成自我实现。

有人可能会合理地担心，这里"预测"和"期望"的概念被延展到了它们应有的界限之外。我们真的能预测到食物和水的持续供应吗？如果饮食在漫长的饥荒中断供，我们真会感到"惊讶"吗？要解答"暗室"之谜，仅仅说人类天生会对寻觅和发现食物做出"预测"多少有点儿先射箭再画靶子的意思。但我们如果深入挖掘，就会发现一些能够充实这种宽泛回答的重要思想。这些思想可以追溯到控制论的鼎盛时期，涉及生命组织形式的双重支柱，即所谓的体内稳态和稳态应变。

体内稳态（homeostasis，源自希腊语，指"相同"和"稳定"）意味着一种回归到特定范围内的某种状态或位置的倾向。维持体内稳态，就是在外部环境的波动中保持一系列维持生存所需的内部条件。这一普遍的观念可以追溯到19世纪的法国生理学家克洛德·贝尔纳，尽管"体内稳态"一词最早是在20世纪二三十年代由美国生理学家沃尔特·布拉德福德·坎农在其极具影响力的著作中首次提出的。[3]然而，直到20世纪四五十年代，它才随着当时的"控制论革命"真正开始流行起来。

沙漠蜥蜴就是一个简单的例子。像这样的冷血动物无法自行调节体温，因此必须不断地四处移动，根据需要寻找阳光或阴凉处。其他动物（包括我们人类在内）则高度——虽然绝不是唯一——依赖各种体温调节系统。在人体内，涉及专门的脑区（如下丘脑）、各种对温度敏感的神经细胞和大量汗腺的复杂控制系统就在这一过程中发挥着作用。人类的体温调节只是被称为"身体内稳态"的复杂内向型调控网络的一个方面。

在控制论革命的早期，人们相信这类自我调节系统主要与负反馈的作用有关。[4]负反馈指影响系统、使之回到某个稳定目标状态的反馈。但是，负反馈并非全部。之后很快出现了一个更加宽泛、更加基本的概念，即稳态应变。[5]体内稳态意味着不断回到某个固定点，而稳态应变则突出了调整固定点本身以适应不断变化的需求和环境的必要性。

这正是我们人类面对烦恼和威胁时的反应，即提高皮质醇水平。这种所谓的压力激素有助于提高血糖水平，为细胞提供能量，让我们能够采取有效但成本高昂的行动，如快速奔跑。但称之为压力激素却让皮质醇声名狼藉。事实上，皮质醇是一个前瞻性系统的重要组成部分，该系统让我们为大脑预测即将发生之事做好行动的准备。与等待事情出错再使用负反馈将一切重新带回正轨相比，预测模型让我们能提前做出预防性的反应。这就是为什么早在血糖水平降得太低或能量资源真正耗尽之前，我们就会感到饥饿和疲劳。饥饿感和疲劳感在很大程度上并不是针对当前需求的信号，而是预测到的、即将到来的挑战的信号：这些挑战若不加以应对，就可能将我们推离生存与健康的"安全界限"。

要实现体内稳态和稳态应变，面向内部的感官网络就要向大脑提供有关内脏、肌肉和供氧系统、血糖水平、体温等一系列内部生理状态的信息。[6]这些状态需要主动维持，以维持生物体的存在。这就是"内感受系统"，即"内向型"的感受系统，它与"外感受系统"截然不同，但二者又相互作用。外感受系统包括视觉、触觉和听觉。这两个系统又与本体感受系统不同，本体感受系统涉及运动控制（详见第3章），向大脑提供了关于身体部位在空间中的位置和方向的信息。

有关我们内部生理状态的信息在决定我们应该如何行动方面发挥了重要作用。当我们看起来可能偏离维持生存（器官活力）所需的正常条件时，内感受预测误差就会产生，这些误差会引起有助于避免危险的行动和反应，比如觅食或出汗。所以运动员会在赛场上挥汗如雨，而学者则会离开致命的暗室直奔餐厅。

好奇心与预测误差

但我们人类不仅仅会避开致命的黑暗角落，还会主动追求那些提升生活质量的活动，比如游戏和探索未知。众所周知，我们在感觉良好时往往热衷于探索和参与，而感觉不佳时则常常倾向于撤退和保守。

大自然设计了多种方式促使我们趋向于"适度开放"，其中一种方式涉及内部预测架构的另一个重要维度——大脑对自己"误差动态"的评估。这种说法听起来可能有点儿令人费解，但它其实相对简单。对误差动态的评估意味着追踪我们当前在最小化预测误差方面的表现与我们（我们的大脑）所预期的表现之间的差异。[7] 换句话说，事情是比预期的更好，还是更糟。如果我们顺利地消除了比预期更多的（而且更重要的）误差，事情就比预期的更好；如果我们遭遇了比预期更多的误差，或是误差处理得不如预期的顺利，事情就比预期的更糟。体育运动中"进入状态"（being in the zone）的感觉就反映了一种误差动态，意味着运动员的表现超过了自身的预期。

重要的是，对自身误差动态敏感的生物会自动寻找良好的学习环境，更中意那些既不太好预测也不太难预测的环境：若环境太好预测，就意味着没有太多值得去学的，此时误差动态是平稳的；若环境太难预测，学习就会变得太难，误差难以被消除。良好的误差动态出现在这两种极端情况之间。积极与消极的情绪和感觉被认为是这些重要的误差动态的反映：某些事件和情况会让我们感到更愉快和充实，因此会强烈地引起我们的注意，比如在一个美好的日子里，你在球场上感到随心所欲，而不是怎么挥拍都别扭，或者在公司里感到得心应手，而不是看谁谁讨厌，干啥啥不顺。[8]

经历自然选择的生物更偏好那些能够促成良好误差动态的环境，

这一点儿也不奇怪。毕竟我们所处的环境（字面意义上）超出了我们的预期。婴幼儿提供了一个很好的例子。即便只有七八个月大，凭借他们注视的位置和时长，他们也能区分出一个"金发姑娘区"，该理想区域中的事件具有中等程度的可预测性：既非太好预测，也非太难预测。[9]他们可能会长时间地认真注视一个旋转式移动雕塑，同时忽略周围复杂的环境。这种倾向的结果是，婴幼儿会将时间花在能够比预期学得更好更快的任务上。这意味着要主动面对——有时还要积极创造——一种可控的不确定性，比如蹒跚学步的孩子尝试搭建一座比上次完成的更高一点儿的乐高积木塔。婴幼儿都偏爱并且会寻找"新颖程度刚好"的情境，也就是处于他们理解范围及能力"边缘"的情境，这些情境将为他们提供恰到好处的学习机会。

已经通过计算机模拟对这些倾向及其潜在机制进行了研究，一些（但不是全部）模拟生物被编程为偏好那些能够消除超出预期的大量预测误差的情况。这些研究（它们是在"人工好奇心"这一吸引人的领域内进行的）表明，被"金发姑娘区"吸引的模拟生物总是比没有这种内驱力的竞争对手表现得出色，在以变化和波动为常态的模拟环境中尤其如此。[10]这很合理，因为应对这样的环境需要快速学习和认知上的灵活性。

如果一种生物天生会被那些能够消除多于预期的预测误差的环境吸引，其就会具有更强的适应性，有爱玩、爱学和爱探索的有益的倾向。这样的生物会不由自主地偏好并寻找当前更容易实现有益学习的环境。它们对那些完全可预测的、因而枯燥乏味的暗室一点儿也不感兴趣。相反，它们会不断寻找那些处于自己现有知识和能力"边缘"的更为复杂的环境。[11]

预测性身体预算

良好的误差动态的吸引力在某种程度上有助于解释预测性大脑如何创造出积极和消极的情绪模式，主动将我们引向某些情况和环境，又让我们回避其他情况和环境。但情绪和感觉还包含更多内容，不仅限于误差动态。另一个关键要素涉及有关外部世界的信息和预测与有关内部状态的信息和预测相互作用的多种方式。在这种内外向预测的交织中，隐藏着有关情绪和感觉的本质与起源的新线索。

心理学家兼神经科学家莉莎·费德曼·巴瑞特在她的开创性著作《情绪》中，使用"身体预算"这个有说服力的隐喻来描述预测在维持生存方面的重要作用。就像财务预算要记录收入和支出一样，身体预算也要记录和预测维持身体生存和功能的关键资源的使用及补充。这些资源包括水、盐和葡萄糖。要获得和补充这些资源，我们会进行一系列熟悉的活动，比如觅食、进食和睡觉。稳态应变机制对此过程至关重要。

巴瑞特指出，我们如果感到口渴，只要喝点儿水，立即就会感到没那么渴了，尽管实际上水需要大约 20 分钟才能进入血液并产生所需的效果，然而大脑立即传递了"解渴"的感觉。你（你的身体）可以等待，因为口渴的感觉也是被提前激活的。换句话说，口渴的感觉和解渴的感觉都反映了预期处理。我的两只猫，博拉特和布鲁诺，也是熟练的身体预算专员。当察觉到有来访者的明显迹象（我们突然开始整理房间，把酒放进冰箱，总体来说就是忙个不停）时，它们似乎立刻会感到更饿，并向我们索取更多的食物。它们的大脑已经学会了：我们往往会在有客人时错过它们的常规喂食时间，（我想象）它们似乎因此提前感到更加饥饿，积极地为未来做身体预算。

根据巴瑞特的说法：

> 你在生活中构建的每一个想法、记忆、情绪或感知都包含了一些有关你身体状态的信息。[12] 你的内感受网络，也就是调控你身体预算的系统，会引发这些连锁反应。你所做的每一次预测，以及你的大脑完成的每一次分类，都与你的心脏和肺部的活动、新陈代谢、免疫功能及其他构成你身体预算的系统有关。

巴瑞特认为，我们的整个心智生活本质上反映了大脑持续进行的、具有高度预期的身体预算管理活动。为了实现这种预期控制，塑造人类和动物行为的预测模型需要兼顾内向和外向的因素。正如巴瑞特有效地观察到的，与情绪产生和体验密切相关的每一个脑区都是一个身体预算区域。

这将有助于我们更好地理解情绪及其与预测性大脑的关联。

情绪的具身化

长期以来，人们推测身体信号（如心率、血压和唤醒等反应）在感知情绪的构建中必定发挥着关键作用。美国著名哲学家兼心理学家威廉·詹姆斯在他 1890 年出版的巨著《心理学原理》中提出了一个著名观点，即我们的感觉和情绪实际上无非是对我们自身变化着的生理反应的感知。依据詹姆斯的说法，正是我们感知到的与恐惧相关的典型身体变化（如出汗、颤抖等）构成了恐惧的实际感受，赋予了它独特的心理特质。

对上述观点的一种流行（且有用）的理解是：詹姆斯提出了一种"减法测试"。这是一种思想实验，你可以尝试将所有身体因素（如心动过速）从自己的情绪体验中剔除，再看能剩下什么。詹姆斯的主张是，你将不会剩下任何称得上"经验"或"情绪"的东西。詹姆斯的论证表明，情绪其实是我们对自身身体状态变化的自我感知。然而，詹姆斯的观点也不是无懈可击的。如果恐惧就是诸如心动过速和双手颤抖等身体反应，那它与焦虑有何不同？詹姆斯的解释迫使我们寻求一种简单的对应关系，将每种独特的情绪状态都与内在生理信号的多维空间中的特征标志匹配起来，但这种对应关系其实并不存在。[13]

相反，大量令人信服的研究通过统计综合了多个实验的结果发现，我们所经历的不同情绪状态似乎并没有明确的、反复出现的"身体特征"。[14] 没有一组身体反应只与悲伤、羞愧或任何我们在日常生活中命名的情绪状态匹配。相反，我们时时刻刻的情绪体验似乎都是由文化影响、关于个人当前处境及身体状态的证据和期望，以及个人特质倾向（用一个放之四海而皆准的心理学术语来说，也就是"个体差异"）混合构建的。[15] 大脑内部的预测引擎产生了某种被我们称为"感到悲伤"或"感到焦虑"的情绪体验时，就意味着它正在致力于掌握上述诸多影响的混合。

大脑通过调动和整合关于自身内部状态、当前和即将采取的行动以及更广阔世界中的预测性知识来掌握这种混合。这就让我们超越了简单生理特征对应于不同情绪体验的陈旧观念，引领我们进入了令人激动的被称为"内感受预测处理"的研究领域。[16] 其核心思想是，情绪体验是对情境的反映，是融合了内源性信息和外源性信息的处理过程的产物。例如，对将心脏的快速跳动归因于最近锻炼的人和担心自己心脏病发作的人会产生非常不同的情绪影响。同样的身体信息会产生非常不同的感觉，这取决于我们如何表征身体信号产生的大背景。

根据内感受预测处理理论，感觉和情绪是当我们整合有关身体状态和一般唤醒水平的基本信息与对最可能之诱因的更高层级预测（比如心脏病发作或锻炼有方）时产生的结果。这就是我们在前面章节中讨论过的那些效应——例如，听出噪声中的《白色圣诞节》曲调、正弦波语音中的词汇，或看懂穆尼图——的"内化版"。我们所见、所闻及当前体验自身状态的方式都是复杂的建构——精神幻影是在感官证据与大脑运用其对更广阔世界的所有了解来对这些证据所做的最佳预测的结合中形成和塑造的。

在大脑内部，前岛叶皮质（AIC）在此过程中发挥着重要的介导作用。这部分脑区位于一个密集连接网络的核心，这个网络能够整合多种来源和类型的内感受信息，因此被认为在构建各种形式的情绪意识方面发挥着核心作用，包括基本情绪、突然的洞察（详见第 7 章）、幻觉体验以及与宇宙融为一体的感觉等。[17] 根据内感受预测处理理论，情绪和感觉反映了一个过程，该过程将内感受（关注内部）、本体感受（引导行动）、外感受（关注外部）信息与对所有信号产生时的基于模型的预测相结合。

最终胜出的预测将是最能"解释"这些大量复杂信息的预测。在刚刚提到的"心动过速"的案例中，有关心率提高和呼吸急促的内感受信息与大背景（在健身房锻炼）的信息相结合以生成新的预测，可能会让我们稍微休息或喝一杯能量饮料。但如果大背景改变了，同样的原始身体信息就可能让我们产生更加不祥的猜测并打电话叫救护车。换句话说，最好地综合了我们对大背景的了解以及当前多种感觉信号的预测决定了我们的感受和行动方式。最后产生的是我们对自己身体和外部世界的整体感知。

我们不仅可以将这一观点与之前提到的简单的一对一解释对比，还可以与涉及一个独特的"认知评估"阶段的更复杂解释对比。[18] 这些相当流行的解释强调对身体感受的体验随后会与对其重要性的评估相结合，暗示了一种两阶段的过程。它们将身体感受视为证据，将情绪视为对其意义的一种更高层级的判断。

这些观点与预测处理之间的区别虽微妙，但至关重要。预测处理暗示了一个更为紧密交织的过程，在这个过程中，你感觉自己身体的方式本身就会因你对整个情境的认识而发生变化。这是因为所有信息和证据的来源（包括原始身体信号和你用来解释情境的所有知识）都结合在一起，自上而下地影响各个阶段的神经元处理。这样，即使是最基本的身体感受也可能会被你的高级思维和理念重构。

这种重构的力量已经在许多实例中得到了验证（详见第 2 章），比如误认为钉子刺入了脚掌的建筑工人真切感受到疼痛。我们将在第 7 章中看到这种效应如何产生积极的影响。然而，重构的概念虽然有用，但可能产生某种误导。重构指的并不仅仅是将某种感觉本身置于特定情境之中，重构现在还积极地改变了感觉本身。我们从来不是简单地解释某种"原始感觉"或情绪。相反，我们通常视为原始感觉或情绪的东西其实已经是对事物状况高度知情的猜测：这些猜测基于相当广泛的证据、期望和信息，尽管我们很少意识到这一事实。

连接网络

这种（大量信息和影响的）紧密交织反映了一种特殊的神经组织形式——与曾经占据主导地位的大脑进化观念有根本的不同。根据这一曾经的主导观念，人类大脑以高度线性和稳步增长的方式进化，更晚近的皮质和新皮质区域逐渐覆盖并控制更古老和原始的区域。人类理性的出现被视为标志着进化上更晚近的新皮质对大片古老的情绪—本能回路施加的控制的增强。伟大的苏联生理学家巴甫洛夫（条件反射的发现者）认为，正是通过这种方式，大脑皮质的主要任务是抑制那些由更古老的皮质下结构以反射方式启动的原始情绪反应。[19]

这种对大脑的看法在认知神经科学领域形成了将"高级"皮质回路描述为控制和抑制"低级"皮质下回路的长期传统。但与这种简洁、渐进的观点相反，大脑皮质并不是人类大脑进化中的新生事物。实际上，它长期以来一直是哺乳动物基本神经结构的一部分。[20] 此外，无论是大脑皮质还是皮质下结构，都在人类进化过程中持续变化。越来越多的证据表明，皮质与皮质下区域以高度协调的方式进化，产生了复杂的、相互依存的关系。结果形成了一个复杂的循环组织架构，持续的双向影响网络将皮质和皮质下结构连接在一起。[21] 在这个错综复杂的网络中，每个元素都在不断地影响着其他元素，同时也受到其他元素的影响。

正是这种循环回路使得我们的高级预测机制与我们自己不断呈现的身体状态、行动以及它们的现实结果保持了直接联系。[22] 举个简单的例子，想一想基底神经节，这是与基本运动功能有关的一组古老结构，但它们至少通过5个独立的循环回路与大脑皮质连接。这些循环回路允许信息从皮质区域向下流向基底神经节，再返回同一皮质区域。动作的即时控制便依赖于区域间的紧密协调。[23] 这些皮质-皮质下循环还在持续分配精度方面发挥作用，不断传递关于身体状态、行动准备状况以及变化的身体信息本身可靠性的更新信息。[24] 由于许多皮质下回路与内部身体过程（血管、内脏、内分泌系统、自主神经系统）紧密协调，来自身体的各种信息都有可能发挥比早先的"以皮质为中心"的观念所假设的更重要且持续的作用。[25] 多亏了这些持续不断的动态循环，身体、大脑和世界成了构建思想、体验和行动的过程中平等的合作伙伴。

用心去看

接下来，我们要谈谈自 20 世纪 60 年代以来的一系列实验。在这些实验中，研究者向大学生展示了一些富有魅力的人物图像，然后要求他们评价图像中人物的吸引力水平。这些大学生（男性，异性恋）在观看裸体女性图像的同时接收反映其当前心率水平的听觉反馈（尽管这并不总是真实的）：更快的节拍意味着（或者至少他们认为）他们心跳得更快。有趣的是，每当实验者制造了听觉反馈与实际心率间的不匹配时，被观看的图像就会被评价为更具有吸引力。[26]

这一发现乍看上去可能有些令人困惑，但如果我们考虑到大脑应该已经相当擅长预测实际心率，它其实也合乎情理。错误的反馈会导致预测误差，预测误差会导致受试对象更加强烈地关注刺激，感到它比较"重要"。被夸大的吸引力评价反映的正是这种额外的显著性。

在后来的研究中，受试对象被要求对愤怒、中性或悲伤的表情图像进行评价。他们依然能在实验中获得心率的听觉反馈。有时这种反馈是正确的，跟踪记录的是实际心率，有时则是误导性的（错误的）。研究者发现，当虚假反馈暗示心率加快时，中性表情会被感受为带有更强烈的情绪。[27] 在另一些重要实验中，一种诱发情绪的刺激（例如一张愤怒或皱眉的面孔）以无法被意识觉知的方式呈现。与此同时，研究人员向受试对象呈现一张视觉上中性的面孔。在这些条件下，视觉上中性的面孔被认为"不太可靠"，看起来"好像那个人更可能会犯罪"。相比之下，当与一张快乐的面孔（同样以无法被意识觉知的方式闪现）配对时，视觉上中性的面孔就不再被视为可疑或具有威胁了。

重要的是，意识阈限以下的信息（愤怒的面孔）改变了身体活动，提升了心率并增加了皮肤电反应——皮肤电导率，它通常会随着出汗而升高，可作为唤醒的另一种生理信号。然后，预测性大脑会将这些生理信号视为生成预测的进一步的基础证据，这些预测为我们提供了有意识的感知体验，并会根据这些证据相应地调整其总体"最佳猜测"。[28] 考虑了所有因素后，总体最佳猜测变得类似于"外面有一张脸，而且是一张有点儿威胁的脸"。这再次表明，我们如何看待世界和他人实际上反映了内在身体状态信息和外部世界信息的深入且持续的结合。由此产生的感知体验反映了面部的视觉特征，但在某种程度上受到心率和其他身体信号的影响。

在第 5 章，我们将探讨一些社会和政治领域，在这些领域中，基于身体的效应才真正重要。这些效应似乎还是某些妄想症的基础，为第 2 章所描述的情况增加了更深层次的理解。以卡普格拉综合征（又称冒充者综合征）为例，这是一种相信所爱之人已被冒充者替换的错误信念。这种妄想似乎是由（不管是什么原因）你的身体不再对心爱之人的出现做出寻常反应触发的。这些缺失的身体反应，例如在心爱之人面前心跳稍微加快或皮肤电反应增加，不会被有意识地察觉到。但它们的突然消失又会被一直运行着的预测性大脑视为需要解释的证据。一旦这些"证据"被纳入考虑，卡普格拉综合征患者的视觉和听觉体验就会被微妙地重构。也许那个人的笑容现在看起来稍有不同，或者他的音调有点儿高了。[29] 正如一项研究所指出的那样，预期的生理反应的缺失让患者开始怀疑眼前之人的真实存在。随之而来的带有微妙变化的视觉和听觉体验使卡普格拉综合征患者陷入了一种奇怪的境地，他们似乎已收集了额外的知觉证据，表明一些重要的东西已经发生了变化。所爱之人"感觉不一样了"，而且他们的外表和声音也有点儿不同。这可能为妄想所爱之人已被一个长相相似（但不完美）的冒充者替代的信念出现做好了铺垫。[30]

抑郁、焦虑与身体预测

举个更熟悉的例子，比如抑郁和焦虑等心理状态。莉莎·费德曼·巴瑞特教授和同事们提出的一个有趣观点是，抑郁症最好被看作一种"稳态应变的紊乱"。这意味着抑郁症涉及错误的身体预测形式，而这种预测与能量的调控有关。

假设你身体内部的自我监控和能量预算系统出现了某种故障。在这种情况下，你会低估或高估自身当前和未来的需求。这样一来，你可能会做出很糟糕的预算，以非常低效的方式储存或使用能量。你可能突然意外地感到疲劳，再短暂地意外感到精力充沛。我们身体的能量预算也可能受到航旅、锻炼以及失去亲人等因素的影响。至少可以说，心理状态和（更传统意义上的）生理状态间存在复杂的双向联系，通常由对能量需求的预测来介导。实际上，这再度表明（如我们在第 2 章看到的那样），"精神病学"与"神经病学"的传统区分已不合时宜了。这种统一化的观点也解释了相应研究的发现，即慢性抑郁症不仅涉及"情绪"异常，还包括睡眠觉醒周期、新陈代谢和免疫反应的异常。[31] 巴瑞特教授指出，将这些联系在一起的可能是"能量调节低效的核心问题"。[32]

通常，预测误差信号有助于纠正能量预算中的错误——如果你的大脑预期身体在不久的将来需要额外的能量，而这种预期被证明是错误的，那么预测误差通常会出现并标记这一差异，使大脑能够更新导致错误预测的长期模型。但慢性抑郁症、焦虑症和许多其他精神疾病最显著且最具破坏性的特征之一是对新信息惊人的抵抗。这表明，当这些情况真正发生时，预测误差信号的生成或从中学习方面存在问题。

这种无法从预测误差中学习的情况导致了巴瑞特教授和同事们所描述的大脑的"锁定"状态。从预测处理的角度来看，如果我们假设精度加权的异常是核心问题，那么学习不良和能量调节不佳的关联就是合理的。权重过高的期望和权重过低的新信息会导致现有模型的一种永久或半永久的锁定，使我们继续做出实际上会强化不良模型的抑郁反应，并为我们之前的期望提供了错误的解释。例如，我们不期望外出探索新的机会，这导致我们待在家里，然后发现新的机会（正如预测的那样）一直未能出现。隐藏在这样一个熟悉循环中的可能是各种身体预测的失败，这些失效涉及不精确的内感受信号，使得我们难以正确估计身体需求，难以在预测误差开始出现时对原先的估计进行更新。负面情绪和疲劳感会随之而来，这意味着身体通过旨在保存能量的"生病"做出了反应。

这些只是对抑郁和焦虑与身体预测的干扰之间关联的一些现有观点的粗略概述。但在许多抑郁和焦虑的病例中，也会有与之完全一致的强烈的心理社会过程在起作用。假设你经历了一系列出乎意料的负面社交事件（你的伴侣离开了你，你与老板吵了一架，又收到了邻居的投诉），这些都会导致"社交预测误差"（在对重要社交事件的预测中出现的误差）。你可能会开始通过为微小的社交线索错误地增加权重来进行补偿，这些社交线索包括所有有助于我们应对压力情境或重要社交场合的信号（面部表情、言语以及涉及肢体语言的信号）。这些额外的噪声现在伪装成信息，让你可能会开始采取一种被描述为"谨言慎行不吃亏"的策略，以避免大多数社交互动，因为它们的结果似乎变得越来越不可预测。

这当然是一种万无一失但最终会非常低效地减少不确定性和预测误差的方式。从许多方面来看，这与经典的"暗室"情景十分相似。如果你很少将自己置于具有挑战性的情景之中，你肯定会减少或消除许多意外的预测误差的来源。然后，可能会出现新的高层次的解释，例如你的邻居们暗地里都讨厌你，或你的老板可能一开始就不想雇用你。结果是你对感知到的任何细微的冒犯都产生常见的过度焦虑反应，继而出于某种自我保护的动机与他人日渐疏离，同时对自己与他人的关系产生新的、越来越负面的印象。这种适应不良的模式通常源于虐待或忽视等早期经历，这些经历使我们相信在社交中不太可能获得奖励，社交活动的结果也不可预测。

对积极信息免疫

在这一领域的一个重要且一致的发现是，慢性抑郁症涉及在面对本应是积极结果的充分证据时抵制对消极期望的更新。这种面对积极证据时未能更新的现象（巴瑞特所说的大脑的"锁定"）很可能涉及对先前消极信念的异常高的精度，进而让意料之外的积极信息无力改变消极期望背后的内在模型。那种高度加权的（隐藏的）信念，即相信结果将是消极的，起到了一种通常被有效地描述为抵制积极信息的"认知免疫"作用，导致我们要么回避收集，要么忽视，要么以其他方式贬低完美的正面证据，如表明我们被人喜欢和受人重视的真实证据。这种免疫经常出现在心理治疗师让患者置身于旨在推翻消极期望的情境中，他们的努力会立即被患者否定。典型的否定策略可能包括声称这些新的积极经历只是例外情况，或坚称"你作为心理治疗师对我表示友好只是因为你拿了报酬"。他们也可能采取更一般的形式，如说："虽然我这次考得好，但在其他更重要的考试中，我将会考砸。"[33]

多项包含健康对照组和抑郁症患者的实验证实了这一点，抑郁症患者对新的积极信息表现出非常不同的反应。健康对照组会根据新的积极证据迅速更新他们的期望，而抑郁症患者则坚持他们最初的低期望。[34]在一组实验中，受试对象被告知他们将要接受一项困难的测试（这实际上是一项设计巧妙的测试，其中没几道题目会有明显正确或错误的答案）。之后，他们被告知表现不佳，正如预期的那样。在形成了对后续类似测试的消极期望后，反馈被更改为他们的表现比预期好。健康对照组而非抑郁症患者迅速调整了自己对未来表现的预期。

另一项实验针对可能在抑郁症患者群体中发挥作用的免疫策略。研究人员告诉刚刚完成测试的受试对象，测试非常成熟可靠，衡量的是他们在某个特定领域的能力水平，而他们在测试中意外取得了好成绩。这有助于他们克服根深蒂固的、为出乎意料的积极结果寻找更消极的替代性解释的倾向。在这种情况下，他们更容易像健康对照组那样更新自己对未来表现的期望。这一方法开始为未来干预提供可行的途径（详见第7章）。治疗师和临床医生不仅应明确地针对消极期望，还应明确地针对由赋予先前负面信念异常高的权重而导致的贬低或拒绝新的积极证据的复杂模式。

这些仍然是非常笼统的描述，与许多关于焦虑和抑郁的本质与根源的理论一致。预测处理理论的独特贡献在于，它能通过假定大脑底层计算出现了特定形式的紊乱来解释这些普遍的行为模式，包括大脑对外部证据和自身预测的确定性与不确定性进行编码时的精度的关键评估。正是这些评估提供了许多看似被抑郁症患者的大脑占用的无用"回旋余地"，放大了消极的惯例，并让他们对新的积极证据产生免疫。同样的机制也能解释一些功能障碍的症状为何在患者已获得明显康复的有力证据的情况下仍持续存在。

在这些情况下，预测处理模型为参与其中的神经组织提供了一种新颖且相当具体的解释。[35] 正是在这一点上，精神病理现象——即便明显根植于生活经验——与神经科学关联了起来。这也是这些新理论可检验的原因[36]，例如，通过使用脑电图等神经成像技术来研究抑郁症患者和非抑郁人群对社交预测误差（与社交情境有关的预测误差）的反应，以确定抑郁症患者的其中一些反应是否确实被放大了。预测处理模型在这方面可以定位为解释大脑、身体和社交环境之间复杂的相互作用的一种新颖且有前途的方式。如果这一理论朝着正确的方向发展，抑郁症将再也不仅仅是一种简单的情绪障碍，而是整个身体-大脑-环境系统的紊乱，影响着大脑形成和管理基本身体能量预算的方式，以及对新的积极信息和消极信息的反应方式。

审美战栗（它们越发常见）

作为身体、情绪和预测因素间复杂的相互作用的最后一个——而且是刻意为之的大不相同的——例子，我们来看"审美战栗"，也称"心因性战栗"，即很多人在情绪突然高涨时体验到的独特的战栗的感觉（通常他们都会说自己"起了一身鸡皮疙瘩"）。审美战栗会在许多情境中出现，是一种对艺术、电影、诗歌、科学洞见、社交仪式的常见反应，甚至在观看技巧高超的体育表演时也会出现。[37] 重要的是，同样的战栗反应也会在不那么愉快的时刻出现，特别是当我们感到恐惧（比如观看恐怖电影）或遭遇危险时。

根据已知的"显著性检测假说"，这种战栗会在我们接收关键的新信息，大脑认为这些信息能消除重要的不确定性时产生。换言之，它正是一切突然明了时，也就是所谓的顿悟时刻的一种生理附和，意味着一个重要模式首次被发现，而我们能够以新颖且强大的方式预测未来。音乐是审美战栗的最主要诱因之一。这使得与诱发音乐相关的战栗反应成了受控实验环境中的一种最常见的工具，神经影像学的许多研究就采用了。这是因为在聆听音乐时，期望和不确定性会在许多层级上生成，然后在关键的时刻被消解。[38]

这似乎有点儿自相矛盾——为什么一段音乐或一出戏剧尽管被欣赏过多次，仍然会让我们战栗，（实际上）我们再度消除了大量悬而未决的不确定性？对此的全面讨论会偏离我们的主题太远，但其关键思想是，伟大的音乐作品（或文学作品）的力量就在于它能够引导我们经历一个分阶段的过程，先是可靠地激发我们的期望，再是可靠地将它们消解。2015年的研究使用神经成像技术和其他技术非常详细地探索了这一思想。[39]

对于真正伟大的音乐或文学作品，反复欣赏也可能揭示出全新的、更深层次的模式。然而，重要的是，即使我们已准确地知道一切会如何结束，显著误差减少的过程仍然可能发生。这就像坐过山车。我们可能已经坐过100次了，但这种体验是精心设计的，能自动激发我们的期望，再提供令人满意的解决方案——一次又一次！用奥斯陆大学比较文学教授卡琳·库科宁那令人难忘的话来说，这是因为它们是"概率设计"，是被设计成以可靠的方式与我们的预测性大脑互动的人工产品。[40] 小说、戏剧和电影都是概率设计。注意力（精度加权）无疑在这里起着关键作用，增添了在乐章或交响乐中预示关键时刻的音符的冲击力。审美战栗是这种估计重要性（精度）突然提高的生理标志。

因此，审美战栗为身体反应和情绪反应之间存在的深层次的双向影响提供了进一步的证据（仿佛还需要证明一样）。这启发人们尝试了一些小小的逆向工程——通过影响生理状态来增强我们自己的情绪反应。麻省理工学院媒体实验室的流体界面小组就做到了这一点，他们使用了"战栗假体"来人为诱发审美战栗。[41] 该装置（见图4-1）包括三个热电效应单元，也叫"佩尔捷元件"，一个控制板和一个振动触觉单元。在操作过程中，这种装置会释放一股寒意，使其沿着穿戴者的背部向下传播，模仿战栗的蔓延。人为诱发这种感觉的流动应该会促使大脑认为一些重要且情绪上显著的不确定性已突然得到消解。这会影响个体在那个时刻体验其他一切事物的方式，有可能会增强某种情绪感受。你可能会因为突然的人为诱发的战栗而体验到戏剧或乐章中的某一时刻变得更加显著和重要。

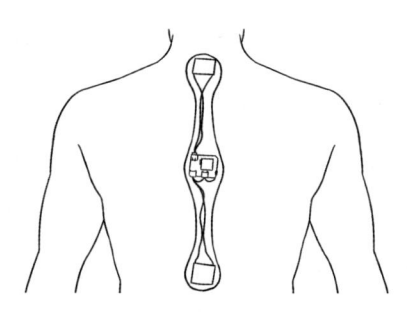

图 4-1 战栗假体：一种以与情感性的战栗非常类似的方式提供皮温反馈的装置
资料来源：William Enders。

    初步结果显示了实验干预对情绪强度方面的影响。这项工作仍然是极具探索性的，但逆向工程的原理是合理的。它类似于"面部反馈假说"——如果你突然发现自己面部肌肉的牵张模式与开心时的状况相似（类似于微笑），它本身就会成为一种证据，使预测性大脑猜测你当前感觉良好。这样一来，微笑的特定动作（即使是人为诱发的，比如将铅笔衔在嘴里）也可能对真实的幸福感做出一些小小的贡献。战栗假体以同样的方式运作，人为诱发一种身体感受，大脑会将其视为正常诱因存在的证据，相信某种不确定性的突然意外消除。[42]

•

    预测性大脑不仅关注外部世界，也关注内部世界。我相信，正是这种内观性让情绪和感觉充满人类的主观体验。这是因为我们对外部世界的感知（事物的外观、味道、触感和声音等）不断与有关我们自身变化中的内部生理状态的信息和预测进行双向交流。当一切和谐运作时，它能够使我们不过分远离身体的"生存窗口"，并主动规划满足我们基本身体需要的预算。但当这一系统出现故障和失调时，它可能会导致抑郁、焦虑和对外界的回避。

身体预测帮助塑造了一个体验世界，在其中，某些状态和事件比其他的更具吸引力（因此更有可能被体验）。这使得生物能够从一个本来毫无意义的物质世界中创造出意义和重要性。[43] 我们发现自己被美食和佳偶强烈地吸引。当然，在一些情况下，我们也可能会主动寻求非常不同的状态，比如为辟谷静修而暂时引发饥饿和孤独。这涉及我们可能会在许多时间尺度上试图最小化相对于我们的目标的预测误差，这是一个我们稍后（在第 6 章）会详细讨论的复杂问题。

正是这种整合内外部感觉信息的能力，让预测性大脑成了一项如此有价值的适应性资产，有助于我们维持生存。但这种值得称赞的倾向也有另一面。它有时允许扭曲的身体信息打破天平的平衡，对我们可能的所见、所闻和所感产生不当影响。我们已经在各种实验、各种妄想和幻觉的起源中遇到了一些这样的情况，而某种根深蒂固的倾向已带来了一些社会和政治后果，我们接下来就将看到。

插　　曲

心智问题：对预测性大脑的预测？

我们已经见证了各种期望如何深远影响人们的所见、所闻、所感。我们还观察了精度加权平衡行为的变化（决定了感官证据和预测的相对影响力）如何导致体验的变化，并进一步驱动行为。我们还探讨了情绪、效价和意义感的起源，将这些概念与有预测价值的信息联系起来，后者涉及我们自身不断变化的生理状态，以及那些记录我们自身表现相较于期望好坏程度的误差动态。这一框架是建立在科学基础之上的，并为广泛的人类体验提供了有力的解释。

但是，即便上述内容令人信服，你可能仍感觉遗漏了什么。你可能会问：这些能解释哲学家所说的"主观体验特性"吗？[1] 所谓的主观体验特性，指的是我们在"看见红色"、"感到愤怒"或"品尝果茶"时独特的意识性体验。难道我们日常心智生活中无数令人兴奋或反感的意识性体验，都只是一台多重维度、精度加权的预测机器在运行时的副产物？

如果你因此对上述理论有疑虑，我得承认你的思路在大方向上是正确的，但你也可能会感到些许不安。坦率地说，我们要解释预测驱动的主观体验为什么"恰好是这样的感觉"。（说白了，我们就非得"感觉"到什么吗？）毕竟，你可能会说，我们当然可以制造一个依赖于面向内外的预测机器，对自身的误差动态极为敏感的机器，而又不会产生任何感觉。这么说来，究竟是什么让我们这些"具身预测引擎"产生了这些"真实的感觉"（那些烦人的主观体验特性），并将它们引到心智舞台的聚光灯下？

这其实就是"意识研究中的困难问题"。长久以来，这一"困难问题"已经成了科学家们解释心智时的核心问题。[2] 在这篇以高度推测为主的插曲中，我希望指出一个颇令人意外的答案。我们所面临的"困难问题"在某种程度上只是大脑的一个认知陷阱。不要误解我的意思，我并不是说意识性体验根本不存在，但关键的障碍更多的是概念性的，而非科学性的。

解决这一问题的一条重要线索在于我们的自我期望在预测处理中的微妙作用，以及自我期望如何与我们对外部世界的期望交织在一起。正是这些隐藏的交织过程，再加上我们自身极为强大的认知能力，共同误导了我们的预测性大脑。通过了解这些让意识性体验产生困惑的因素，我们将有望开始解构"困难问题"本身。

要顺着这套逻辑往下捋，首先就该探讨大卫·查默斯所说的"意识的元问题"[3]，即解释我们何以被身心二元论吸引，以及为何会认为科学与我们自身经验事实间有一道看似不可逾越的"解释鸿沟"。一旦这一谜题得以破解，或许"困难问题"本身将被以全新的视角看待。或许——尽管这只是我的希望，而非查默斯的立场——我们会发现，其实我们早已拥有了解决这一问题所需的诸多合适工具。

当然，我们也要谨慎对待，而且再谨慎都不为过。那些支撑"困难问题"的种种现象被普遍认为是宇宙中最重要但同时也是科学层面最难以理解的特征之一。哲学家和科学家之间及其内部，对"困难问题"的性质、最佳的解决方式，甚至是否能解决，存在着广泛的分歧。以下观点无法吸引所有人，甚至有人可能认为这些观点完全偏离了核心问题。分歧的根源在于，以下观点旨在改变我们究竟需要解释什么的基本概念。[4]

简单感知觉能力

关于预测性大脑的研究已解释了人类主观体验的许多特性，这些特性是相互关联的。原则上，我们可以理解内外部感知的协同何以让我们体验到一个充满大量有意义行动可能性的结构化世界。此外，一个内向型循环（内感受循环）与我们对外部世界的理解密切相关，它针对的是我们自身不断变化的生理状态——涉及肠道、内脏、血压、心率，以及饥饿、口渴和其他身体需求与欲望的整个内在体系。情绪与感觉反映了预测，这些预测整合了涉及内感受（生理状况）、本体感受（行动控制）和外感受（外部事态）线索的信息。举个例子，我们已经知道关于当前心率的内感受信息会被用来帮助预测通过视觉（外感受）感知到的面孔存在与否，因此我们在心动过速时，中性面孔更易被视作具有威胁性。[5]

当我的身体状态发生变化时，外部世界的各种机遇（比如进食）的显著性也会改变。这意味着我的行动也会调整，并因此接收不同的信息流。哲学家和心理学家认为这种情况涉及可供性，[6] 也就是特定生物在特定情况下的行动机遇。比如，一只饥饿的绿海龟撞进了一大片海藻，后者就会为其"提供"进食的机遇。但对一旁的潜水员来说，当前情况的可供性就不同了，"提供"的机遇可能是拍摄难得一见的海龟进食场面。当我们的身体状态发生变化时，外部世界各种机遇的显著性（体现为相应信号的精度权重）也会改变，这就是可供性的改变。假如绿海龟刚在海藻丛中饱餐了一顿，紧接着又撞进一大片海藻，后者显然就不会多令它垂涎了。同理，假如我们的潜水员已经拍了一大堆海龟进食的照片，他这会儿可能就想四下探索一番，拍拍其他海洋生物了。我们相信，情绪恰恰反映了特定身体状态、目标、需求和计划下不同行动的不断变化的价值[7]，这标志着我们与外部世界的具身协调（或这种协调的欠缺）。[8]

此外，我们已经看到，人们主观体验到的许多事件和事态的效价，即它们在我们意识中呈现为吸引或排斥、趋近或回避的倾向，似乎反映了我们对自身"误差动态"的持续敏感性。如果大脑突然抑制了超出预期的预测误差——比如，潜水员突然发现了一种他一直想要拍摄的罕见的海洋生物——我们就会发现自己"喜欢"这种情况，并感受到加以充分利用的强烈冲动。作为回应，大脑提高了学习率，增强了新的高显著性信息对指导行动的长期模型的影响。[9]因此，潜水员可能会突然改变明天的计划，准备返回同一地点，希望能再次目击心仪的拍摄对象。

这一切都在所谓的基本感知觉能力问题上取得了实际进展。早在1789年，政治与社会哲学家杰里米·边沁就在他的著作《道德与立法原理导论》中使用了"感知觉能力"这个术语，以区分感觉能力与思考/推理能力。[10]边沁指出，虽然一些生物不像人类那样具有完整的思考/推理能力，却不能否认它们有能力感受痛苦和愉悦，体会事态的好坏，并从经验中学习。

现在，我们可以将有知觉的生物理解为其神经模型能够与自身不断变化的生理状态模型保持双向交流的生物。基本感知觉能力存在于这样的生物中：对外部世界状态十分敏感，而这种敏感性又微妙地受制于其未来可能的身体状态与新陈代谢。这些生物不只是看见一棵果树或一片阴影，它们看见的是心心念念的食物来源或正在逼近的威胁。借助知觉，这些生物与一个适合行动的世界"相遇"，具体选择何种行动在很大程度上取决于其对自身当前和后续的身体状态与需求的感觉，以及在最小化显著误差方面的表现如何。我们或许可以说，这些生物所处的世界既沿时间轴延展，又在知觉上意义非凡。根据预测处理的逻辑，要产生意识性体验，身体的自我调节、行动和对时间的深刻把握都是必不可少的。

像这样的生物当然会"表现出"感知觉能力。它们之所以能对自身所处的世界做出恰到好处的反应，是因为对外界的感知与自己不断变化的身体需求和状态挂钩。我相信，这正是"感知觉能力"的一切行为表现的基础。任何生物（甚至可能是机器人）对外界的"反应"若会微妙而普遍地受到它们的大脑（或控制系统）对其内部身体状态与行动准备状况的认知的影响时，我们就会认为它们拥有感知觉能力。

但它们是拥有"真实的感知觉能力"，还是仅仅"看似"拥有感知觉能力？我并不确信这是一个正确的问题。暂且可以这样说：预测处理理论提供了一种有希望的解释，说明这样的行为模式可能如何通过预测内外感知变化的持续交互努力，以及最小化预测误差的过程而产生。接下来就应该问：当我们人类更进一步，开始自发地报告并困惑于在自身体验中发现的"独特感受、感觉和主观体验特性"时，到底还发生了什么？

预测我们自身[11]

接下来的一步借鉴了哲学家丹尼尔·丹尼特的一个关键性理解。2011年，拜飓风艾琳所赐，我曾与丹尼尔·丹尼特和他的几位学生一起被困在他位于缅因州蓝山的农舍里。农舍断了电，外头风雨交加，大家只能挤在房间里自娱自乐。虽说没有时间限制，但我们的讨论明确聚焦在"心智"上。当时我们反复提及的一点，也是后来一直困扰我的一点，是预测性大脑若加倍向内投放认知资源，也就是说，当我们不仅预测自己的身体状态和误差动态，而且预测自身的预测、行为和反应时，会发生什么？[12] 在对意识性体验的理解中，这种"对自身预测的预测"会是那块"缺失的拼图"吗？丹尼尔·丹尼特认为确有这种可能：某种"奇怪的颠倒"会带来意料之外的结果。[13]

关于丹尼特的"颠倒"，我可以用自己的话来解释一下。如果一间酒吧因高品质的健力士黑啤而著称，你可能会认为这是因为老板比较识货，或是设备有什么特殊之处。但事实上，健力士黑啤的品质主要取决于酒桶开封的时间。一桶啤酒的开封时间越短，品质就越好。因此我们对一间酒吧何以出名的理解很容易"倒果为因"。我们会认为酒吧之所以声名远扬，是因为它卖的健力士黑啤品质好，但其实正是酒吧的名头为它招徕了足够多的顾客：翻台越快，酒桶开封的时间越短，啤酒的品质自然就越好。

对健力士黑啤而言，这很有道理。但这个例子和意识性体验的性质及可能性又有什么关系？丹尼特让我们联想蜂蜜的滋味：那特殊的体验式感觉、主观品尝的味道、难以捉摸的主观体验特性本身。传统的说法是，我们对这种滋味完全无法抗拒（或唯恐避之不及）。也就是说，我们的趋避本身是对自己某种经验的反应。但这或许正是一种倒果为因：是我们将经验置于行为之前了，正如你在一间网红酒吧里喝到的啤酒之所以特别醇香，恰是因为酒吧的名头足够响亮。

丹尼特的"奇怪的颠倒"应用于蜂蜜的滋味时，是这样运作的：对我来说，蜂蜜那特殊的难以形容的滋味本质上不过是它在我身上引发的复杂反应的集合。这些反应包括寻找蜜罐，舀出蜂蜜，把蜂蜜涂

插　曲　心智问题：对预测性大脑的预测？　　　　　　　　　　131

抹在面包或饼干上，认定其美味，诸如此类。可见，"蜂蜜一样的味道"只是我为那些可预见地在我身上引发特定复杂反应的事物贴上的标签。换言之，我之所以产生上述各种可能的反应，并不是因为我尝到了蜂蜜的滋味。相反，我凭直觉说自己尝到了蜂蜜的滋味，意思其实就是这些反应被唤醒了：先有行为和反应，令人困惑、难以言喻的"滋味"其实只是这些行为和反应的便捷标签。

不过对这一切，自诩为高级智慧生物的我们未必心知肚明。相反，我们发现只要用一些简单的"速记法"来为自己建模，就能方便地预测自身与他人的反应，这足以让我们满足日常需求。根据这种"速记法"，我们拥有各类让我们喜欢或讨厌的"意识性体验"。假如我知道你喜欢甜口的，我就会为你点上杜林标牌苏格兰威士忌利口酒，而不是泥煤麦芽威士忌。同理，既然我知道自己喜欢吃咸的，自然就会提醒自己别吃太多芝士。这种"速记式"自我模型是有效的，但如果我们不够谨慎，它可能会引导我们走向一种形而上学的"膨胀"，开始过分认真地对待它。我们开始认为确实存在一个奇特的经验领域，需要某种特殊的、我们尚无法想象的科学解释。

如果事实果真如此，那么不论是我们眼中的寻常之物，如猫狗（它们看起来不过是世上存在之物），还是一些更加难以捉摸的经验，如"蜂蜜的滋味"，本质上都没什么不同：它们都是大脑为了帮助我们预测感觉信号流而推断出的诱因。但在后一种情况下，我们预测的主要对象其实是我们自己，是我们内隐的行为反应倾向的集合，比如边舔食边惊呼"哦，我爱死麦卢卡蜂蜜的味道了"。这种理解恰恰表明，我们对事物的见解经历了上述"奇怪的颠倒"。

你也许会担心，因为我们显然能去品尝任何一种全新的食物，并发现它的味道出乎意料地好。确实如此，但（在我看来）这并未提出额外的问题。了解一种新食物的味道时，我们其实是在学习如何预测我们自身味觉受体的多种复杂反应，以及其他感官（例如视觉、嗅觉、触觉）对该物品的反应。同时，我们也会发现自己在面对这种食物时的反应，比如大快朵颐（趋）、敬而远之（避）或多尝几口（再次取样）。如第 1 章所述，这其实就是在更新我们的模型，而模型的更新也为"奇怪的颠倒"做好了铺垫。

一旦我们掌握了一个结构化的预测模型，就能轻易将眼前从未见过之物识别为新的类型：可能是一种新的可爱动物、一例新的甜品、一辆新的跑车或一台新的搅拌机。[14] 我们之所以能做到这一点，是因为先前的学习经验让大脑得以锁定一个由微妙且相互关联的线索与特征构成的复杂组合。而后，当这些特征同时出现时，即便以一种全新的方式实例化，大脑也能将其识别出来。如果有一只我们从未见过的动物，长得毛茸茸的，有一双大眼睛和一颗不成比例的大脑袋，（在其他条件相同的情况下）我们就会立刻为它贴上"可爱"这个标签。这种"可爱"甚至会让我们莫名惊诧，如果我原本预期这是一只骇人猛兽。这是预测性大脑将其识别为（见过的）"可爱之物"这一范畴的另一个实例。这种事在我们头一次品尝新食物时也会发生：它可能甜得令人愉悦，也可能咸得叫人吃惊。当新输入的信息像这样被纳入现有的预测框架时，既定的行为倾向也常会被唤醒，比如我们更愿意接近那些看似"可爱之物"。[15]

简化的自我模型

所谓感知，其实就是将关于外界事物的信息与关于自身内部生理状态和行为倾向的信息编织在一起。这样一来，生物就能体验到一个结构化的世界，其中充满了行动和干预的机会。我认为这正是动物成为有知觉、有情感的生物的关键所在：这些生物发现自己生活在一个真实又有意义的世界中。

如果被问到在与世界的"知觉接触"中发现和认识到了什么，这些生物会怎么说？在回答这个问题之前，有一点必须明确：即使上述感知组织能力在某些生物中确实存在，它们也不一定具备高级语言能力，甚至完全没有语言表达能力。体验的发生并不以人类式的语言和高级思维为前提。但我们现在关注的并非基本感知觉能力，而是我们对自身的意识性体验的困惑感。

我们依然（而且十分迫切地）需要更好地理解大脑如何以及为何要将某些最佳猜测用于驱动口头报告及其他形式的类似报告的行为？这些行为展示了一个人或一头动物在内隐地考虑了所有条件后对当下事态（就整体而言）的理解。但原则上，这正是现有的心智科学（包括预测处理理论）未来应致力于解决的难题。比如在给定视觉输入的条件下，同时拥有语言能力和"感觉能力"的生物可能会说："我发现了一只可爱的大狗，可能是某种拉布拉多杂交，它有红棕色的毛——也许它是一只拉布拉多德利犬。"

需要注意的是，根据预测处理理论，以上报告中的每个特征和属性都是以完全相同的方式被提取出来的。每个特征和属性都仅仅是为了预测当前感官刺激波所做的最佳尝试的一部分而推断出来的。"红棕色""大""可爱""狗""拉布拉多"等特征都是推断出的刺激的诱因，旨在支持流畅的预测和行动控制。它们共同协助组织和预测一系列交互的内在与外在感觉信息。尽管如此，一个足够智能、有自我期望的主体很快会开始对他们可能开始描述为自身经验中难以捉摸的"质性维度"感到困惑。

想象一个机器人，我们可以问它看见了什么，让它为行动找理由。但也请想象一下，它在形成报告时只能访问其内部机制中的预测模型当前对实体和环境状态的评估，而不能访问让它做出这些评估的具体的处理细节。这在设计上很合理。在它的硅基大脑中，概率推理的唯一目的就是（我们可以假设）评估两个子领域（其内外部环境）中的各种事物如何影响其生存与成功的行动。关于中间处理过程之具体计算细节的知识对提高它的适应性来说纯属多余，更糟糕的是，掌握这些知识必须承担代谢成本，但其收益并不明显。

我们对上述事实有切身的了解，因为在感知这个世界的过程中，我们人类并没有体验到自身视觉处理的具体步骤：我们对早期视觉处理区域中不同神经元集群的计算工作毫无察觉。大自然在创造我们的时候，关心的是我们能否意识到眼前的事物是什么（一个朋友还是捕食者），以及我们自己的生理状况如何（我是饿了还是渴了，是该原地休息还是躲避伤害）。要添加额外的机制让我们重视内部处理的复杂细节固然是可以实现的，但这种设计将极其昂贵，甚至可能适得其反：让我们很难全神贯注于真正重要的内外部事物。

对自身处理过程拥有真实但有限的访问权的生物将会体验到一个世界：这个世界上有猫和狗，有椅子，有飓风，也有（至少我认为有）像"恐怖电影"和"尝起来像果茶的饮料"之类的东西。这些体验都是神经系统对外物以及外物对有时间跨度和代谢需求的具身化有机体重要性的"最佳猜测"。但由于无法把握自身内在的预测机制，我们只能满足于一种高度简化的自我模型来理解，让我们自认为"看见了一只狗"、"感到一阵疼痛"或"腹中饥饿难耐"等。

我们就这样对预测者做出预测——所谓预测者，指的既可能是我们自身，也可能是其他和我们一样的生物。[16] 但这些模型（我们对自身的预测性的理解）也面临选择压力：它们必须尽可能简单，最好只"捕捉"能支持适应性成功的行为。

质疑"哲学僵尸"的观点

拥有这种精简、高效的自我预测模型的智能主体正处于大卫·查默斯描述过的诡异境地。早在1996年，查默斯就问过这样一个问题：如果一个高级智能生物只能接触自身复杂内部处理过程的最终产物（我们所说的"大脑感知的最佳猜测"），它会如何描述其感知过程？他指出，这样的智能体在被问及"蜂蜜为什么尝起来甜"时，可能会被迫说"我就是知道"。[17] 其对蜂蜜味道的把握直接到令自己都感到费解，这会让它开始以为自己必然是在处理某种神秘的主观体验特性。

查默斯本人却不认为这种观点最终站得住脚。接下来他开始思考：为什么智能生物会觉得自己的体验具有感知性质？为什么"知觉"一定要有"觉"，而不能只有"知"？那些有"知"而无"觉"的系统"内在"将是一片黑暗，它们在知觉层面其实与"僵尸"无异。当检测到一只可爱的小狗时，它们会输出"看看那只亮棕色的可爱小狗"，但同时没有任何知觉或情绪经验。查默斯本人就经常在关于意识的争论中提及完全意义上的"哲学僵尸"的可能[18]——所谓的完全意义上的"哲学僵尸"，指的是一种所有行为（所说和所做的一切）都与我们别无二致，但缺乏任何内在心智生活或主观性的奇特生物。

诚然，在思考这些难题的时候，我们必须十分谨慎，不能在解释生物感官"最佳猜测"的概念时创造质性体验这一有问题的存在。相反，我们应该使用"经验中立"的"预测"和"最佳猜测"之类的概念。[19] 也就是说，我们不应对最佳猜测是否伴随情绪或感知体验持预设立场。毕竟足够聪明的算法也能为图片加注，指出其中有一只狗

（诸如此类），而无须体验任何东西。

但越是深入分析这个问题，所谓完全意义上的"哲学僵尸"的图景就越不太可能。这种想象中的存在显然不会只知道"那儿有只狗"，还知道狗的体形、色泽、毛发质地和行为倾向，（至少大致上）知道自己有些知识是视觉性的，另一些是听觉性或触觉性的。它们能学习，如果捂住眼睛或塞住耳朵，感觉信号将怎样波动，最佳猜测又会如何变化。它们知道狗一般有四条腿和一条尾巴，因此会为这些特征主动搜寻额外的视觉证据，也就是更关注特定的空间区域（提高相应区域的精度）。最重要的或许是，它们会知道自己比较"喜爱"狗——倾向于对狗的外表做出积极反应，比如找机会抚摸它们并与它们一起玩耍。

能做到这一切的生物会是没有主观体验的、内在"一片黑暗"的"僵尸"吗？你越是细想，就越会觉得不可思议。我们刚才描述的生物听起来和我们自己没什么两样！我们同样不知道自己关于世界的知识是从哪里来的，不了解内感受与外感受证据的整合过程，不知道我们会以一种有效但高度简化的模式来刻画自身，在这个模式中，我们只是表现出"看见狗"并"喜爱狗"。因此，我们必然会觉得自己的主观体验无比神奇又令人困惑，正如查默斯所形容的那样。

我相信我们正是"哲学僵尸"。我们看不透自己高度简化的自我模型，这些模型引导我们这些聪明但有局限的生物推得一个结论：我们拥有令人费解的主观体验特性，能产生大量神秘的"意识性体验"。但主观体验特性不过是我们推理的产物，是我们预测自身与他人的另一件称手的工具——其底层状态（拥有感觉能力的生物对内外部状态的最佳猜测）是真实的，但我们形而上学的深刻的困惑却是一种误解。

换言之，质性意识是真实存在的[20]，但也许（只是也许）不完全是我们以为的那种东西。

第 5 章

期待更好的事物

1677年，荷兰显微镜学家列文虎克首次通过显微镜观察到精子。然而，在某种程度上，当时的列文虎克是"预成论"的拥护者之一，他相信成年人身体的所有结构都以某种微缩的形式完整地存在于精子之中。在报告中，他声称自己确实在精液中看到了"各种大大小小的管道，种类与数量如此繁多，以至于我毫不怀疑它们就是神经、动脉和静脉……当我看到它们时，我确信，在任何一具完全发育的身体里，都不可能有在精液中找不到的管道"。[1] 列文虎克的视觉体验显然与他强烈的先验信念完全吻合。然而，今天的我们会怀疑，实际情况可能恰好相反：列文虎克的视觉体验不过是反映了自己强烈的先验信念。

列文虎克的逸事可能未必完全符合历史事实，但它生动地揭示了我们许多人可能在生活中某些时刻经历过的"先入为主"。[2] 预测处理理论为这一现象提供了科学解释。该理论认为，我们看待和体验世界的方式往往会被我们（通常是无意识）的预测与期望形塑和引导。

这种预测性处理具有显著的优势。它使我们即便在感觉信息贫乏或模糊的情况下，也能判断出外在世界的真实状况。它能让我们发现潜藏在灌木丛中的猛兽，或能辨识肿瘤在模糊 X 射线片上留下的蛛丝马迹。但这些消除歧义的预测也有阴暗的一面。预测在帮助我们构建体验的同时，也让我们产生了某种偏差。偏差不仅存在于思维或判断中，还会影响最基本的感知，即我们所谓的明显证据的来源本身之中。换言之，我们所见所感的世界本身在某种程度上由我们自身（有意识或无意识）的期望塑造。

本章探讨预测性大脑何以让我们犯类似列文虎克的错误，从而导致我们对他人和外界事物产生各种错误感知。本章还将探讨有哪些方法可以用来克服这些有预测偏差（predictively biase）的感知。

所见即所感

为了描述这一场景，我们可以借用哈佛大学哲学家苏珊娜·西格尔提出的一个简单例子：假设你相信你的老友杰克正对你不爽。[3] 当你看到杰克的时候，你关于他正在不爽的坚定信念就会以前几章所讨论的方式塑造你的感知。结果，杰克虽然在大多数旁观者看来都面无表情，在你眼中却面带愠色——微妙却耐人寻味的视觉暗示可能正在呼应你预先的信念。于是你可能会认为，这些视觉细节为你的先验信念"杰克正对你不爽"提供了佐证。但正如西格尔指出的那样，这种循环中似乎存在一种悖论：因为你所谓的微妙"知觉证据"其实只是你的上述信念在知觉中的显现。这种信念正是"认知偏差"的诱因，它使你感受到的视觉体验（"不爽的杰克"）反过来支持了同样的信念（"杰克正对你不爽"）。西格尔指出，这只不过是一种类似"重复计算"的把戏。

再想想这一错误的视觉体验在实践上会产生怎样的后果。有一种可能是你在杰克面前会表现得和平日里不太一样。对此，他自然看在眼里，因此可能开始对你的行为做出某些异样的反应。他这种不同寻常的行为方式（这次是真的）又为你最初的怀疑提供了进一步的证据，让你更加确信"出了问题"！这样下去，双方可能都会开始有些不爽，却彼此无法看清冲突的起源。

如前所述，类似"不爽的杰克"的知觉效应在受控实验情境中得到了再现。在其中一些实验里，错误的心跳反馈（如被人为操控的心率信息）会让受试者觉得眼前无表情的面孔带有更为强烈的情绪。[4] 西格尔描述的"杰克正在不爽"的先验信念起到的作用就类似于这些实验中因虚假心跳反馈增加的附加"证据"。但是，这一现象的影响并非仅限于实验室。举个有点儿令人不寒而栗的例子，不少美国警察都有所谓的枪手偏见：有关研究回顾了 2007—2014 年，美国警察对手无寸铁的嫌疑人开枪的记录，发现高达 49% 的此类枪击事件都与"威胁感知失误"有关。[5] 也就是说，执法人员将无辜事物（兜里的手机）误认为匕首，无威胁性的动作在警察眼里成了掏

第 5 章 期待更好的事物

枪。此外，正如近年来人们渐渐认识到的，这种威胁感知失误主要涉及黑人受害者。以费城为例，尽管黑人居民与白人居民的比例相当，但在这座城市威胁感知失误导致的警察误伤案件中，黑人受害者占比高达80%。

在关于这个主题的开创性研究中，莉莎·费德曼·巴瑞特教授描述了她所谓的情感现实主义。这种效应表明，警察自己的内在身体感受（如心率加快，手心出汗，胃部紧缩，面部潮红）可能会被预测性大脑当作他们正面临威胁的额外的"证据"，导致他们将手机等寻常之物误认为武器——尤其是当这些物品由黑人男性持有时。当然，这些都是身体信号与神经预测的深层联系，在上一章中，正是这种机制让我们的心智生活如此丰富多彩。然而，在这一章中，同样的生理信号却成了悲剧性"枪械幻觉"的诱因。

巴瑞特教授指出，这些身体感受的出现可能有多种诱因，比如长期的执勤、过往的遭遇，甚至可能是摄入的咖啡因。[6] 同时，环境中的危险信号，比如黑暗或地理位置的特定因素也会增强某种身体信号。但若这些身体感受线索与某种误导性的种族刻板印象相结合，它们会直接影响大脑的预测机制，从而塑造视觉体验。类似的实验研究发现，如果一个人刚刚体验过（由受控的实验环境诱导的）愤怒情绪，与刚刚体验过其他情绪（比如悲伤）的受试者相比，他会更有可能将无害的物品误认为枪支。[7] 总之，引用巴瑞特教授富有启发性的话，我们所见的有时正是我们心中所感。[8] 这只是连接我们的身体信号、情绪和对更广阔世界的感知体验的那条连续线的另一种表现。[9]

应对预测性偏见

我们该如何应对这些令人不安的危险偏差？了解这类偏差绝不意味着我们要为那些对无辜者开枪的警察脱罪，种族主义刻板印象在这些情境中显然扮演了主要角色。此外，更大范围的警察文化也难辞其咎，因为这一文化允许某些反映集体偏见的行为模式和期望根深蒂固，而这些模式和期望会导致冲突不断升级的恶性循环。与此同时，个体尤其是那些在一线工作的警务人员，也有责任主动了解误导性文化刻板印象的影响。对这些影响的深入理解能够带来新的希望。如果确实是错位的刻板印象与扭曲的身体信息相结合，产生了某些最危险的幻觉，那我们就不仅可以去质疑这些不良刻板印象，还可以借助新的训练体系来改变警员们对身体感觉信号的反应（稍后详细介绍）。

了解错位的刻板印象和不公正的行为如何与我们自己不断变化的身体信号相互作用，应该能让我们深刻领会到，当前最迫切需要的，是对基本社会实践和制度的深刻而持久的改变。其中包括媒体的表达方式、警察文化以及新闻报道，这些都在一定程度上助长了导致误导性预测的显性和隐性种族主义信念。这些误导性预测扭曲了人们的感知，从而引发了冲突升级，甚至导致致命的后果。

在2013年波士顿马拉松爆炸案后仅一个月，巴瑞特教授等人就开展了一系列研究，以揭示媒体的渲染能产生多大的影响。[10] 他们给受试者呈现案发现场的同一批照片，配上当时报纸发布的头条新闻的标题。这些标题分为两类：A类标题渲染威胁色彩（比如《"9·11"再现！》），B类标题则强调社区精神与治愈色彩（比如《波士顿，加油！》）。而后，受试者要在一个"威胁感知游戏"中消灭"武装分子"，但不能射杀"无辜群众"。结果是，与先前看B类标题的受试者相比，先前看A类标题的受试者更容易在游戏中做出误判，也更容易对"无辜群众"开枪。说到底，他们的大脑更倾向于预测新的威胁，而不是更美好的未来。这种事并不新鲜。众所周知，人们构建世界的许多方式（包括头条新闻的表达方式）都会让我们后续的感知和反应产生微妙的变化。[11] 与那些对爆炸事件有相对稳定的情绪反应的人相比，自称对爆炸事件有比较强烈的情绪反应的人更易受新闻标题的写法的影响。这很合理，因为根据预测处理理论，若特定信息能诱导强烈的情绪反应，通常意味着它具有极高的精度——大脑认为当前信息相当重要且十分可靠。巴瑞特教授等人总结道，所有因素的环环相扣意味着，"当我们感受到强烈的痛苦或明显的威胁时，预测就会被扭曲，以至于在一种非常真实的意义上，我们眼中的世界会变得更加危险或令人紧张"。

有益的虚拟

我们可以明确干预的一个地方，是首先改变训练我们预测机制的环境。从理想状态来看，最佳标准是构建一个从未出现种族主义和性别歧视模式（不论是真实的还是书中描述的）的世界。但在那一天到来之前，为什么不先做一些我们力所能及又卓有成效的调整和改变呢？

举一个例子，目前在英国，"水管工"这一职业与男性之间存在强烈关联。二者的联系如此真实而明显，任何一颗功能良好的预测性大脑都不可能视而不见。同样，在2012年的美国，调查数据显示，工程专业新生中有80%是男性。如果这是一种"性别刻板印象"，那么需要改变的其实是文化环境本身，因为是它产生了这些真实但有偏差的统计数据。[12] 但这显然会是一个漫长而艰难的过程。

虚拟世界为我们提供了一个相对而言更小、更容易操纵的杠杆以推动改变。我们人类的学习大都要借助媒体、广告和娱乐。我们读书、看电影、玩电子游戏，其中一些可能涉及整合被动感知与现实行动的沉浸式虚拟现实。这种现象固然会产生问题，但也提供了难得的机遇。之所以会产生问题，是因为我们构建的许多虚拟世界要么没能反映社会的真实情况，要么反映了我们不想推崇的方面。比如它们可能会提供错误信息，宣传无益的种族和性别角色刻板印象[13]，或提倡非常不具有代表性的身体形态。但这里也存在机遇，我们可以采取行动来弥补这些缺陷，只要主动将更多虚拟世界结构化，使其更贴近现实，或带有建设性的理想主义色彩。通过这种方式，我们可以将有关种族、身体和性别角色的刻板印象慢慢扭转过来。[14]

虚拟世界的独特价值在于，它不仅能让我们形成更新、更好的期望，还能帮我们挑战旧有观念。值得注意的是，对一些需要改变的元素，我们通常并没有予以批判性关注，甚至无法意识觉知。通过重新训练我们无意识的预测机制，虚拟世界能作为强大的工具，有效推动这一进程，减少我们对现有有害刻板印象的评估的确信度，帮助我们形成更新、更好的观念。

沉浸式虚拟现实可能是所有此类干预措施中最有效的手段之一。就像玩电子游戏一样，沉浸式虚拟现实旨在提高使用者的能动性和行动能力，而这正是我们训练自己预测性大脑的主要方式。举个例子，有研究发现，虚拟身体可用作神经性厌食症的新型有效干预措施。研究者先是鼓励患有厌食症的受试者沉浸式体验一具有健康 BMI（身体质量指数）的虚拟身体，并将之视为自己的身体。为此，受试者要借助头戴式虚拟现实设备观看他们健康的虚拟身体的腹部被柔软的刷子抚触，同时感受到作用于他们（真实的）腹部的相同的抚触。这类操作能让他们"发自肺腑"地认同自己的虚拟身体。而后，实验者要求受试者估计自己（实际的）身体部位的尺寸，并发现那些接受过健康虚拟身体"训练"的受试者高估其实际身体部位（如身高、肩宽、腰宽、臀宽、肩围、腹围以及臀围）的尺寸的倾向会显著降低。[15]

沉浸式虚拟现实技术也有望用于面向警察队伍的执法能力训练。重要的是，这项技术使警察能够训练快速决策和快速行动能力，并获取有指导意义的反馈。将行动安全地纳入训练至关重要，因为在现实中，视觉体验通常是在时间紧迫的情况下，作为"行动—感知"回路的一部分构建起来的。[16]

提升内感受

其他形式的训练可以直接针对一些可能导致"所见即所感"的内部身体感觉信号。这类训练能帮助我们更好地意识到自身生理唤醒状态的变化,也已经得到了一些实际应用,通常是借助简单的可穿戴设备来提供持续的生物反馈信息,比如心率等重要参数的实时数据。[17] 我们已经知道在承受高压力的情况下,心跳信号有多容易误导大脑的感知推理引擎。但系统的训练能教会人们如何在真实的、有潜在危险的活动中有效降低这种生理唤醒。[18] 至少在一定的比例上,这类精细化的身体觉知训练有助于避免冲动攻击及其致命后果。

正如莉莎·费德曼·巴瑞特指出,这类训练甚至有可能对警察本人的健康有益。[19] 众所周知,警员们罹患心脏疾病、创伤后应激障碍和肥胖症的风险正日益增加。内感受敏感性因个体而异,关注自身生理状态的倾向亦然。也许在不久的将来,警察队伍的选拔工作就会将这种基线差异纳入考量,相关训练也将更具个性化色彩。

已有一些学者在探索如何利用内感受训练来治疗焦虑症,比如我在萨塞克斯大学的前同事萨拉·加芬克尔教授就一直在研究提高心脏自我觉知能力的干预手段,希望推动各种形式的焦虑症的治疗。她发现,焦虑症患者往往过度关注内在状态,但同时对自己心跳的感知却存在显著偏差。换句话说,焦虑症患者专注于自身内在状态,但其感知的准确度或者说精度不高。重要的是,加芬克尔教授发现,与焦虑最相关的是以下两种情况的结合:一方面,个体对自身内在状态的不准确的评估；另一方面，他们高估了自己感知的准确度。换言之，如果你对自身内在状态的评估并不准确，却错误地以为自己的评估十分准确，你就更有可能感到焦虑。[20]

对于加芬克尔教授的结论，预测处理理论同样能给出清晰的解释。正是因为上述特定结合（内感受准确度不佳和自我评估精度的夸大）最有可能导致对自身状况或周围世界的错误推断，让我们对外界和自身的状况产生错误的见解。信息原本是不准确的、粗糙的，却被误认为是有价值的、精度高的，这样一来，预测性大脑很快就会自信地得出误导性的结论。[21] 如果能借助生物反馈训练来提高我们自身的内感受准确度，就有可能消除或尽可能地避免这类错误推断，让个体获得对当前情境下身体反应的最优理解。

加芬克尔教授的研究恰好证明了这一点，她发现内感受准确度越高，受试者的焦虑水平就越低。一个极端的例子是她调研过一位顶尖的人质谈判专家，他对自身心率的内感受准确度竟高达100%！萨拉·加芬克尔猜测，人质谈判专家之所以能"共情"地体验他人的感受并据此决定何时及如何加以干预，这种极端的内感受准确度可能发挥了一些我们尚未完全了解的作用。[22] 加芬克尔教授和同事们的另一项研究也发现，在受孤独症谱系障碍困扰的受试者中似乎存在相关效应。内感受自我觉知越好的参与者就越善于发现"隐藏"在他人语调中的情绪信息。[23] 这表明增强孤独症谱系障碍患者个体内感受自我觉知的训练，可能因此提高他们对细微情绪迹象的辨识能力。

更接近真相？

至此，我们举的例子经常很可悲，它们清楚地表明预测性处理会误导我们，扭曲我们的所见所闻。这就留下了一个棘手的，甚至可以说更具有哲学意义的问题：预测和先验知识应该在多大程度上帮助感知过程揭示事物的"真实情况"？这个问题值得我们深入思考。

想想那些一开始令你摸不着头脑的图像（比如我们在第1章展示过的穆尼图）。通常你只要扫一眼它们的原始图像，立马就能理解它们的视觉意义。当然你也可以"硬来"，那就只有在付出极大的努力后才会豁然开朗。对后一种情况，我们可以举个例子，见图5-1。

只要你看出一头奶牛硕大的脑袋（大致位于图像的左上部，两只黑耳朵正对着你，鼻子位于图像左下部），你的感知便无法退回原点。这幅图在你眼中再也变不回你第一次看见它时的样子——它不再是些杂乱的黑白色斑块了。网络流行语"无法视而不见"正是这个意思。再举个例子，图5-2是2014年FIFA（国际足联）世界杯的著名标志。[24]

赛事期间，文案撰写人霍利·布罗克韦尔发了一条推文，这条推文被反复转发：

> 无法视而不见：2014年巴西世界杯的标志被锐评为"看起来像扶额表情"。

第 5 章 期待更好的事物

153

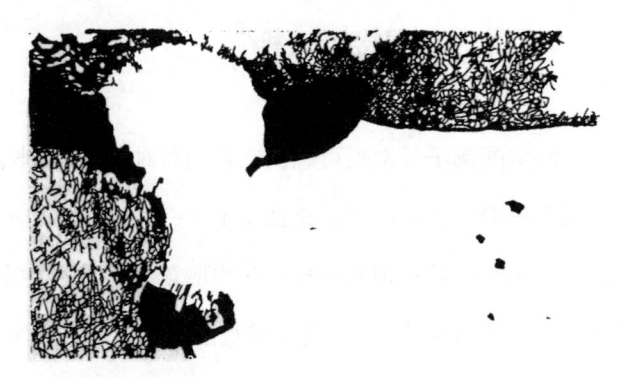

图 5-1 藏身"视觉噪声"中的奶牛
资料来源：Hidden Cow by John McCrone (CC BY-SA 3:0)。

图 5-2 无法视而不见（扶额表情）
资料来源：2014 年 FIFA 世界杯。

"无法视而不见"的网络模因代表了一类有趣的现象。一旦我们拥有一个足够强大的预测模型，通常就很难推翻它，无法再以先前的方式来体验这个世界了。在学会说母语之前，你所听见的母语的发音是什么样子的？你再也听不见那种"声音"了。穆尼图、奶牛图和巴西世界杯的标志在你眼中再也回不到你了解相关信息之前的样子了。

这是为什么呢？因为我们最为成功的预测模型一直在塑造大脑处理传入信号的方式。它改变了皮质各个层级中神经元的反应模式，（借助可变的精度加权）增强其中的一些，抑制另一些，以反映大脑对外界事物结构的最佳猜测。在每一种情况下——不论是学习一门语言，区分杨树和白杨，还是在模糊的X射线片上寻找肿瘤的迹象，我们的感知体验都会随预测模型的更新、优化（精度加权的更新）而改变。

精度加权的预测（通常）有选择地让我们关注某些事物，而忽略其他事物，从而为我们的目标服务。这正是预测性大脑的标准操作流程。随着我们对世界的了解越来越充分，基于模型的预测在形塑我们的体验方面发挥着越来越大的作用。但这也让我们禁不住担忧：这些预测在某种意义上会不会像一层面纱那样将我们与"外部世界"的真实本质区隔开来？当你还是个婴儿的时候，在你还没有这么多预测性知识以前，你的感知会不会更"接近真相"？

这样的看法显然在实际意义上难以成立。固然，在你学会说话以前，你对他人用母语所说的话一定也有听觉体验，而且与你如今对它们的体验截然不同。但那时你的大脑也在根据它所知道的进行猜测，只是当时知道的知识与现在所掌握的有所不同。更重要的是，当你学会一门语言时，你就能发现那些话的本来面目——它们是以特定顺序排列的词，每个词都有不同的"身份"和含义。

回到第1章关于"正弦波语音"的精彩例子。这种语音是日常口语经过处理后，仅剩的简单的声学骨架。第一次听到正弦波语音时，它听起来就像是一连串毫无意义的哔哔声和哨声。但是，一旦你听到了原句，或者听了足够多的样本，成了一个老练的"正弦语言"的解码者，你对这类"语音"的听觉体验就会发生变化：词和句子会从中凸显，曾经的哗哗声和哨声会变成清晰而有意义的话语。你首次听见正弦波语音的"真实本质"是在什么时候？是第一次清楚地听到其中的升降调，但尚无新技能和先验知识让你分辨其中的词？还是直到后来，在你能更加自如地听出清晰而有意义的句子的时候？

你第一次听"正弦波语音"时，可能会对耳朵接收的真实的声音波形更加敏感——比如你当时应该能正确地指出声音流是连续的。但随着你越发老练，这种连续性在你的听觉体验中就变得模糊了：你开始听出词与词的"间隔"——尽管声音流本身的确是连续的。这也是为什么外国电影里的角色用我们听不懂的语言交谈时，我们会觉得他们说得特别快——我们的大脑还没能创造出"间隔"来区分构成这些语音流的元素。然而，在这种情况下，我们也未能有效地筛选和重构声音信息，从而以最佳方式揭示其真正原始来源，也就是语音字符串本身。

所以哪种听觉体验更接近真相？这取决于你的目的。如果你是一位声学工程师，想检测一个房间的某些奇怪的声学特性，你会对声学证据的某些方面给予额外的权重，依次关注不同的可能性。可你如果在一个嘈杂的聚会上，试图在喧闹的背景下听清别人在说些什么，那么每种情境都会需要一套截然不同的辨别标准。根据预测处理理论，这意味着我们要具体问题具体分析，根据实际情况和实际需要部署相应的预测机制和精度权重。这些都表明，我们永远不可能体验到事物的"真实本质"或外界的"真实信号"。事实上，如果预测处理理论真能很好地解释感知，那我们甚至没法说清楚所谓的"真实本质"或"真实信号"到底是什么意思。感知涉及运用（加权的）预测来处理传入的感觉信号，体验的产生正是这些要素集合的结果。

这当然不是说我们永远不会犯错，但它确实意味着我们不能指望自己有多"接近真相"。回到第 1 章的那个隐喻：感知更像是绘画，而非"即拍即得"的摄影——它是我们根据自己的需求和经历进行的创作。[25] 在这种创作活动中，不存在对原始传入信号的完美再现。相反，我们自身（我们的过往经验和当前任务）必然作用于传入的感觉信号及其处理过程。预测既是在展望前途，又始终牵连着过往，由此塑造了人类各种形式的主观体验。

活动键盘

我们若要体验任何世界，就必须以某种方式将自身投射到那个世界中。早在 20 世纪中叶，法国现象学家莫里斯·梅洛-庞蒂就意识到了主动参与的重要意义，他通过"活动键盘"的比喻来描述这种感觉，它指的是一个能够自行移动并根据来自"外部锤子"的单调敲击呈现不同按键的键盘。在梅洛-庞蒂看来，锤子好比外部世界，键盘为同样的敲击所呈现的不同按键好比人类多样化的体验，我们体验的世界好比锤子在键盘上敲出的信息：这样的信息，最终反映出的不仅是世界本身，还包含键盘动作。[26]

听上去有些令人费解，但我们可以用预测处理的逻辑来"翻译"一下：选择性采样是我们主动构建自己的世界的最基本的方式。我们通过移动身体以及调整目光方向来塑造感知，这些动作都反映我们对接下来将会遇到的事物的预测。以此观之，不同种类的动物，以及拥有不同过往的人类个体必然从同一个世界接收不同的刺激。一方面，我们有选择地接收这些感觉信息；另一方面，大脑会对这些信息的处理过程施加影响：强调一些，抑制另一些，从中提炼出有意义的结构，而这些结构大多数反映了我们先前的经验。可见"预测性键盘"不仅会主动选择，还会主动处理。

以正弦波语音为例：在学习辨别其中隐藏的句子前后的体验差异表明，感知的平衡会发生变化，从而揭示出"真实存在"的不同层面。神经多样性也会影响我们对世界的体验。比如受孤独症谱系障碍困扰的患者似乎更关注传入的感觉信息的细节，同时由于预测与期望的抑制作用较弱，信息压制减弱（详见第 2 章）。他们与我们相比是更接近真相，还是相反？[27] 都不是。由于神经多样性无处不在，这种差异非常普遍。即便是所谓的正常个体，权衡感觉信息与猜测的方式，或在有新信息可用时更新预测的倾向也会有微妙的不同（回顾第 2 章有关创伤后应激障碍和第 4 章有关抑郁症的内容）。

我们当下的预测不可避免地要以自身的倾向乃至生活史为背景。预测不同，主观体验也不同。我在萨塞克斯大学的同事阿尼尔·赛斯教授对此有过精彩的归纳，[28] 他引用了文学家阿娜伊斯·宁的名言：

"我们看待事物并非如其所是，而是如我们所是。"

保持真实

尽管如此，多种因素共同作用，使得我们对真实的世界有某种共同的理解。这是因为现实世界独立于我们的心智，而且我们人类拥有同一套感知和身体行动机制。我们的物质世界本身就表现出令人敬畏的倾向，任何对形状和力量的错误猜测都会受到天然的抵制，比如方桩根本打不进圆孔。我们对事物的早期猜测会在不断修正和调整中趋于准确，直到我们的理解能够奏效为止。其中一些猜测是如此有用，以至于它们会被"压缩"成快速、高效的链接，让我们迅速领会自身正面临何种处境。[29] 此外，我们人类的身体、大脑和神经系统有许多共同的特征，这些普遍的结构和路径（包括大脑的大体解剖结构）必然在构建人类共有的现实方面发挥关键的锚定作用。因此，人类的主观体验正是这些深层结构化约束和我们一直在探讨的灵活的、高层级的、自上而下的影响之间的不断变化的"融合体"。[30]

作为高度依赖交流的社会生物，我们也有一种强烈的本能，希望自己的模型和期望与他人的协调一致，以便于交谈、交易和社交。我们还会借助行动不断测试这些预测模型。如果我的先验信念让我第一眼将花园里那头动物的模糊轮廓看成我的狗菲多的身影，那我的下一步行动就可能是寻找菲多独特的尖尾巴。如果找不到，我的第一个猜测就不成立了。也许它不是菲多，而是一只狐狸？为确认这个新的猜测，我又会开始寻找不同的特征，比如狐狸特有的鬼鬼祟祟的步态。这表明，知觉的"真实"与否并不应该只取决于孤立的"快照时刻"，我们应该关注当前的最佳猜测如何通过设计检验这些猜测的探索性行动来进行更新。长远来看，"测试然后灵活更新"通常是获得成功的有力保障。

●

在大脑创建主观体验的过程中，期望总在起作用，其中许多是无意识的。这不可避免，也没有必要去避免。期望对我们通常是有用的。假设你有一个好友，他有日子没在社交媒体上发布任何消息了。这就可能促使你在下次见到他时，以一种不同的方式关注他，并发现他面带一丝愁容。仅仅是一点新"证据"（没在社交媒体发布消息）就能让你调高一些细微面部线索的精度权重，从而发现好友忧愁的迹象，而这一迹象可能在其他情况下会被你错过。

这不是什么"先入为主"。它并非凭空想象或扭曲事实，而是要归功于你的先验知识与期望，使本来存在却隐藏的线索变得可见。同样，这也不是什么有害的"重复计算"，相反，它表明预测机制在日常生活的大多数场景中都是有效且高效的。不过，同一套机制有时也会把事情搞砸，比如它会让我们在一片白噪声中听出宾·克罗斯比唱的《白色圣诞节》，或因为自己心动过速而误以为一张无表情的脸带着一丝威胁意味。这些错误有时会造成严重的后果，特别是在时间紧迫的情况下。[31]

要避免这种情况，首先要更好地了解所有能让我们产生主观体验的因素。以"枪手偏见"为例，警员要了解高水平的生理唤醒是怎样"火上浇油"的（点燃这把"火"的是被种族主义偏见扭曲的期望）。了解预测和身体信号在这一过程中所扮演的角色，应该成为许多（也许是所有）行业的必修培训。但最重要的是，我们应该努力构建更加完善的世界，以训练下一代能够更好地进行预测的人类心智。

我们可以学着去期待更好的事物，也必须如此。

# 第 6 章

突破原生大脑局限

塔比莎·戈德斯塔布是一位成功的科技企业家，也是一名阅读障碍患者。小时候，她对数字和词抱有莫大的恐惧。如今，这种恐惧感已经消失，取而代之的是一种快乐的乐观主义和令人羡慕的写作风格。在发表于报纸上的一篇文章中，她这样描述自己的处境：

我像依赖老朋友一样依赖像SwiftKey和Grammarly这样的应用程序。特别是SwiftKey，它对我的日常生活帮助很大。这是一款适配智能手机的键盘应用，它基于人工智能的推荐机制要比内置的拼写和语法检查好用不少。它还有一个更好用的新功能，可以将我的语音直接转化成文本，这样假如我一时找不到正确的表达方式，就不用非得打字或留下语音备忘了。Grammarly是我用笔记本电脑办公时的首选。它结合了规则、模式和人工智能深度学习技术，有助于提高我的写作水平。（但是）如果这两款应用中的任何一款出了问题，我就会觉得自己又回到了教室，如堕五里雾中，脑子一片模糊，字母和数字乱作一团。[1]

戈德斯塔布是所谓的延展心智的一个典型例子：作为阅读障碍患者，她的日常思维活动无法仅仅依靠生理硬件实现，相反，她的生理硬件至少在大部分时间里与诸多外部技术稳健地耦合。我相信，塔比莎·戈德斯塔布的思想（或者说"心智"）真正的"化身"正是这个耦合系统——包括她的大脑、身体和她所依赖的技术。

这不仅仅关乎戈德斯塔布，也关乎每一个人。我们或多或少都要依赖各类应用程序、工具和其他"大脑外"的资源来执行计划、组织日常生活、记住我们本来会忘记的事。其中一些辅助手段旨在复制或支持我们的生物性大脑已经拥有的技能和能力，其他则扮演更有趣的角色——不只是对生物性能力的复制，更是对它们的增强和改造。

当生理硬件与关键技术工具的耦合足够稳健、可靠，以至于大脑学会了自然地期望这些资源现成可用，并将其影响纳入我们的所有计划和行动中，（我相信）我们就成了延展心智——无须依赖侵入性植入装置的赛博格（控制论机体）或混合心智。尽管我们不像"终结者"那样在脑壳里植入电路板，但我们大脑的机制已不会单纯地被生物性大脑的运作耗竭。

在这一章，我们将从两个彼此相关的角度探讨这个具有启发性的主题。第一种观点强调"认知行为"的重要性——这类行为的选择是为了提升认知水平，而不是直接实现一些实际目标。如果赶飞机是你的实际目标，那么出发前查看公交车时刻表就是一项有用的认知行为。第二种观点思考预测是怎样控制行为（包括认知行为）的。结合这两种观点，我们就会发现，预测性大脑时刻准备着发现合适的认知行为，以充分利用（承载了信息的）外部资源（比如公交车时刻表）。我将指出，预测性大脑并不在乎重要信息是存储在内部状态和结构，还是外部状态和结构（如笔记本、应用程序和全球定位系统）中。重要的是大脑预测但凡有控制行为的需要，就有合适的信息或操作可用。其结果是内外部资源始终互相配合、曼妙共舞：预测性大脑为延展心智提供了完美的生物平台。

倚仗外部世界

20世纪80年代中期，我在英国萨塞克斯大学找了第一份全职学术工作，成了认知研究项目组（它当时的名称）的一名成员。该项目组关注的领域如今有了一个新的称谓——认知科学。鉴于该项目始于20世纪70年代初，萨塞克斯大学一直自诩为世界上首个设置认知科学专业学位的高等院校。在英国时任首相撒切尔夫人对英国教育部门的无情攻击而导致的一片混乱中，我竟然找到了一份不错的工作，这让我又惊又喜。不仅如此，我能在布赖顿——这座位于英格兰（相对）阳光明媚的南海岸活力四射的海滨小镇——从事自己中意的跨学科研究，简直欣喜若狂。

好事一件接着一件。在我入职萨塞克斯大学后不久，一部巨著的两卷的面世对我的职业生涯产生了深远影响，书名是《并行分布式处理：对认知微观结构的探索》，由麻省理工学院出版社于 1986 年出版。这部作品被誉为"连接主义的圣经"，让我第一次系统了解了如今被统称为"人工神经网络"的研究。直至今天，它们依然摆在我的书架上（两本精装书，一本蓝色，一本棕色）。虽说在当年，它们对一位年轻学者而言相当昂贵，但绝对物超所值。

我对书中的一篇印象很深，[2]那篇讲的是，总有一些问题的解决会对大脑本身的能力提出很高的要求，甚至是大脑力所不能及的，既然如此，大脑又该如何解决这类难题。答案是如此显而易见，以至于在以前的文献中竟被忽视了。其核心是：我们人类经常借助外部辅助工具来解决它们，在许多情况下，能将复杂的难题简化为生物性大脑更易处理的一系列较为简单的子问题。

举个例子，对一道复杂的多位数乘法题（比如 77 777 乘以 99 999），多数人（包括我自己）过去都要借助纸和笔。我们在日常生活中就能使用这些外部资源，这意味着我们通常只需要训练大脑解决一些更简单的问题（比如 7 乘以 9），创建特定的程序将这些简单计算的结果写下来，再反复迭代，最终解决问题。在这个过程中，代代相传的文化实践改变了问题空间，让我们能用更少的资源做更多的事，轻松解决各类乘法问题，即便一些难题就连所谓的最强大脑也没法心算出来。此外，书中那篇指出："以此观之，外部环境成了我们心智的重要延伸。"毫不夸张地说，这句话对我来说就像是神启。

自那以后，我自己关于具身心智和延展心智的大部分研究是对这个简单但令人信服的观点的深挖。我意识到大脑内部发生的可能比我们想象的要简单，也可以说和我们想象的不同，因为对具身的大脑而言，大多数任务涉及学习与外部世界交互的正确策略。这正是预测性大脑所擅长的。在此过程中，所谓的问题解决循环（大脑需倚仗外部支撑和资源）在我们的日常生活中不断重复。与此同时，我们的思维、行动和世界越发紧密地缠结。这表明人类的心智从未与环境隔绝：这个系统十分倚仗外部世界，有时甚至会以令人意想不到的方式。[3]

在文化进化的时间长河中，我们创建了一个满是人造物（包括工具）的世界，这些人工制品十分巧妙地补充了我们生物性大脑的能力，使我们能以前所未有的复杂方式倚仗这个世界。即便简单如铅笔之物也提供了一种稳定、强健、实时响应的手段，让我们能将处理过程中间环节的重要结果"加载"到记事本或草稿纸上。随着我们形成越来越复杂的观念和思想，这个回路一次次地重复。在此过程中，大脑、身体、铅笔和记事本构成了一个新的、有效的整体。

我们对这种缠结如此熟悉，以至于几乎不再注意到它。我们都知道，一位优秀的设计师必然既有天才的头脑，也能熟练使用画板和相应的应用程序。而我们在有求于他的时候，绝不会要求他在不使用应用程序、铅笔和画板的条件下工作，以证明他真正的实力！

独自生活

1993年年底，我首次从英国搬到美国，在圣路易斯华盛顿大学指导"哲学-神经科学-心理学"项目时，才意识到认知的缠结能达到怎样的深度，以及它对我们有多重要。我被安顿在森林公园绿地旁一栋可爱的褐色砂石老建筑里，卡罗琳·鲍姆教授就住我楼上，她当时是圣路易斯华盛顿大学医学院作业疗法的负责人。有一次，鲍姆教授和我聊起对圣路易斯中部阿尔茨海默病患者群体的调研，调研发现，许多重症患者都能独自在市中心贫民区生活，即便所有标准测试都表明他们根本没有照顾自己日常起居的能力。这一发现让她困惑不已。

直到鲍姆教授登门拜访一些调研对象，她的疑惑才烟消云散。这些患者将自己的家改造成了今天我们常说的"支持性环境"。屋子里满是支持性的物件和辅助工具，它们要么是由患者自己设计的，要么是他们的亲戚朋友设计的（这种情况更多）："信息中心"记录了要做些什么，以及何时去做；家人和朋友的照片上注明了姓名和关系；内门和橱柜上贴满了便签和图片；"记忆手册"中记载着新鲜事、会议安排和出行计划……患者会使用一系列"开放式存储策略"，将锅碗瓢盆和支票簿（毕竟是 1993 年）等重要物品始终放在显眼的地方。他们还会尽量简化日程安排，比如乘坐同一趟公共汽车往返同一家商店购买食品和日用品。

整体效果是，这些患者的家和周边环境接管了某些一度要由他们的生物性大脑发挥的功能。认知劳动的重新分配让他们得以在充满挑战的市中心贫民区独自生活下去。如今"对痴呆友好的环境"的作用已得到了广泛认可，许多网站和护理机构都在努力借助类似的方法改善痴呆患者的生活。[4]

不妨做一个思想实验。想象一个世界，其中的居民大都是我们所说的"痴呆患者"。在那个世界里，居民肯定也会发展出一系列适配自身生物学禀赋的技术和社会结构，就像阿尔茨海默病患者的"支持性环境"一样。也许他们会慢慢进化出一种生活方式（通过漫长的反复试错和在此过程中一些了不起的创新），其中镶嵌着各种"规范"，正如阿尔茨海默病患者的生活中满是支持性的物件、认知支撑体系和社会实践。想象一下，再回到现实，看看你自己日常生活和工作中离不开的东西，包括你的笔记本电脑、智能手机应用程序、全球定位系统设备等。这些要素协同作用，让你得以"照顾自己的日常起居"。这表明正常的健康大脑也严重依赖各种非神经性的支撑和资源。

我们依赖外部事物的程度是如此之深，以至于相当长的一段时间以来我们都是真正意义上的"天生的赛博格"（这个说法是我曾提出的）。"赛博格"部分是人，部分是机器（或者说技术）。但并不是说人机混合就非得依赖电线和植入装置。重要的是赛博格的生物性部分需要依赖一些能力，而这些能力是由其非生物性部分提供的。从这个角度来看，我们确实都是些赛博格，因为我们的许多日常能力（比如计划、推理和决策）已经要由复杂的生物性结构和非生物性结构的网络来实现了。[5] 当然，我们的大脑仍然必须具备许多能力才能很好地利用这些"外部"资源。但我相信，让我们成为我们的这一整套能力通常应归于内外部因素融合而成的整体。

对鲍姆教授调研的阿尔茨海默病患者来说，居家环境已成为有效的认知支撑体系，可以弥补他们内部认知功能的某些缺失。这些认知支撑体系是如此有效，以至于它们一旦被"拆除"（比如突然将患者从家中转移到疗养院），患者的心理健康状况就可能大幅恶化，日常起居能力也将明显下滑。通过参照旧环境搭建新环境（比如将疗养院里的房间的门涂成患者家大门的颜色），可以在一定程度上减轻环境变化的影响，但终究治标不治本。[6] 随着生活环境的重大改变，患者强烈地感觉到自己失去了一些十分重要的东西——他们的精神和情感都受到了深深的伤害，即便确实没别的选择。这些令人痛心的证据表明，自我与世界的边界模糊得叫人吃惊。在某种意义上，我们的心智和自我与我们生活的世界如此紧密地"捆绑"在一起，以至于外界的剧变有时会让我们的心智和自我随之受损。

其实，我们都经历过这种情况，只不过程度没那么严重。每次弄丢智能手机（或放错了地方），我们都会短暂地失去自己通常十分依赖的一些能力，只能在没有计时器、提醒和导航的情况下应对日常任务，并因此产生一种怅然若失的感觉，就像塔比莎·戈德斯塔布在应用程序宕机时感受到的一样。

为信息而行动

预测性大脑为心智与世界的深度捆绑提供了生物学条件。要了解其中的原理，我们可以先回顾一下实践行为与认知行为的区别。

行为充满我们的生活，我们经常根据实际目标来界定行为，比如我想在拼字游戏中获胜，或在繁忙的酒吧里为客人调制鸡尾酒。但如果仔细观察一下，我们就会发现（就像在多位数乘法中一样）我们的许多行为都以一种有趣的方式间接地服务于这些目标。它们可能有助于提高大脑可用的信息流的质量，或改变问题空间本身。这就举几个例子。

最简单的例子就是拼词游戏。老玩家都会洗牌，不是因为洗牌越勤得分越高（要是这样，我肯定是个绝顶高手），而是因为洗牌会产生许多可能的单词片段，来提示他们的生物性大脑回忆起那些分值更高的单词。比如将 XEO 洗牌成 EXO，你没准儿就会想起 EXORCISE，然后在手牌和牌架上找剩下的几个字母，好拼成这个值 76 分的"大词"！

再想想专业调酒师。在嘈杂拥挤的环境中，面对多份酒水订单，他们以惊人的技巧和准确度调制及分配饮料。怎么做到的？他们是保留了对订单的准确记忆吗？不完全是。在比较新手调酒师和老练调酒师的受控的心理学实验中，研究者发现，调酒师的专业技能涉及（大脑的）生物因素与环境因素间微妙的相互作用。老练调酒师会在客人点单时挑选出形状独特的酒杯，并依序排开。[7] 这些酒杯成了环境线索，让他们能对上订单的要求并依序调制。如果只有制式统一的酒杯可用，老练调酒师的准确度会骤降，而新手调酒师的表现虽说总体上要差得多，却不会受到酒杯制式变化的影响。

老练调酒师会塑造和利用工作环境，将记忆任务（记住下一单要调制什么）转化为感知任务 [识别不同形状的鸡尾酒杯（每种酒杯对应一种酒水）及其在队列中的位置]，大幅减轻生物性大脑的负担。通过这种方式（第 3 章展示了一些更基本的情况），对环境结构的有效利用能让我们采用相对简单的认知策略来指导复杂的、（看似）深思熟虑的行为。

在 20 世纪 90 年代后期的一项经典研究中，认知科学家戴维·基尔什和保罗·马利奥揭示了电子游戏《俄罗斯方块》的老玩家是怎样流畅地将实践行为与认知行为结合起来的。[8] 有时候，他们旋转下落中的形状各异的小块，不是为了让它落到下方某个现成的"凹槽"中，而是为了判断它应该落到哪个"凹槽"中！实践行为与认知行为的这种无缝结合表明，这些老玩家采用了单一的支配性策略，如今对预测性大脑的研究所揭示的也正是这种策略。

我们之所以选择认知行为（提升自身认知水平），并不是因为这类行为本身对我们有什么内在价值，事实上，它们未必能让我们接近实际目标，甚至可能会让我们暂时远离目标。比如，我想开车去 A 地，我可能会导航到我更熟悉的 B 地，即便这完全是南辕北辙，但由于我恰好知道从 B 地到 A 地的可靠路线，这么做就没什么问题。这样的做法有时被称为"海岸导航算法"，因为过去很多水手都会先导航到海岸，以便更好地找到自己的方向，即使沿着海岸航行的路线会更长。[9] 在这种情况下，行为的认知成分和实践成分之间的区别十分明显。但在许多其他情况下（比如在调制鸡尾酒的过程中选择某种酒杯），认知性的和非认知性的元素间的区别可能变得模糊，甚至完全消失。接下来，我们就从预测性大脑的角度来合理化这种区别的模糊性，因为预测性大脑只想在追求长期目标的过程中实现误差的最小化。

实践行为与认知行为的统一

以图 6-1 所示的红毛猩猩梅戈为例。[10] 梅戈学会了在过河前用棍子试探水深。红毛猩猩因善于使用工具而闻名，以至于红毛猩猩土地信托公司的执行董事米歇尔·德西莱茨经常引用这样一句话："同样一把螺丝刀，黑猩猩会把它玩坏，大猩猩会将它丢开，但红毛猩猩会用它打开笼子逃跑。"[11]

图 6-1　红毛猩猩梅戈的行动可改善其"信息状态"
资料来源：BOSF | Purnomo。

用好螺丝刀属于实践行为，用棍子试探水深则属于认知行为。但不论是红毛猩猩还是它们的大脑，都无须标记这两种行动策略的差异，因为二者都源自最小化同一个量——预期的未来预测误差——的努力。

虽然预期的未来预测误差在文献中很常见，但我们还是会觉得它有些不自然：对误差的预期有什么用呢？不过，它的意思其实只是我们有能力展望未来，对比采取不同行动可能导致的结果，选择会产生最小的误差（预期的未来误差）的操作。在大多数情况下，我们甚至没意识到自己在这样做。当你上网搜索一部电影的上映时间时，你可能并未意识到自己正试图提高未来的确定性，采取行动，尽量消除可能的误差，但这正是你在做的。同样，梅戈在过河前用棍子试探水深，也是在试图降低重要的不确定性（以避免未来的误差）。

在这些情况下，实践行为和认知行为的决定机制是完全相同的，因为预测性大脑会做出反事实的预测，即"采取特定行动，未来可能产生什么结果"，而后，要么选择能直接产生首选结果的行动（可能的话），[12] 要么对环境展开进一步的探索和采样，以搜集更多的信息，降低关键的不确定性，并使期望的结果在未来更有可能实现。换言之，实践行为和认知行为来自同一个深层根源，服务于共同的目标。红毛猩猩和人类的主要区别在于二者拥有的"世界知识"在深度和一般性质方面有所不同，比如人类可能会创建一个潮汐时间表，让自己提前几个月就能为过河做好规划。

任何预测处理的主体都会发现，为实现未来目标而最小化误差既可借助认知行为，又可借助实践行为，并会设法将二者结合起来。在所有类似情况下，大脑要做的就是选择最有利于消除（相对于目标的）未来预测误差的行为，正如我们在第3章所见，这些目标本身其实就是足够强的（精度足够高的）预测，描述了主体期望的未来状态。只要一个系统能计算预期的未来误差，它就能自动制定一套方案，作为实践行为与认知行为的结合，该方案将最有可能实现系统期望的未来状态。以此，预测性大脑借助实践行为与认知行为，在恰当的时机调用诸如铅笔、纸张、应用程序、智能手机和笔记本等重要资源，编织出一张张延展的解决问题的网络。

旨在最小化预测误差的系统解决此类问题的能力得到了一系列研究的证实。在一项模拟研究中，人们发现智能体有能力结合实践行为和认知行为，在迷宫中找到奖励刺激。每一轮测试中，智能体（一只"虚拟老鼠"）都会从虚拟三岔道迷宫（T形）的中点出发，迷宫中有"食物"奖励（"老鼠"偏好的状态），位于迷宫双岔道中某一条的尽头（T顶端的左右部分）。[13] 在T的最下端有线索，能告诉"老鼠"奖励位于哪一条岔道。结果，"老鼠"并没有直接探索两条岔道，而是学会了沿远离奖励刺激的方向（暂时）移动到迷宫最下端，那里没有奖励，但总是包含有用的信息。[14] 智能体就像在使用某种"海岸导航算法"一样，其远离（已知）奖励的可能位置，是为了从另一地点出发，循（线索提示的）可靠路径直奔主题。

通过首先到达提示位置，"老鼠"获得了信息，以规划通向"食物"的最高效的路径，这一策略在现实中将有助于生物管理对其维持生命至关重要的身体预算。这提醒我们，认知行为和实践行为间的权衡在生命史的早期就出现了，尽管随着我们的知识范围和深度的增加，以及有用的技术的开发与应用，这种权衡已变得更加引人注目。如今，我们可以用搜索引擎寻找一家餐厅，以获取我们期望的奖励（比如美味的鱼生料理），即便这些奖励与我们的生存的联系已不那么密切，我们权衡实践行为和认知行为的基本逻辑依然不变。

循环的过程

想象一下，你想为你的家设计新厨房。根据预测处理理论，要做到这一点，你先要有一个对好的结果的期望（"乐观预测"）。而后，你的任务（或其中之一）就是借助认知行为消除关键的不确定性，比如决定将炊具、洗碗机和冰箱布置在哪里。这通常最好通过将想象等心理活动与查看产品目录、测量空间尺寸、绘制草图和重新测量等物理活动相结合来实现。在现代技术的加持下，你也能借助应用程序领略不同的厨房布局。这类应用程序增强了我们的想象力，武装了我们生物性的"心智之眼"，让我们能发现原本可能忽视的机会与问题。

一间厨房的设计涉及认知行为与实践行为的复杂结合。在此过程中，时机和顺序也很重要。另一个例子——快节奏的运动——也许最能说明这一点。通过拥有一个好的预测模型，玩家能对那些目前尚无事发生，但（他们预测）很快就将出现关键信息之处具有某种"前瞻性"。比如在足球比赛中，球员常会看向自己预测传球即将发生之处。控制这些（以认知为动机的）头部运动和眼动的必然是预测，而非此时此地的感知，因为在球员关注的地方尚无任何他们感兴趣的事件发生。如果要在竞技体育中获胜，这些寻求信息的尝试就必须在恰到好处的时刻发起。

预测的水准通常随专业技能的提高而提高。比如新手司机和老司机相比，对前方路况的预测能力就不那么强（即便能够预测，也经常看不了那么远）。但他们确实要更善于发现高度不可预测的新事件，因为他们的视觉扫描路径不太受根深蒂固的关于重要事件最有可能在何时何地发生的强烈期望的约束。[15] 相比之下，老司机的丰富经验让他们很清楚应该在何时看向何处，这样做通常很有效，因此他们在大多数时间里的驾驶表现要远胜新手司机。但当真正不同寻常的事件发生时，比如一个骑自行车的人突然从错误的方向进入环形交叉路口，老司机的"专家预测系统"反而会让他们无法扫描整个场景，以至于不能很好地应对。

在使用纸、笔和应用程序等认知辅助工具时，时机也很重要。我在边思考边写东西、掰手指计数或用应用程序设计时，所有要素（神经活动、身体动作和外部媒介的反应）都交织在一起，每个要素似乎都在恰到好处的时刻相互触发。但是，如果这时候加上一些意想不到的时间延迟（有时确实会发生这种情况，比如你的网络连接出了点儿问题），你就会立马失去"通过键盘思考"的能力。这是因为在使用特定的工具和技术时，大脑会预测特定的速度和延迟，这些预测会在恰当时机启动认知行为，以满足我们的需求。这就是将内外部操作像这样互相交织，融合为一个流畅的、延展的问题解决系统的原理。若一切顺利，不同的过程几乎无缝衔接，整个系统得以循环运行，以至于我们会开始觉得自己真在借助一个延展的例程（包括在草稿纸上涂鸦、素描或使用应用程序）进行思考。

诺贝尔物理学奖得主、理论物理学家理查德·费曼在与历史学家查尔斯·威纳的一场著名的对话中完美地捕捉到了这种无缝融合的感觉。[16] 威纳当时指出，费曼特定批次的笔记和草图很好地记录了他日常的思考。对此，费曼给出了惯常的尖锐回应：

"其实，我的思考就是在纸上完成的。"费曼回答。

"不如说是你在大脑里完成的，只不过记录在了纸上？"威纳说。

"不，它们不是记录，真的不是。它们就是我的思考。我只能在纸上思考，就像这张纸。明白吗？"

费曼本能地认识到，他的教学思想不仅仅从大脑的活动中涌现，还来自整个具身的循环，也就是我们常说的"边写边想"。"写"的意义非常重大，它不仅仅是留下记录，更是真正意义上的思考过程的一部分。我写本书的过程也可以像这样去理解：这并不是说先在脑海里遣词造句，再将它们诉诸笔端，相反，我的大脑自始至终都在致力于促成与各种外部资源的一系列反复互动。在"遇见"这些资源（以前的笔记、重要的文献、网页和线上讨论）时，我的大脑会做出零碎的反应，偶尔会有些新的想法，进而产生更多的笔记和草稿。随着大脑不断"遇见"新的资源，"边写边想"的（延展的）过程不断循环，思想也得以不断精炼并转化为文本。可见我们许多主要的认知成就不应只归功于生物性大脑，它们在很大程度上依赖环境的赋能，依赖我们在环境中的感知与行动。

芯片与主机

尽管如此，并非每一个延展的解决问题的过程都应该被视为个人心智核心机制的延展。有时候工具只是工具，应用只是应用。到目前为止，在我们考虑的许多实例中，思考（认知）主体和支持性环境之间的区别依然十分明显。但现实世界有一些部分始终伴随在我们左右，而且它们的功能是如此可靠，以至于生物性大脑可以将它们提供的能力视为一个既成事实。在这种情况下，大脑会"默认"技术所增强的那部分能力，就像它会将我们的基本身体能力视为理所当然的那样（回顾第3章）。

举个"家常"的例子：我们从小就知道自己有10根手指，而且它们不出意外一直都在，因此能用于计数。于是乎，大脑可能会发展出一种仅仅依赖手指的计数策略，作为一种问题解决方案，假如没有包括手指在内的行动环路，这种计数策略就是不完整的。现在某些移动设备也有类似的作用：它们通常都是可用的，从来如此。因此，我们的大脑从小就知道将它们几乎不间断提供的一系列功能纳入日常考量。

接下来，想象你大脑的某个部位出了故障，医生往你的颅内植入了一块硅基芯片，以代替那个部位。如果这块芯片能以正确的方式与大脑其他部位交换信号，我们大多数人都会承认它已经接管了缺失的功能，能像它代替的部位受损前那样工作。因此，该芯片现在是你大脑物质基础的一部分。如果一些问题的解决有赖于特定脑区具备的功能，在这些脑区受损后，只要有其他设备（如芯片）接管相应的功能，你就依然能解决这些问题。

现在我们将这个思想实验稍微改动一下：芯片不再是植入式的，而是存放在外部，但能与你大脑的其他部位保持持续的无线互联。你的能力肯定也能得到类似的恢复，既然如此，该外部芯片的功能是否依然算作你的心智机制的一部分？如果我们承认这一点，就会为一种对心智的激进见解敞开大门，即心智包含一些大脑以外的机制，即便这些机制并未附着在身体之上或植入身体之中。

我们可以通过一个类比来深入研究这个问题——一个始于身体内部的类比，它有助于我们理解一些更激进的结论。

肠子会思考

想想那些已然存在于我们大脑外部的神经元集群，比如肠道神经元。超过 5 亿个肠道神经元藏在你我的肠壁内，向脊髓和大脑传递重要的信息。[17] 该通路有助于调节血清素和其他神经调质。作为大脑外部最大的神经元集群，这个"肠脑"是神经系统不可或缺的组成部分，它显然在一定程度上让你成为"你"，影响了你的所思所感。可见心智并非完全取决于我们"大脑的工作"。

这还没完。我们的肠道中生活着巨量的细菌，它们大都是有益的，共同构成了我们的肠道微生物组。不同于你的肠道神经元，这些肠道细菌在基因上不能说是"你"。但它们也做出了重要的贡献，并已被证明会影响学习、记忆、情绪和基本的身体调节。考虑到身体信息对构建心智的深刻作用（回顾第 4 章），这种联系并不令人惊奇。举个例子，肠道菌群制造了人体高达 95% 的血清素，后者是精度加权过程涉及的一类神经递质，会对情绪产生很大的影响。[18]

特殊的人工培育程序能在一定程度上左右动物的行为特征。在一项引人注目的实验中，人们挑选了一些被培育得特别谨小慎微的老鼠，给它们注射了一定剂量的抗生素，这种抗生素会从根本上改变它们肠道菌群的构成。在菌落结构发生改变后，这些老鼠变得鲁莽起来，它们更愿意冒险，一种有助于学习的神经化学物质水平也有所提高。而一旦停用抗生素，老鼠又恢复了以往胆小谨慎的样子。为求严谨，该研究团队用两组老鼠做了对照，一组老鼠被培育得特别谨慎，另一组则更具有攻击性。抗生素几乎让两组老鼠的行为特征实现了互换。这表明老鼠的行为特征虽然看似由基因决定，但其实也十分依赖于肠道菌群。[19]

对小猴的研究进一步证明了这些复杂的联系。在这些实验中，研究者发现，若母猴在孕期受过高分贝噪声的惊吓，其肠道内特定种类的细菌的水平就会降低，这些细菌与平静、无焦虑的情绪相关。压力改变了母猴肠道微生物组，又以完全非遗传的方式从母猴传递给小猴，构成了一个相互反馈的过程：母猴体验的压力影响了其肠道微生物组，后者的变化又提高了小猴的焦虑水平。[20] 这个例子清晰地表明,成功的生物体绝不仅仅是遗传谱系的简单实例,它们是协作的生态,是各种贡献因素的复杂缠结。

正如科学哲学家约翰·杜普雷和微生物学哲学家莫琳·奥马利所言,生命总是关乎深度的合作。[21]

延展的感知

我们再回到之前设想的无线芯片,现在它不仅能恢复大脑特定区域的功能,还能改变大脑的运行模式,这样它就不再只是受损神经回路的"外接件",而是能像肠道微生物组那样提供全新的功能。也许它会不断追踪几只股票的走势,每当有关键指标提示股价异常波动,或预测到重大政治事件或自然灾害(假设它也关注时事新闻),就会发出警报。警报的形式可能是突然的轻微的电击或刺痛。一旦你收到警报,如果需要更多细节,它也可以提供,比如借助某种类似于增强现实的复杂的视觉信号叠加。

我们也可以提高这块芯片的智能水平。假设现在该设备逐渐学会根据最近的市场趋势改变其灵敏度和关键指标,甚至会(借助某种可穿戴界面)将你的身体背景状态纳入考量,从而在它判断你正经受压力或疲惫不堪时避免不必要的交流。随着时间的推移,你的大脑将学会在很大程度上依赖这块芯片的信号指示来捕捉令人兴奋的交易时机并采取行动。

你现在拥有了一个全新的大脑—身体回路——我们这些漫画迷也许会说你获得了一种"蜘蛛感应"。正如夜视镜让我们能在黑暗中看清东西一样，这块"股市芯片"让你能感知市场的波动和机遇。而且随着时间的推移，它会变得像你的肠道神经元一样不可或缺（权且这样假设）。事实上，只要它足够好用，你的大脑最终会像依赖你的感官一样依赖它，对它提供的信号也会像对感觉信号一样流畅且自动地予以处理。到这一步，芯片就成了我所说的"编入的资源"，这是一种被高度信赖的非生物性结构，与系统（我们所说的"你"）的其他部分保持着精妙且持续的耦合。

这种深度编入技术的一些早期版本已然问世。North Sense（方向感）就是一个简单的例子：这是一款佩戴在胸前的小型硅基设备，当用户转向磁北时，它就会被触发，短暂地振动。这种持续不断的定向信息会被迅速纳入佩戴者的认知生态，让佩戴者很快就期望能时刻了解自己相对于一些遥远但重要的地点（比如寓所或孩子的校门）的方位。[22] North Sense 也会以同样的方式与我们的情须反应回路耦合，直到所有功能都被预测性大脑视为理所当然，以至于一旦设备被移除或发生故障，用户就会体验到不同程度的焦虑和痛苦。

我们的许多日常设备，尤其是智能手机和其他可穿戴设备，已经开始充当编入的资源。它们的恒定功能已经深入我们的大脑对什么样的操作可以执行以及何时执行的持续评估。一旦这些设备也开始监测用户的生理状态，一系列强大的、全新的大脑—身体—世界回路就会被创造出来，这一切在不久的将来必将随着技术的不断进步而成为现实，并被提升到一个全新的水平。

我在先前的研究工作中，[23] 以及在谷歌（英国）公司担任临时学术顾问时，都发现自己在想象一个未来，在这个未来中，人类从小就被一层又一层的智能个人设备和家用设备包围。"边缘计算"的普及将加速这一进程。边缘计算指的是信息存储和转换发生在更接近数据源的地方。这将使许多问题能够（使用传感器和用户在现实环境中实时移动生成的数据）在端侧得到解决，而无须将数据上传到远程云服务器再返回。

在这样的未来，我们人类的生命全程都将在一系列支持性技术的环抱下发展，这些技术包括私人 AI——有的被完全植入端侧，有的被编入你我的穿戴，还有些不那么私人化的会渗入家庭、道路、交通工具和办公场所等宽泛意义上的环境。在你很小的时候，你的个性化 AI 就会上线。它们会从你的选择中学习，并反过来指导你的选择。它们还能帮助你完成一些"元任务"，指明并引导你调用（个人生态系统外部的）其他资源来帮助你实现目标。在这样复杂的环境中生活、工作和娱乐的我们将继续界定人何以为人，并将继续模糊自我与非我、心智与工具、个人与世界间那已然模糊的界限。①

---

① 这些对未来的想象和对日益深化的人机共生的展望只是我自己的想法和推测，而不是谷歌公司的计划或政策。

延展的心智

哲学家杰瑞·福多曾写道："如果心智在空间中的某处发生，该处一定位于脖子以北。"[24] 福多坚决反对这样一种观点，即个人心智的基本机制可能包括身体其他部位（"头部以南"的部位）的某些过程，至于说它可能包括外部世界的某些过程就更是荒谬透顶了。

与之相反，我和大卫·查默斯在一篇发表于 20 世纪 90 年代初的简短论文中率先提出了一种堪称异端的见解。当时我正在圣路易斯华盛顿大学指导 PNP 项目，我作为项目负责人的第一个任务就是说服大卫·查默斯以博士后研究员的身份加入项目组——对像他这样的学术新星来说，这份差事着实繁重。如今，他因在意识和我们应该如何看待虚拟现实和增强现实方面的研究而闻名。[25] 但我们合写的那篇简短论文已成了某种"现代经典"，一直是当代心灵哲学领域被引用最多的论文之一。[26]

这篇论文的题目是《延展的心智》，我们在文中指出，个人心智的机制并不一定局限于个人大脑和中枢神经系统的机制，甚至不必局限于个人更普遍意义上的身体。相反，构成心智的回路可以延展开来，分布于大脑、身体以及物质和技术世界的各个方面。我们相信，在特定条件下，可以将一些涉及寻常过程（比如使用计算器或智能手机，甚至只是翻看笔记本上的记录）的外向回路视为心智机制适当的组成部分。也就是说，你的心智并不总在你的大脑之中。

我们的核心主张其实很简单，而且在前面的讨论中阐述得很清楚。生物性大脑的一大功能是创造和维系感知—行动回路，让我们得以存活并接近自己的目标。为此，我们既需要使用"自身搭载"的记忆来存储信息，也需要（在有必要时）主动寻求额外信息。在寻求的过程中，至于优质信息是已经存储在记忆中，还是需要我们借助具身的行动将各种工具和技术纳入回路，其实无关紧要。重要的是在恰当的时刻有合适的信息可用。我们的激进见解是，如果某人大脑的活动和一些非生物性资源的功能之间联系得足够紧密，我们就应该认为他的心智是延展的——作为一个新的问题解决架构，由分布在大脑、身体和外界的一系列资源构建而成。

为此，我们提出了一个通用原则，即对等原则。最好将它理解为一种启发式的、粗糙而现成的工具，用于识别认知延展的可能的实例。对等原则是这样的：

当我们面对特定任务时，假设世界的某个部分作为一个过程发挥了作用，而如果这个过程在大脑中进行，我们会毫不犹豫地承认它是认知过程的一部分，那么世界的这个部分（当时）就是我们认知过程的一部分。

我们的想法其实就是邀请读者对各种可能的认知延展自行做出判断，不受位置（它位于大脑中吗？）和人类生物学（它是由所谓的湿件制成的吗？）的干扰。为此，一个很好的办法是问问你自己，关于某个可能的认知延展，如果你发现相应的功能在某个外星生物的大脑

第 6 章 突破原生大脑局限 189

中运作，你是否倾向于将其视为该外星生物心智机制的一部分？如果你说是，那么怀疑论者就有责任告诉我们，同样的过程如果在大脑外部发挥作用，为什么就不该被视为"延展的"心智的一部分。

把这个推理应用到前面谈到的反应灵敏的股市芯片上，你可能会得出这样的结论：如果发现这项功能是在某外星生物大脑内部以某种方式发展起来的，那它无疑应该被视为该外星生物心智机制的一部分。如果你对该芯片的非植入版本（它会在大脑外部发挥作用）有什么不同的看法，这就只能反映出某种缺乏原则的"神经沙文主义"偏见了。B级片中科学家手中的计算器和滑尺似乎也是如此。尽管它们要经由通常的感觉通道，依赖完整的感知—行动回路与大脑"交流"，但我们不认为这种差异有什么大不了的：每一种情况下，整合性的功能都得到了流畅的实现。因此感知—行动回路能让正常的人类心智升级为延展的心智，后者能够包含一些非生物性的部分。

如果我们是对的，那么福多就是错的。心智不仅仅是"大脑的工作"，更是大脑的创造——横跨大脑、身体和世界的分布式认知引擎。

奥拓要去纽约现代艺术博物馆[27]

我与大卫·查默斯在论文中设想了一位轻度记忆障碍者奥拓。随着记忆力的下降，奥拓越发依赖他随身携带的笔记本。他用笔记本记录地址，以及关于家人、朋友、更宽泛的环境和重要日程的事实等，这样笔记本发挥的作用就与他的记忆类似了。一天，奥拓想去参观纽约现代艺术博物馆，于是翻了翻那可靠的笔记本，发现它位于第53街。

我们又设想了一个角色因加，她"自身搭载"的记忆运作良好。因加也想参观纽约现代艺术博物馆，但她能直接回忆起它位于第53街。我们通常会说，因加早在从记忆中提取纽约现代艺术博物馆的地址前就已经知道它在哪儿了。但是奥拓呢？他检索到的"纽约现代艺术博物馆位于第53街"这一事实并没有存储在他的大脑中，而是记录在他的笔记本上。但只要有需要，他就能轻易获取这些信息以指导行为。因此根据对等原则，我们认为，即使在查阅笔记本前，奥拓也算是知道纽约现代艺术博物馆在第53街。奥拓的笔记本是他延展的记忆的一部分，扮演着与因加的生物性记忆非常相似的角色。

对奥拓和因加行为的另一种理解（借鉴先前围绕认知行为和预测性大脑的讨论）是：他们都在搜寻信息。只不过因加只探索了自身搭载的记忆，而奥拓则探索了笔记本等外部信息来源。但二者有深层次的共同点：它们都是有助于减少预期的未来预测误差的方法，从而使我们更接近目标。

有观点认为，奥拓查询笔记本或我们使用智能手机的过程涉及感知—行动回路，标志着一个关键的区别：奥拓必须感知笔记本并根据笔记本采取行动才能发现必要的信息，而因加无须借助感知—行动回路即可提取这些信息。因加的认知行为（从记忆中提取）完全是内部的，奥拓的则不是。所以，也许心智的边界是感知和行动，而非皮肤和颅骨？我和大卫·查默斯并不认同这一点。我们目前的观点是，感知和行动未必构成"心智"的硬性边界，这正是延展心智理论的真正核心。[28]

《延展的心智》于20世纪90年代初发表时，移动计算技术还不像今天这样发达。如今，一部智能手机就能成为我们的论点的最好例证。正如大卫·查默斯指出的，几乎已经没有人再去背电话号码了：智能手机的通讯录发挥了与我们的记忆相同的作用。根据延展心智理论，我们的智能手机——至少在某些方面——已成了我们心智的一部分。

值得注意的是，一类人工神经网络系统（称为可微分神经计算机，简称DNC）也已面世，[29] 其同样依赖某种形式的"延展的内存（记忆）"。DNC是一种人工神经网络，其自身内部处理能力与稳定但可修改的外部数据存储（比如伦敦地铁线路图）耦合。借助这种耦合，这种"延展计算"系统能就各种复杂的问题空间进行推理——比如在伦敦地铁网络中规划路线。这些系统以简洁却发人深省的方式证明，对稳定而丰富的外部信息存储的采集可被视为延展计算过程的一部分。

一些争论

你可能还有些顾虑，因为因加的记忆和奥拓的"记忆"在机制上存在显著差异。但不同物种的记忆在机制上也存在差异。觅食蜜蜂的记忆与人类的记忆似乎就不大相同。蜜蜂的大脑与哺乳动物的大脑有着不同的基本结构,但这并不意味着蜜蜂没法记忆。侦察蜂能记住花蜜的位置,并找到返回蜂巢的高效路线。尽管脑容量很小,它们依然能利用记忆来规划自己的活动,在有新信息可用时也能灵活地加以适应。[30]

对我们设计的小小思想实验的另一种常见的回应是:奥拓的笔记本不能被视为他的心智的一部分,因为它位于奥拓的脑壳外头,或者说它不是生物性的。但这种想法依然没有脱离"皮肤和颅骨"的生物沙文主义之框。我特别欣赏的哲学家苏珊·赫尔利就曾一针见血地指出,没有理由认为皮肤和颅骨像一种神奇的薄膜,构成了心智机制的"特权边界"。[31]

还有一种常见的反对意见是,奥拓在查阅笔记本前所知道的并非纽约现代艺术博物馆的确切地址,而是"正确的信息存储在笔记本中"这一事实。相比之下,甚至可以说因加在访问记忆前就已对纽约现代艺术博物馆位于第53街拥有完全的信念。对此,我们可以再一次援引对等原则。如果你坚持认为奥拓在查阅笔记本前只相信地址记录在笔记本上,那么你也应该说因加在提取关于纽约现代艺术博物馆地址的记忆前只相信相关信息存储在自己的生物性记忆中。[32]当然,关于因加,我们通常不会这么说。但是我们相信,关于奥拓,我们也不应该这么说。奥拓查阅笔记本的行为已是习惯系统的一部分,他是如此仰仗这个系统,甚至无须有意识地思考:"嗯,我现在要查看一下笔记本，找找纽约现代艺术博物馆的地址。"奥拓对笔记本的"访问"是如此不假思索、自动自发，就和因加对她的生物性记忆的访问一样。

也许在你看来，笔记本算不上奥拓心智机制的一部分，因为它对奥拓谈不上"不可或缺"：即便奥拓不小心把笔记本搞丢了，他依然是奥拓。但这种推理也是错误的。我的视觉能力目前是我的一部分，是构成我作为（如我所是的）认知主体的要素。但即便不幸失去了视力，我依然可以继续活下去，而且依然是我自己。说到底，生物性记忆很脆弱，奥拓就是一个例子。没准儿因加某一天午餐时喝多了，也会暂时忘了纽约现代艺术博物馆的地址。再次强调，我们要比较不同的个例，就要保持大致对等。

塔比莎·戈德斯塔布的情况也是如此。如果无法使用 Grammarly 和 SwiftKey 等应用程序，她在读写方面的表现就会大受影响。但同样，你也可以让我服用安眠药，或（正如一些研究人员所做的那样）对我的大脑施加磁脉冲，从而损害我基于大脑的表现。[33]更不用说中风也会损害我的能力。在这些情况下，我们都不认为某物的缺失是否会损害我的具体表现决定了它能否算作我"真正的心智机制"的一部分。

随着针对生物性认知障碍的各种认知辅助技术的普及，认识到这一点将变得越发重要。[34]这也意味着对深度编入的认知辅助技术的有意破坏应视同对大脑的有意损害。回顾一下戈德斯塔布的说法，当应用程序出了问题，她就会感到"如堕五里雾中"。

解决资源调用难题

延展心智的理念最初没有对大脑发挥的作用进行可靠的解释。因此，它留下了一个悬而未决的问题，即内部活动与外部行动如何在恰当的时间正确地组合。不知怎么地，精明的生物性大脑都能以某种方式当场调动、激活或利用任何资源组合以解决问题，付出最小的努力，获取可接受的结果。但它究竟是怎样做到的？[35]

对这个涉及资源调用的难题，我们已经有了初步的答案。我相信，正是预测性大脑支持的循环与耦合造就了延展的心智。[36] 如前所述，预测性大脑不断地评估采取特定行动（比如用棍子试探水深）将在多大程度上可靠地降低不确定性，从而帮助我们接近目标。这种评估能力的背后是一个强大的反事实预测模型，这个前瞻性的模型能告诉我们假如采取不同的行动，我们应该期望体验什么。这使我们能够选择一系列行动，以稳步接近自己的目标。

认知行为作为这个过程的一部分自然而然地出现。这是因为我们可以选择此时此地的行动来搜集信息，提高未来取得成功的可能性。对奥拓来说，这意味着选择查阅笔记本的行动（奥拓想去纽约现代艺术博物馆，他的大脑也"乐观地"预测自己很快就将找到它的地址信息）。而对因加来说，这意味着从（自身搭载的）记忆中提取纽约现代艺术博物馆的地址信息。请注意，他们的动机完全一致，行动的性质也完全相同。不论是查阅笔记本还是访问记忆都属于认知行为（只不过前者是外部的，而后者是内部的），因为预测性大脑正试图最小化未来预测误差。

在这种情况下，预测性大脑参与了某种"知识预算"的编制。"知识预算"类似于第4章谈到的"身体预算"，涉及策略和行动的选择，这些策略和行动将（在恰当的时机）稳步地提供所需知识与信息，帮助我们实现长期目标。大体而言，这正是预测性大脑解决"资源调用难题"的方法。预测性大脑会评估哪些行动和策略最有助于消除关键的不确定性，从而缩短我们的"乐观预测"（比如安全抵达纽约现代艺术博物馆）与当前状态间的距离。同样，预测自己将准时到达机场的旅客将选择一系列认知行为，如查询有关时间和交通的必要信息。在每一种情况下，预测性大脑在制定行动策略时都会将可靠的内外部操作和资源是否可用纳入考量，以最大限度地消除追求这些目标时的误差。

至于红毛猩猩梅戈，我们并不指望它能充分利用信息来将关于全球市场走势、抵达机场的时间甚至纽约现代艺术博物馆确切地址的不确定性降到最低。但梅戈确实会用一根棍子来试探水深。可见梅戈与我们最重要的区别与其说是认知的基本策略，不如说是（对世界的）认知的深度与性质。人类对世界的认知能跨越较长的时间尺度，涵盖（直观地说）更加"抽象"的状态。有了这些模型或认知，我们就能发现并执行有持续性的复杂的认知行为序列。[37]

但无论是梅戈在过河，一个人在设计新厨房，还是一群人在想象大型强子对撞机，最终的驱动力都是一样的。设法消除关键的不确定性是一种生物学意义上的迫切需要，正是它让我们不断接近自己的目标。在此过程中，一些外部事物和资源提供的可能性有时会得到我们的高度信赖，因此被自动部署并深度编入我们的日常生活，最终成为真正的认知延展。

大型强子对撞机不太可能成为某个个体心智机制的一部分。奥拓的笔记本和我随身携带的智能手机则不同，它们应该被视为真正的认知延展。至于介于二者之间的大量资源（比如我那时不时就会出故障的车载导航系统），我们既不太信赖，又不太倚仗，因此它们与我们日常生活的联系会更为松散。

再谈心与脑

你可能会担心，我们确认了大脑在恰当的时间选择和组合合适的资源方面的重要作用，这不正好说明大脑是那些"真正重要的"活动的发生地（这与延展心智的精神背道而驰）吗？如果大脑的确是认知资源的主要调用者，这难道不意味着它同样是心智与认知的场所？

答案是否定的。大脑的伟大之处在于能在恰当的时间编入合适的资源以解决问题，但这并不意味着新编入的资源是次要或可有可无的。事实上，在许多情况下，单凭大脑本身根本无法执行正确的操作。因此，承认大脑在识别和利用更广泛的资源网络的过程中发挥了主要作用，并不意味着将后续问题解决的所有功劳都归于大脑。这就好比一位精明的领导者招募了一支精干的顾问团队。此举固然值得称赞，但我们不应将随后出台的一系列行之有效的政策愿景全部归功于这位领导者一人。

因此，对这种担忧的正确回应是，我们要严格区分资源调用的过程（在恰当的时间选择合适的资源）和解决问题的过程，因为解决问题的过程依赖所调用的一系列资源。生物性大脑调用的大量资源与大脑本身一同构成了一台问题解决"机器"。这与领导者和自己精心挑选的顾问团队密切合作的情况没什么不同。但领导者及其顾问团队由多个不同的心智构成。大脑与其调用的资源一同解决问题的情况更类似于使用一种工具（大脑）来制造另一种工具（更大的系统），或类似于用启动程序来启动计算机：我们用一组与大脑绑定的认知过程（对资源的调用）来"装配"另一组认知过程——一个更大的问题解决系统，涉及生物性资源和非生物性资源的有效组合。一旦"装配"成功，问题就将由这个更大的系统来解决。比如建筑师会查看应用程序、绘制草图、从自身搭载的记忆中提取信息……这一系列过程的复杂协同让手头的难题得以顺利解决（不出问题的话）。

最后，值得注意的是，要支持延展心智的理念，就需要避免将资源的调用过程理解为一个刻意为之的、深思熟虑的过程。这一点也和领导者招募顾问团队的例子不同。相反，我的高层次目标更像是催化剂，它将引发一系列（认知）行为，获取外部的辅助性认知资源，以最小化未来预测误差。这样一来，合适的外部资源就被"编入"了（就真正的认知延展而言）——该过程无须深思熟虑，而是"自然而然地发生"的。奥拓之所以查阅笔记本，是因为他想去参观纽约现代艺术博物馆的高层次目标启动了级联处理，后者调用了一系列内外部操作的组合（翻开笔记本，读取纽约现代艺术博物馆的地址），无须刻意规划与反思。对延展的心智而言，外部认知行为的选择和实施应该像内部认知行为一样毫不费力、流畅自然。

•

我已指出，心智的延展之所以成为可能，是因为预测性大脑天然善于借助对信息的搜集（认知行为）来帮助实现我们的目标。在排除合理怀疑的情况下，关于延展心智是不是对人类心智的最好理解，我已不再指望哪怕是最出色的科学研究能回答这个问题。然而，进展还是有的。我们已对预测处理的核心原则有了更好的理解，这些原则使预测性大脑能够利用任何可用的资源选择获取有用信息的行为。这正好说明了我们构建的世界有时的确能接管、转换和增强曾一度由我们的大脑执行的功能。

我依然相信，随着大脑、身体和外部资源的交织越发紧密，认为心智被完整地包裹在皮肤和颅骨之中的想法将越发不合时宜。但这种想法至少在一定程度上是一种伦理选择。正如塔比莎·戈德斯塔布的例子所表明的，将个人心智局限于生物性大脑的信息处理能力，无异于将一位装了假肢的运动员的专业技能局限于他的生物性身体的运动能力；说得好听一点儿，"你就是你的大脑"这种激进的内在主义观点完全是倒行逆施，对我们理解心智毫无助益。然而，即便对我来说，另一种选择（延展心智）也多少有些"不自然"，许多人也依然没有接受。[38]

关于预测处理的新视角应该有助于我们以不同的方式看待这场争论。大脑是预测机器，能像在实践行为中激活一系列内部回路那样毫不费力地调用外部资源（出于相同的原因）。随着预测处理过程的展开，人类的经验和思维一方面由神经元活动以及大脑与身体的密集互动网络从内部进行协调，另一方面则由我们生活和活动于其中的高度结构化的社会与技术世界从外部加以引导。这构建了一个循环因果网络，在这个网络中，心智始终与身体和外部世界相互渗透（至少可以这么说）。

第 7 章

"黑进"预测机器

我们已经看到大脑中的预测引擎如何帮助我们成为"什么"或"谁",但它们并不是故事的全部,事实上,它们的主要作用是让我们能够以各种形式适应复杂的物质世界和社会,在其中生活与工作。但人类的体验是由预测流塑造的,因此我们在(醒着的)每一刻不仅要接收来自外部世界的信息,还要对这些信息做出预测。主观体验只会在这两股力量碰撞时产生。这不仅为治疗和临床干预打开了新的大门,还提供了控制我们的主观体验,即"黑进"自己的预测心智的方法。

我们将在本章考察这个新兴领域。许多熟悉的技巧现在可以从新的角度来看待,这些技巧包括审慎地使用自我导向的语言(比如自我肯定)、运用"谈话疗法",以及重视典礼和仪式的力量。我们还将聊到其他技巧,包括在专业人士的指导下使用安慰剂和致幻剂。从长远来看,虚拟现实技术也可能成为一种有效缓解疼痛的强大手段。

对症状缓解的期望

鉴于体验总是由我们自己的期望塑造的，我们有机会通过改变一些期望以及对它们的信心来改善我们的生活。正如我们一次又一次看到的那样，只有足够自信的预测（即便它们隐藏在意识水平之下）才能真正控制人类的主观体验的形态。

信心可以有各种来源，其中一些涉及文化背景和心理习惯。比如说，虽然我完全清楚穿戴是否整洁和医术是否高明之间没有什么因果关系，但我的大脑（根据过往经验和媒体的报道）还是会对干净挺括的"白大褂"充满信心，以至于更相信医生开具的处方能缓解我的症状。这表明仪表和姿态——都是仪式性的——能有效使大脑对治疗产生信心，而我们已经知道信心对确保某些治疗的疗效十分重要，尤其是（但不限于）那些旨在缓解疼痛、焦虑或减轻疲劳的治疗。

大量对照实验（第2章对其中一些进行了更详细的说明）已经证明，自以为服用了药片或接受了手术的受试者对疼痛即将缓解的自信预期本身通常就足以带来切实且显著的缓解效果。这种干预对恶心、焦虑、免疫性疾病、激素分泌异常、呼吸系统疾病，以及偏头痛、下背痛和季节性过敏也有类似的效果。[1] 在非临床实践中，当运动员戴上呼吸机，吸入所谓的纯氧后，他们在比赛中的表现会变得更好，而事实上他们吸入的只是普通空气。[2] 这种伎俩对跑步运动员也奏效：实验者让他们接受注射，声称注射的（违禁）药物能增加血液中红细胞的含量。那些相信自己使用了"禁药"的运动员能将个人历史最佳成绩提升 1.5%，尽管实验者给他们注射的只是生理盐水。[3] 显然，即便是这种小幅度的表现提升对竞技体育而言也是意义非凡的。

对特定干预的信心取决于我们对干预者（和干预机构）的信心，也反映了干预本身的性质。显然，注射和手术被认为是相对"有力"的干预手段。"安慰性手术"能让各种膝关节或肩膀疼痛的症状得到显著缓解。患者被告知自己接受了关节镜修复，但"手术"其实只在疼痛区域留下了几道切口的痕迹。值得注意的是，接受"安慰性手术"的患者报告的症状缓解程度与接受普通手术的患者相似。根据这些患者的反馈，与那些接受其他不太"有力"的安慰剂干预（如药物治疗或心理辅导）的患者相比，他们的症状得到了更大程度的缓解。[4] 一旦我们意识到安慰剂的疗效会随干预的预期效力而变化，这种差别就说得过去了。

"诚实"的安慰剂

有时，即便当事人完全了解自己使用的"药物"不符合标准或不含临床活性成分，他们仍会产生对症状缓解的强烈期望。在上述条件下，这些"药物"（或干预）就属于"诚实"的安慰剂。

"诚实"或"非盲"的安慰剂已被证明对许多疾病有效，包括肠易激综合征（IBS）和癌因性疲乏（CRF）。[5] 在 2010 年的一项研究中，哈佛大学医学院教授泰德·卡普丘克在让 80 名肠易激综合征患者服用"诚实"的安慰剂后，发现有 59% 的患者（对照组为 35%）的症状在临床上明显缓解，卡普丘克教授后来在一次采访中指出："我们不仅明确告知患者这些药片不含活性成分，是由惰性物质制成的，而且干脆将'安慰剂'这一名称直接印在了药瓶上……我们告诉患者，他们甚至不必相信安慰剂的作用，只需要服用这些药片。"[6]

不仅如此，"诚实"的安慰剂（见图 7-1）成倍地提高了使用者对自身症状缓解程度的评分，其"疗效"相当于两种主要的（活性）IBS 药物。在 2016 年发表的另一组研究中，83 名慢性下背痛患者被分为两组，一组像从前一样继续服药，另一组则改用标识清晰的"诚实"的安慰剂。根据测试前后的问卷调查，前一组（未经干预的）患者报告称，平时的疼痛水平降低了 9%，最大疼痛水平降低了 16%，功能不良的情况没有改善。后一组（"诚实"的安慰剂组）患者则报告称，平时的疼痛水平和最大疼痛水平都降低了 30%，而且——或许对日常生活的影响最为明显的是——功能不良的体验降低了 29%。[7]

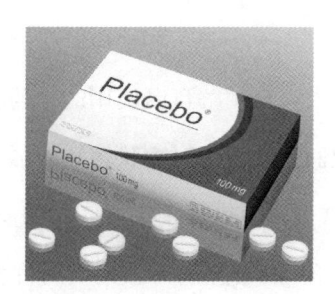

图 7-1 "诚实"的安慰剂利用了我们无意识的期望
资料来源：Furian / Deposit Photos。

2019年的一项针对癌因性疲乏患者的研究进一步凸显了"诚实"的安慰剂的力量。所有受试者都被可信地告知，他们服用的药片不含活性成分，按理说无法有效减轻癌因性疲乏感。尽管如此，结果还是令人震惊的，这也让研究者得出结论："即便公开安慰剂的'真相'，使用安慰剂也对减轻癌症幸存者的癌因性疲乏感有效。"[8]

正规的包装和专业的呈现（比如铝塑泡罩、字体印刷整齐、药片的样式大小一致等）成了可靠与疗效的表面标志，似乎是"诚实"的安慰剂能激活人们的阈下期望的原因。我们已经知道，大脑的大部分预测是无意识做出的，因此它对相当肤浅的标志物——比如一盒包装正规的药片，由一位穿着白大褂的权威人士交到自己手里——自然就会做出反应。尽管我们在意识层面明知自己没有服用任何临床活性物质，但这种仪式性的特征还是会导致预测机制开始期望症状的缓解。

训练你的安慰剂

当代对安慰剂效应的思考通常可以追溯到第二次世界大战期间，在意大利战场上，一位医生曾观察到一名护士在止痛药短缺时偶尔给伤员注射生理盐水，以替代本应定期注射的吗啡。[9]在多项对照研究中，这种"延长剂量的安慰剂"都被证明是有效的。个中原理很有趣。反复使用真正的（临床有效的）药物似乎教会了大脑—身体系统预测一系列非常具体的止痛反应，而后这些反应中的许多会被患者自身的内源性阿片系统重新创造或近似地模拟。[10]内源性阿片系统是一座身体化工厂，能在（比如说）生死攸关的情况下对严重受伤却依然需要立即采取行动的身体产生强大的镇痛效果。

　　一项涉及帕金森病的案例研究也凸显了这种生理学习的力量。接受抗帕金森病药物阿扑吗啡的反复注射后，接受生理盐水注射的患者会产生与先前注射阿扑吗啡后类似的反应。然而，在没有实际药物使用经验的情况下接受安慰剂注射，则不会产生这种反应。对这些患者而言，真正药物的效果似乎已"教会"了身体如何做出反应，以至于在安慰剂的"鼓励"下，身体会自行做出反应。在正常间隔的四次真正的阿扑吗啡给药后，身体对安慰剂的反应与对真正药物的反应一样大。[11]安慰剂效应在使用其他药物的情境下同样可能产生，包括使用安慰剂来模仿阿司匹林和酮咯酸的止痛效果。借助这种混合的"延长剂量"疗法，有可能训练出精确且有效的安慰剂反应。该方法也可能被用于非常狡猾地提升运动员的赛场表现：运动员在训练中使用有助于提升运动表现的药物（宽泛意义上的兴奋剂），在赛前使用安慰剂，至少能获得某种类兴奋剂的助力，而且无须担心药检。[12]

　　接下来，考虑一些关于提高患者对他汀类药物耐受性的研究。这些药物对治疗心脏病颇为有效，但治疗依从性较差，部分原因是人们普遍的误解，人们认为它们会产生令人不快的副作用，包括肌肉疼痛。有充分证据表明，尽管用药后肌肉疼痛的现象确实存在，但远不及公众认为的那样普遍。许多人轻易放弃了此类药物，将寻常的肌肉疼痛归咎于用药，甚至可能纯粹因为自己有意或无意地开始预测这些症状而导致症状的出现或加重。这就是"安慰剂效应"的反向作用，即"反安慰剂效应"：对疼痛或不适的期望成了另一种形式的自我实现预言。这也表明期望确实会"传染"——我们在他人的引导下形成了对最坏的情况的期望，然后我们的身体会尽最大努力去带来最坏的情况。

然而，某些人使用他汀类药物后的肌肉疼痛是对他汀类药物治疗产生的独特生理反应，而这种生理反应的背后是一种特殊的基因变异。因此，我们能采用一种更具个性化的方法，通过基因筛查来识别那些在使用他汀类药物后最有可能产生肌肉疼痛的患者，有针对性地使用其他他汀类药物或替代疗法。这对确实携带了这种变异基因的人来说是个好消息。

但有趣的部分来了。研究者发现，告知患者他们没有携带这种变异基因本身就能提高患者的耐受性。如果医生告诉你，和其他人相比，你因服用他汀类药物而产生肌肉疼痛的遗传风险并没有更高，这本身就有助于抵消有时会引发这种疼痛的无益的期望。因此，现代医学向精准化、个性化发展的一个令人意想不到的好处，可能直接来自我们对高度适应自身独特情况的治疗方法的信心增强。我们既受益于精准医学提供的更好的靶向性，也受益于我们自己对疗效的更强的信心。正因如此，有研究者指出："这种使用精准医学来调节患者对药物的心理感受的理念可能会获得巨大的成功。"[13]

最后，任何事物——只要能提高我们对干预、程序或结果的信心——似乎都可能有所助益。这可能只是因为我们对一位医生或一家医院感到信任，或因药品包装和呈现的细节感到安心。实践中，许多一度被轻视为"纯粹的仪式"的东西现在可能成为如何治疗人类的一部分，因为人们对（比如说）疼痛和缓解的期望本身就是传递其生活经验的因果矩阵的重要组成部分。除执业医师外，体育教练、生活教练、政客、教师、广告公司、销售人员等几乎任何需要与他人打交道的人都已（无疑问地或明确地）理解这些效应。但是，对预测性大脑在其中扮演的角色的理解为一种证据导向的方法铺平了道路，这种方法认识到了这些效应的力量和局限性。随着这门科学的发展，揭示为什么一些人似乎比其他人更能从安慰剂式的干预中受益——或泛泛地说，从旨在改变自身（大都是无意识的）预测的实践和干预中受益——将非常有趣。[14] 这些人是所谓的现象学控制的专家，有能力对自己的主观体验施加一种无意识的控制。[15]

用虚拟现实减轻疼痛

能让症状缓解的不仅仅有假药片、假药水和假手术，让受试者沉浸其中的舒缓的音乐和细节丰富的虚拟世界也是有效的止痛药。卢瓦纳·科洛卡的研究优雅地展示了这一点，她在马里兰大学专攻疼痛的神经生物学，特别关注安慰剂效应和反安慰剂效应。卢瓦纳·科洛卡和同事们相信虚拟现实技术为"黑进"预测性大脑提供了另一种很有前景的手段。

借助设备"进入"卢瓦纳·科洛卡的一个虚拟现实世界后，受试者会发现眼前有一群水母。在这种条件下，对受试者的手臂施加热刺激（用加热垫），以测试他们应对不断提高的疼痛水平的能力。实验发现，当受试者沉浸在虚拟的海洋世界中时，他们对热刺激的耐受能力大大增强。合理使用阿片类药物也能取得明显的效果，这在情理之中。但与只使用阿片类药物相比，阿片类药物与虚拟现实技术相结合能更大程度地减轻疼痛。[16] 一些舒缓的虚拟现实场景（比如在海边散步）已被用于牙科治疗，大大减轻了患者术中体验和后续回忆的痛苦。[17]

虚拟现实技术已成功用于急性烧伤治疗，让患者更能忍受更换烧伤伤口敷料时的煎熬，对缓解幻肢痛也有帮助。[18] 在对烧伤的治疗中，使用名为"SnowWorld"的冬季场景虚拟现实程序的主观疼痛缓解作用与静脉注射阿片类药物效果接近。大脑扫描数据进一步证实了这些主观报告，显示关键疼痛处理区域的神经活动显著减少。[19] 还有对照研究发现一些音乐疗法也有助于减轻疼痛，但结论并不一致，有时甚至相互矛盾。[20] 然而，总的来说，"联合"疗法，即标准治疗手段（如使用阿片类药物）和其他形式的干预（如使用虚拟现实技术）的结合似乎有助于疗效的提高。

2022年，《纽约时报》报道称，"据估计，虚拟现实技术的应用仅在医疗保健一个领域就创造了数十亿美元的价值，但预计在未来几年，这个数字还将增长好几倍，因为研究人员认为虚拟现实技术的潜力巨大，有望帮助我们解决从焦虑、抑郁到中风康复方方面面的问题"。[21] 2021 年，一套针对慢性疼痛的虚拟现实治疗方案经美国食品和药品管理局授权上市，该方案最初被称为 EaseVRx（现称 RelieVRx），系处方性质，旨在与认知行为疗法等其他疗法配合使用。使用者要借助"呼吸放大器"（连接到耳机上使用）练习深呼吸。一开始，EaseVRx 主要针对的是慢性下背痛，美国有数百万成年人饱受这种疼痛的折磨。RelieVRx 包括为期 8 周、每天 7 分钟的沉浸式虚拟现实体验。作为美国食品和药品管理局认定的突破性医疗器械，[22] 早期结果显示它很有前景：使用者的疼痛相比对照组得到了显著减轻，这已在一项双盲随机安慰剂对照研究中得到了证实。[23]

  虚拟现实疗法究竟是怎么起作用的呢？一种自然却有些肤浅的解释是它能让我们"分散注意力"——引导我们少关注疼痛，多关注眼前的水母等令人舒缓的新鲜事物。但预测处理理论挖掘得更深一点儿，它揭示了虚拟现实疗法之所以有效的内在机制，也更能解释呈现特定内容的重要性。关键是虚拟现实环境要让人沉浸其中。许多试用过现有虚拟现实产品的人都会对这种身临其境的感觉印象深刻。虚拟现实场景可以很怪异，很意外，但绝不能让人紧张或感到威胁。这样的感知世界就像一块磁铁，吸引大脑以一种特别的方式理解这个不断变化的新环境。大脑会为新的感觉信息赋予更高的精度，这意味着其他感觉信息（包括关于疼痛的信息）的精度会随之降低。与此同时，水母轻柔的上升、下降和搏动会影响我们自己的"身体节奏"，改变我们的呼吸和心率。正如我们在第 4 章中详细谈到的那样，身体节奏的改变可以作为进一步平衡预测的证据，以促进平和、放松的心态的形成。

精心选择的虚拟现实场景不仅分散了我们的注意力，而且巧妙地改变了我们的预测，而主观体验正是由预测构建的。与沉浸式虚拟现实技术配合使用的呼吸和行为相关的技术也越发成熟。若有明确指导，这一切手段彼此协同，能作为连贯的非药物性的整体方案，对具身的预测机器发挥暗示作用，推动它进入平静、放松的状态。

注意事项

以这些不同的方式向特定方向推动预测机制的运作很巧妙，但需要强调的是，让我们保持健康或罹患疾病的机制多种多样，其中有许多机制根本不受安慰剂和相关干预措施的影响。治疗癌因性疲乏与治疗癌症根本就是两回事，如果你摔断了一条胳膊，再多精心塑造的自我期望也无法取代一块夹板。对帕金森病患者使用安慰剂有助于缓解疼痛和肌肉僵硬，这一点如何强调都不为过，但它们似乎丝毫无助于减缓左右病程发展的神经元退行性改变。同样，安慰剂无法灭杀导致肺炎的病原体。正如法布里齐奥·贝内代蒂（安慰剂效应研究的领军人物之一）所指出的，没有证据表明包括抗血小板药和抗凝血剂在内的许多类别的药物会产生安慰剂反应。贝内代蒂还警告说,"硬科学"的研究成果可能会以我们不希望看到的(有潜在危险的)方式助推伪科学的发展。这是一种非常现实的危险:一些别有用心者若以可证实的(但有限的)安慰剂效应为"证据",为特定替代疗法的"真实"因果效力背书,这种情况就有可能发生。[24]

对安慰剂潜在作用的了解也可能让人陷入道德纠结,这种事在我家就发生过。当时我母亲被诊断为癌症晚期,激素疗法短暂而有效地延缓了病情的恶化,也让她以传统的方式派头十足地庆贺了自己的 80 岁生日。然而,在治疗过程中,她服用的一种药片经历了更新换代,外观从鲜艳的粉红色变成了暗淡的蓝色。母亲坚称淡蓝色药片的药效不像从前的粉红色药片那样立竿见影了,我检查了成分,发现二者在临床上并没有显著区别,医生也证实了这一点。但她仍旧坚决而优雅地表示异议。可尽管四处寻找,我们却再也搞不到粉红色的药片了。

这让我陷入了一种困境。我知道安慰剂效应确实存在,也知道它有时的确能缓解疲乏和减轻焦虑,我还知道对母亲来说,粉红色药片确实给了她信心。但在我看来,最好将这种想法压在心里,并试图说服母亲淡蓝色药片和粉红色药片没有区别,希望这样能让淡蓝色药片同样有效。我也完全相信成分而非药片的颜色才是药效的决定因素,但对症状缓解的期望依然会对药效的发挥产生重要影响。

我至今不确定自己该如何回应。它曾让我纠结,现在依然让我纠结。值得注意的是,即便服药的是我自己,情况也不会有任何不同。安慰剂效应可能非常强大，我认为，要找到一种诚实、有效，同时以证据为导向的方式对这种效应加以利用，还需要我们付出巨大的努力。

自我肯定的力量

我们继续尝试"黑进"预测性大脑。正如安慰剂和仪式的作用，各种语言干预也会影响形塑人类主观体验的深度预测引擎。比如在谈话治疗的背景下，深受信赖的对象（治疗师）只需寥寥数语就能让我们备感安慰，又比如我们自己就能使用语言——无论是真的说出来，还是只作为内心独白——来构建自己的思维。以诸如此类的各种方式谨慎地使用语言将让我们有深入体验机器的核心能力。

一个被充分研究的例子是自我肯定对提高绩效的积极作用。这类研究中使用的经典的自我肯定程序包括要求受试者列出他们所拥有的积极特质（能力、技能或性格特征）的清单，有时会要求他们指出哪种特质最为重要，并回忆这种特质何时曾对自己的生活产生重大影响。对照组则被要求列出他人的积极特质。然后，两组受试者都要接受一些不相干却有挑战性的任务，比如数学测试或空间推理能力测试。

在这种情况下，先前的积极自我肯定行为对测试结果产生了很大影响。[25] 当后续测试针对的技能可能让受试者对自身表现产生焦虑时，这种影响尤为明显。这似乎是因为自我肯定的做法抵消了各种形式的"刻板印象威胁"对任务表现的负面影响。"刻板印象威胁"指的是如果我们有意或无意地预测自己将在特定任务中表现不佳，我们往往确实会应付不来：这属于对"表现不佳"的自我实现预言。

现在有许多这样的例子。面对一些数学题和空间推理任务，前置的自我肯定程序几乎完全消除了男女受试者任务表现方面一度显著的性别差异。自我肯定的效果也能延伸到实验室环境以外。英国有研究者让一群生活拮据的学生接受自我肯定训练，发现这种干预将考试成绩的差异（与经济更宽裕的同班同学相比）缩小了62%。同样，一些美国黑人学生在校期间定期重复约15分钟的自我肯定训练后，原先考试成绩中普遍存在的种族差异减少了40%。[26]

重构体验

我们也可以使用语言文字来构造和重构自己的主观体验（比如焦虑感）。作为另一种强大的工具，语言文字的效力和机制现在能得到更好的理解。举个例子，在上台表演或发表演讲前，我们经常会感觉到肾上腺素飙升。我们可以练习关注这种感觉，同时借助语言加以重构：它标志着我们为自己的出色表现做好了化学意义上的准备。这样，我们的举止就会更加放松，表达也会更加流畅。精心挑选的语言能有针对性地增强或抑制构建人类主观体验的神经猜测网络中许多部分的活动。[27]再次强调，这不只是一种界定，更是在对核心体验本身的构建施加一种深层次影响。

从有关饥饿感和饱腹感的文献中也可以找到引人注目的例子，关于食物成分和热量水平的信念已被证明会影响我们进食后的饱腹感。在一项实验中，匹配良好的学生受试者早餐吃的是一模一样的煎蛋卷，但实验者巧妙地操纵了他们对餐后饥饿感的期望。具体做法是在餐前将受试者分为两组，分别向他们呈现餐食的照片：在向其中一组展示的照片上，煎蛋卷是大份，加了芝士和四个鸡蛋；在呈现给另一组的照片上，煎蛋卷是小份，用料仅为一半。开餐后，所有受试者都得到了同样的煎蛋卷：中份，鸡蛋有三个。

早餐结束后，与餐前看到小份煎蛋卷的受试者相比，餐前看到大份煎蛋卷的受试者饥饿感较低，他们午餐时吃得也较少。其他研究表明标签和描述也能产生类似的效果（同样含380卡热量的奶昔被分别描述为"富含奶油"和"清淡健康"）。这项研究还表明，不同的描述驱动的期望触及了很深的层级，不仅影响了饥饿感，还影响了胃促生长素的分泌，这种激素会对身体使用能量和燃烧脂肪的方式进行调节。[28]

再来看看"疼痛重构"或"疼痛再处理理论"的方法。我们也许经常误解自己感到疼痛的"意义"。身体上的疼痛所表达的似乎经常是"别这么做，否则你会严重伤害到自己"。对急性疼痛而言，这种理解通常是正确的，比如你切菜时不小心切到了手指，很快一阵剧痛袭来，此时立马扔下菜刀去处理伤口当然是正确的做法！但在慢性疼痛的情况下，假如疼痛系统本身已经受损（这种情况很常见），自然就不值得我们再去信任了。

我们体验到的疼痛可以被恰当地解释为"与实际或潜在的组织损伤相关或类似的令人不快的感受和情绪体验"。[29] 既然疼痛既能与损伤"相关"，又能与损伤"类似"，就意味着在许多情况下疼痛系统确实可能受损，因此从"这很痛"到"别这么做"的推理将不再可靠。这种在慢性疼痛中常见的现象为设计新的疗法和干预措施提供了宝贵的启迪，却没能得到足够的重视。

回顾第 2 章，传统观念认为，疼痛要么是"伤害性"的，也就是说它反映了与实际或潜在的组织损伤相关的神经系统活动，要么是"神经性"的，意味着它是由影响神经网络本身的损伤或病变引起的。但许多慢性疼痛的病例并不属于这两类，至少可以说组织或神经系统的损伤无法解释持续的疼痛体验的程度或性质。因此，在 2016 年，人们提出了第三类疼痛，即"可塑性"疼痛，意指"在无任何明确的组织损伤，且不涉及躯体感觉（神经网络）系统的特异性病理学证据的情况下，疼痛信号的异常处理引发的疼痛"。换句话说，这种疼痛体验是真实存在的，但并非源于结构性损伤，而是源于异常的信号处理过程。当（原本无害的）感觉信号被放大，或疼痛抑制系统被抑制时，就会产生可塑性疼痛——显然，这些变化就发生在预测处理架构的不同层级之上。[30]

现实中，慢性疼痛很少能被精确归于三类中的某一类（伤害性、神经性或可塑性）。相反，不同的病例构成了一个连续体，其中有许多——特别是癌性疼痛和脊柱疼痛——似乎涉及这三类疼痛的复杂混合。[31] 就当前目的而言，重要的不是把任何慢性疼痛体验硬塞入其中任何一类，而是要认识到慢性疼痛和伤害所导致的失能有许多与某种内隐的推理——疼痛体验表明我们不该再"向前迈出一步"——有关。在这种推理的操控下，我们自行收缩了自己的世界的范围，进一步证实了这样一种预测：我们根本没有能力拓展生命的宽度，无法过上更加丰富多彩的生活。然而，对许多慢性疼痛和失能的病例而言，这种推理大错特错。

我们在第 2 章谈到了一些极富戏剧性的例子：在无任何标准医学诱因的情况下，注意力模式的异常放大了无害的身体信号，创造了清晰的疼痛体验。许多备受疼痛折磨的病例的（百分百真实的）疼痛体验正是这种异常的注意力和期望导致的。在这种情况下，不存在损伤的加剧，因为身体系统没有受损，神经网络的结构也依然完整（尽管它正在"报错"）。罪魁祸首是异常的神经处理模式，包括错误的预测和对这些预测的不当的置信水平。正是这些异常的预测和精度让一些病例痛苦万分、瘫痪在床，甚至失明。

普通的（非功能性）慢性疼痛与慢性疲劳的情况有点儿类似，后者也许更接近我们的许多日常经历。不适感通常有一些医学上的诱因，但这并不意味着我们就应该将疼痛或疲劳解释为迫切需要减少活动以保存能量或避免进一步损伤。相反，不适感可能反映了一种自我维持的超敏反应（有时也称"中枢敏感化"）。这种习得的超敏反应会在相当长的时间内维持疼痛体验，即便疼痛已不再具有保护机体避免进一步损伤的适应性价值。至少某些慢性疲劳病例背后的原理也是如此。[32]

针对这类情况，疼痛的重构（或再处理）就有了用武之地。具体干预措施包括建议、训练和咨询：先让患者暴露，再帮助其推翻从疼痛（或疲劳）到限制活动的内隐推理。若起作用的话，患者就有可能分阶段重新引入先前受限的活动。但对医患双方而言，这种做法的教育负担很重，因为如果对不适感涉及的机制缺乏正确的理解，这种尝试的干预就很难见效。患者经常会产生的一种误解是，治疗师在暗示他们疼痛或疲劳"不是真的"，或"只是他们的想象"。但事实并非如此。干预的重点是抵制异常的预测和精度分配，二者都涉及神经层面的真实变化，让本无大碍的身体信号产生了令人痛苦的非适应性影响。要扭转这些变化，就要提供新的证据，以驱动一系列不同的预测，同时谨慎地使用语言文字，借助语言重构动摇旧有预测的根基。

干预要产生积极影响，也许关键是要向受影响的个体解释：他们经历的疼痛或疲劳虽然是真实的，但并不意味着任何迫在眉睫的损伤威胁，他们对特定任务感到无能为力，与其说是因为失能，不如说正是这种无力感导致了他们的失能。具体而言，这种重构的一个更详细版本可能包括准确地描述预测系统的异常会如何导致真正的疼痛，也可以建议患者尽可能关注感受的细节，但不要贴上"疼痛"或"损伤"的标签。这一切都是为了抵制异常的注意（精度加权失常）和错误的预测，推翻从"疼痛"到"失能"的错误推理，鼓励患者形成一套新的更有助益的自我期望。此外，医生通常都会强调可塑性疼痛是可以治愈的，这种强调会让患者建立起新的高水平的期望，而期望本身通常就能发挥强大的作用，带来积极的改变。

我们可以举几个例子来展示这种理念的实际应用。

疼痛再处理理论

汉娜·维克斯在一篇发表于《英国医学杂志》的题为《重构我的慢性疼痛》的短文中分享了她自己的慢性疼痛经历，她发现：

> 疼痛症状越是难以预测，我就越容易想得太多，计划得太多，各种回避倾向也开始产生。一开始，慢性疼痛集中在腿部，我觉得可能是爬楼梯造成的，于是决定上下楼尽量乘电梯，虽说那时我年纪不大，身体还算健康。慢慢地，如果没有电梯可乘，我就经常会感到紧张，并开始过分关注我的腿。如果我选择爬楼梯上楼，腿就一定会疼，而这种经历又证实了我的想法，那就是爬楼梯对我不好。

汉娜·维克斯接受了干预。她借助语言重构对自己的推论——疼痛是身体即将受伤的可靠指标——提出了挑战，并发现疼痛的产生和消退通常并不受自己的活动的性质左右。这让她得以分阶段地恢复了许多日常活动。最有效的干预通常涉及改变谈论疼痛时使用的语言，避免对疼痛概念化，即认为它反映了某种损伤或标志着某种失能。汉娜如是说：

> 我开始将我的日常练习称为"训练"，而不是"理疗"，以表明我了解了事情的真相，并希望切断疼痛与伤病或失能的联系。拥有这些积极的目标有助于我对事物形成更加乐观的看法，以更好地应对慢性疼痛的折磨。

预测处理理论能很好地解释这一切。通过对谈论与思考自身感受和感觉的方式进行微调，我们得以让大脑重塑其预测系统，从而重构疼痛体验——正如我们反复谈到的，正是预测反过来塑造了人类的体验和行动。

我们体验到的无非是大脑所做的最佳推理得出的结论，是它对身体状态与外界事态的最好猜测。如果最好的猜测是我们应该减少活动，否则就会伤到自己，我们的行动就将严重受限。但如果我们（借助前述"训练"）发现自己能从事的活动要比我们想象的多一些，大脑就收集了一些新的证据，支持它做出不同的推理并得出这样的结论：即便我们做了些"超出许可"的活动，也不会像先前担心的那样受伤。如此，疼痛感就会减轻，活动也会变得更加容易。这样继续下去的话，就会形成一个良性循环：我们在活动时会更少地体验疼痛或疲劳，这种体验又为更新后的信念（我们确实能从事比我们以前想象的更多的活动）增添了额外的权重。

沉浸式虚拟现实技术在这方面也能发挥作用。许多人在做一些动作时经常感到疼痛，因此他们在日常生活中会刻意避免做这些动作，而位于旧金山的卡鲁纳实验室一直在研究如何借助虚拟现实技术让人们体验虚拟身体以他们倾向于避免的方式活动。比如，他们可能会在射箭游戏场景中增加虚拟身体的脊柱灵活性。这在虚拟现实环境之外也有好处，因为虚拟场景中的体验让大脑有理由减少对运动相关的疼痛的预测，而正如我们所见，运动相关的疼痛正是许多慢性疼痛病例的重要诱因。[33]

摆脱我们的期望

强大的语言重构技术的确有能力改变塑造体验和决定行动的预测。但是简单的重构并不总是充分的。有时，我们的内在模型是如此不充分，或者太过根深蒂固（比如慢性抑郁就是这种情况），以至于我们无法满足于简单的调整，需要破除和再造。这种彻底的改革当然不容易，但借助一些方法还是能做到的。

最显而易见的方法当然就是简单地通过新的、缓慢的、可能痛苦的学习做到。如果我的模型并不擅长开车或打板球，最好的方法就是多开或多打，让自己沉浸在相应的任务环境中（通常还要有专业的指导），以便慢慢训练一套新的感知—行动例程。但在另一些情况下，与其说需要习得新的模型，不如说更需要打破一种对已无助于我们达成目的的旧有模型的"执着"。

几年前，我就偶然发现了一个关于这种模型突破的很不寻常（也很有意思）的例子。[34] 当事人叫马克斯·霍金斯，原本是一位计算机科学家，后来转行去搞艺术。他一开始供职于谷歌公司（他的理想工作），家住在圣弗朗西斯科（他的理想城市），他觉得自己登上了人生巅峰，一切愿望都得到了满足，遂心顺意极了。他每天早上7点出门，去最好的咖啡店用餐，然后沿最优路线骑15分钟的自行车去上班。只要将他一周的行程输入GPS Tracker（一个简单的算法），就能非常准确地预测他下一周同一时段的行踪。但慢慢地，他开始觉得缺了点儿个人自主性：尽管生活几乎完全符合他的喜好，他还是感到被困住了，仿佛生活已被充分优化，以至于再没什么能让他由衷地感到惊讶或快乐。

霍金斯的应对方案是将自己的决策和选择以一种不寻常的方式逐步"外包"。他充分发挥自己的计算机工程技能，创建了一个泛在的技术网络，以消除惯性、改变预期，逼迫自己走出阳光、代码和星巴克的"舒适区"。他开始遵循一系列随机化的算法的指示。"餐饮生成器"会告诉他该吃什么，旅行算法会决定他（在选择自由职业后）未来两个月该住在哪里，Spotify（声田）的随机播放列表规定了他在旅途中听什么音乐，随机的脸书事件选择器会告诉优步司机接单后要带他去哪儿。在两年的时间里,他体验了孟买的杂技瑜伽课,参观了斯洛文尼亚的山羊农场,光顾了艾奥瓦州圣十字小镇酒吧,还旁听了一场八年级学生的长笛演奏会,这些仅仅是他众多经历的一小部分。在他看来,这些经历将自己从身为圣弗朗西斯科技白领那种一眼望得到头的日子里解救了出来。

霍金斯不仅让算法决定他该去哪儿,该吃什么,该参加什么休闲活动,甚至该穿什么衣服,该做什么发型(最后他买了好几顶假发)。就连他的胸部文身图样也是在网上随机挑选的。霍金斯声称自己以各种意想不到的方式获得了巨大的满足感,并且(矛盾的是)由于摆脱了他所认为的自己偏好和期望的"独裁",他作为一个人的"存在感"变得更强了。他对自己不再每天光顾同一家餐厅和做同样的事感到欣喜,感到自己冲破了某种过滤生活体验的"气泡"。这种对不确定性和新异的热情拥抱看上去很怪,甚至有些自相矛盾:如前所述,我们的大脑天生就致力于最小化自己当前和未来的预测误差。环境越是难以预测,误差的最小化就越难实现,而这通常都会带来焦虑、压力和失控感。但霍金斯主动将大量不确定性引入了自己的生活,并且甘之如饴。

诚如第 4 章所述,单纯地停留在期望的范围之内远非故事的全部。预测性大脑旨在驱动的是像我们这样能动的、有好奇心的生物。我们必须探索和发现新的机会。这与最小化预测误差是一致的,因为通常只有通过探索不确定性(新异水平)更高的局部区域,我们才能发现满足自身需求的新方法。通过精心设计(和约束)新异,我们能在对已知的利用和对未知的探索之间取得平衡,这一成就在形式上和动物在觅食时能在收获可预测的回报和进一步的探索之间取得平衡的方式完全相同。[35]

霍金斯其实是在借助算法构建自己的世界,对关于自己是谁和自己喜欢什么的根深蒂固的假设进行探查,并做一番"压力测试"。这只是探索更多"个人可能"的空间的另一种方法。他的方法是有些极端,但也没到天马行空的地步。霍金斯的探索冲破了日常生活的"气泡",但他并没有让自己的生活变得真正不可预测:说到底,他的生活依然是可预测的,只不过借助不同的方式罢了。毕竟,我们都知道霍金斯看似随机的日程安排背后只是一个算法,他自己当然也知道(这个算法就是他设计的)。比如说,他知道算法会每两个月让他换个住处,但不会随便某一天就将他"连根拔起"。

也许正是这种更高层级的可预测性确保了霍金斯的安全感,让他不至于失去理智,并得以从自己的实验中收获颇丰。我们是会设计自己的世界,引入更多惊异和学习的机会,但我们也会以最可预测的方式来约束惊异。过山车之所以刺激就是这个原理:它为乘客提供了大量的物理性惊异,但乘客上车前对此就心知肚明——从这个意义来说,它提供的惊异是可预测的。霍金斯还注意到,即便是一些最偏僻的去处和最不可能的情况,只要经历过了,也会很快成为某种"新常态",以至于他很容易就能开始想象自己在那个曾经陌生的地方度过余生。[36] 我相信这恰恰表明预测性大脑会对我们的高级自我模型进行调整,让我们能够掌握全新的生活方式。

霍金斯的故事揭示了一个简单的道理:不要被自己的偏好束缚住手脚。虽说霍金斯在他的新生活中依然谈不上有多自由,但他的处境确实得到了改善。随机化的算法实现了他的新的（也是暂时的）预测，即安全的探索将让他体验可控的新异刺激。

致幻剂与自我——一场化学的邂逅

霍金斯致力于改变的处境对我们大多数人来说似乎已经相当理想。但在许多情况下，我们自己的隐藏期望不仅会让我们感到无聊，还会给我们带来真正的伤害。对于这类情况，有时候，探索以更为激进的方式动摇根深蒂固的自我模型可能有一定帮助。

过去的10年里，越来越多的科学研究表明，在控制剂量的前提下，一些种类的致幻剂（如LSD和裸盖菇素）对包括成瘾、强迫症、创伤后应激障碍和难治性抑郁症在内的各种问题具有显著疗效，而且能帮助临终关怀对象有效应对其"存在主义压力"（existential distress）。[37]新近研究表明这类物质对非临床人群也有积极的结果，包括能增强使用者与自然和他人的联系感，增强生态意识，降低焦虑水平。[38]

一项重要的研究开始将致幻剂的这些效果与预测性大脑中信息流模式的相当具体的变化联系起来。作为致幻剂研究的领军人物，罗宾·卡哈特-哈里斯认为，这类化学干预的好处就好比"摇晃水晶雪花球"。意思是，这类药物可帮助心智摆脱根深蒂固的消极模式，使其更加灵活和开放。对许多情感障碍，如重度抑郁症和慢性抑郁症的患者而言，即便能暂时以非常不同的方式体验世界的简单事实也能让他们感到解脱。关于"事物（和他们自身）就是如此这般"的那些看似深刻且不可动摇的见解开始松开它们的"缰绳"，"看世界"和"做自己"的其他方式也得以浮出水面。

有趣的是，有时使用虚拟现实设备让用户沉浸在充满鲜明视觉意象的炫目世界中也能产生类似的效果。布伦南·施皮格尔是"虚拟治疗学"的主要提倡者，他称虚拟现实为"赛博致幻剂"，将虚拟现实世界带来的鲜活体验类比为裸盖菇素等致幻剂对人造成的影响。[39] 强迫大脑尝试去掌握一个生动的新世界可能是"摇晃水晶雪花球"并促成新的自我理解的另一种方法。

若加上药物，作用还能更强：你可以仍旧是你，同时以完全脱离先前的关注和自我意识的奇怪的不连续方式体验事物。若一切顺利，你可能突然产生某种昨日重现般浪漫的感觉——开始对自己和世界再度感到宾至如归。作家、哲学家，也是致幻剂的老牌使用者赫胥黎在1954年的作品《知觉之门》中如是说：

> 时间停滞，感知脱轨，外在与内心的真相开始显现：不论是执着于生存的动物，还是沉迷于文字和观念的人类，都未有过如此弥足珍贵的体验。

作为大诗人威廉·布莱克的忠实读者，赫胥黎相信日常感知是一道"减压阀"，阻断了世界的大部分"真实结构"，只提供对生存最有帮助的"涓涓细流"。因此，《知觉之门》中反复出现的一个主题就是感官的阻塞、疏通和随后收获的启示。

根据预测处理理论，我们可以部分认同赫胥黎。体验是由我们对自身和世界的高层级信念（预测）塑造的，因此在某种意义上，弱化对高层级信念的"管制"可能确实可以让更多来自外界的传入信号"为自己发声"。但要对外部信号全部"放行"也是做不到的——我们没法洞开"感知之门"，任凭外界自由地强加于心智。只有让感觉信号流与预测和期望"相遇"，体验才有可能形成。但我们可以减少某些高层级预测和自我期望的影响，为新信念的形成和发展创造空间。

卡哈特-哈里斯相信致幻剂就能起到这种作用：它们也许有助于放松现有模型的界定和控制（这些模型关乎我们是谁、我们要做些什么以及我们生活中什么最有意义），让我们以全新的脱离方式体验世界、自身和他人。致幻剂产生的许多独特的体验感受（"现象学"）可以用这种宽泛的方式来解释。要了解具体细节，就要研究这些物质能如何改变预测性心智特征背后的精度加权的平衡。

松开"缰绳"

致幻剂通常作用于高层皮质处理过程，表明受药物影响的可能是关于自我和世界的预测模型中更高层级（更加抽象）的元素，涉及我们是谁、我们想要什么和我们如何看待现实本身，而非颜色、味道和形状等更为具体的问题。[40] 致幻剂也会抑制神经元集群之间传递预测的活动。它们抑制了关键的大脑网络（尤其是"默认模式"或"静息状态"网络）的活动——在自我中心思维和沉思过程中，这些网络的激活水平很高。卡哈特-哈里斯等人的开创性 fMRI 研究也表明，致幻剂所导致的意识性体验的变化与大脑活动的减少而非增加有关。[41] 在我看来，正是这个过程让赫胥黎（基本上）体验到了"感知之门"的开启。

卡哈特-哈里斯综合这一系列发现，提出了被他戏称为 REBUS（致幻剂作用下的放松信念）的模型。根据该模型，致幻剂让使用者放松了对自我和世界的更高层级期望的控制，允许不同的信息流得以产生并以新的方式相互连接：更少受根深蒂固的顶层期望约束的方式。这种效应与剂量密切相关。低剂量下的反应以知觉（尤其是视觉）效应为主。随着剂量的加大，更高层的功能也会受到影响，进而导致经典的致幻体验，比如丧失自我感（自我消解），或体验到自我与自然合一。[42]

卡哈特-哈里斯推测，在大剂量使用时，致幻剂似乎会降低高度抽象的顶层自我预测的精度权重，从而"释放"自下而上的感觉信号和身体信息，令其发挥更大的作用。就好比你在异国他乡，没有人期望你像在家里那样行事，于是你会觉得自己获得了"解放"。这个过程有点儿像对金属实施热处理（退火），以（临时）增强其可塑性，方便工匠探索各种新形状。热处理后的冷却硬化则对应此类干预带来的长期的好处——类似于结束游历返回家乡后仍能以一种新的、有益的方式看待事物。

但进入这样一个"炙热"的、可塑的状态是有风险的。致幻剂会让使用者很容易接受伪科学解释和超自然信仰，这种情况并不罕见，可能是因为使用者恍然惊觉事物在我们眼中的样子其实是我们自己心智的产物，或试图合理化前述"万物相互连接"般伟大的合一感。要避免这种情况，加强对个人的教育，让全社会充分了解致幻剂对大脑的作用就很重要。获得适当的信息后，我们就能借助系统的训练和后续跟进，在受控的环境中设计致幻体验，以促进最有用的洞见，同时降低超自然的过度解释的风险。[43]

对于难治性抑郁症、焦虑症、创伤后应激障碍和其他情感障碍的治疗来说，放松对最高层级自我期望的控制的潜在治疗收益是非常明显的。但任何人（我怀疑其实是每个人）如果能以一种不那么根深蒂固和自我驱动的方式通过体验他们的世界来学习——即便只有一小段时间——可能也是有好处的。[44] 毕竟，正如我的同事阿尼尔·赛斯所指出的，许多人都有一种危险的错觉，即他们的（对外界的）所见和（对自身的）所感反映了某种确定的或完全客观的真理。

冥想，以及对注意力的控制

若使用得当，致幻剂能让我们摆脱日常的疑虑和过度的自我关切，给我们一段"远离自我的假期"。这正是冥想的关键效果之一。[45]

冥想同样能松开自我的"缰绳",如口头报告与神经科学的研究成果都证明了这一点。举个例子:冥想能降低大脑中与内省自我意识相关的区域(比如默认模式网络)的神经元反应水平,而致幻剂也能抑制该区域的活动。

这样一来,我们用预测处理的原理和概念来理解冥想如何产生这些效果就不足为奇了。所谓的专注式冥想就是一个很好的例子。[46]这类冥想要求实施者学会将注意力集中在单一对象(比如呼吸)上。用预测处理的术语来说,提高单一对象的精度意味着只有它是可靠的,这将不可避免地导致分配给其他状态的精度下降,从而有效降低了我们感知到的所有其他信息的权重。一旦获得这种技能,一些想法、记忆和感觉就能在不经意间产生,而我们体验它们的有益方式也将不受自身正常反应倾向的影响:对不时感到的瘙痒或不时冒出的烦恼念头,我们不会觉得有必要立即采取行动,比如好好挠挠或仔细想想。

通过将注意力集中在展开的当下时刻(比如呼吸),我们还暂时缩小了预测处理的时间范围。这意味着对长期预期过程的某种冻结,可避免各类反事实的前瞻发挥作用,尽管它们对日常行为是如此重要(正如我们在第6章看到的)。这意味着,即使是内部的"信息搜寻"(比如对我们自己的记忆的有目的的探索)也可以被搁置。[47]这种觉知状态在反事实程度和时间深度方面都已实现了最小化。

我们仍未确定这类练习如若长期坚持下去,将导致大脑发生哪些变化,以及这些变化具有何种性质和意义,对此还需要深入研究。但在一般意义上,现在看来,经验丰富的冥想者似乎获得了一种新的技能，可对自身的某些神经活动进行控制，而在此之前，这些神经活动一般是自动化的。这就是学会"控制注意力"的真正含义。控制注意力是为了更好地控制大脑的精度加权性能，而这反过来又让经验丰富的冥想者能够暂时远离当下的处境和一直关注的问题，可以在不涉及通常的判断、沉思和行动的前提下体验感知、记忆、希望和恐惧。[48]静观传统冥想和许多结构化的身体练习都被巧妙地用于促进对注意力的控制，这类训练经常要求我们专注于呼吸、姿势和肌肉的紧张程度。通过训练注意力和身体意识，这些练习旨在增强我们对自己的所思所感和主观体验的控制。[49]

•

总之，我们能用很多方法来引导、提示和操纵自己的预测性大脑。这些方法包括审慎地使用自我导向的语言、运用"谈话疗法"和疼痛再处理策略、展开冥想、服用致幻剂，以及借助包装、呈现和仪式的力量（正如"诚实"的安慰剂的案例所揭示的那样）。对具身的预测性大脑的研究提供了第一个框架，它能让我们以一种真正有原则的方式理解、连接和测量这些看似非常不同的因素和力量，而这是前所未有的。也许在不远的将来，精心定制的训练体系能让每一个人更好地控制自身的预测机制——该机制有力地塑造了我们体验身体、自我和世界的方式。

预测性大脑积极主动地构建了人类体验的方方面面。深入了解这一点将有助于我们（通过塑造和利用该过程）实现更好的适应、获取更大的成就。

结 论

预测生态学：心智的大一统理论

预测性大脑创建了我们。如果预测处理果真是心智的大一统模型，明确了我们在自然界的位置，我们就应该以全新的方式思考我们自身、我们的世界和我们的行动了。首先，我们要承认人类的主观体验绝非纯粹直接的或未经过滤的，相反，我们体验到的一切——从最基本的，如对温度和疼痛的感知，到最奇特的，如自我体验、自我消解和与宇宙融为一体的感觉——都是在预测和感官证据的碰撞中产生的构念。

在这两股力量的碰撞中，没有任何一方是消极被动的。我们的大脑可不会等着感官刺激的到来。相反，大脑孜孜不倦地、积极主动地不断预测来自身体和外界的信号。它们是具身智能主体的一部分，而主体又是由漫长的自然选择设计出来的精妙的行动机器。借助眼球、头颅和肢体的运动，我们搜集感觉信号，既为检验我们的预测，也为证实它们（通常是后一种情况）。主观体验就在以这些方式对关于感官输入的预测展开的检验、精炼和质疑中成形。

一旦当前的预测无法匹配传入的证据，就会产生预测误差信号。正是这些预测误差信号在执行大量任务，让我们在一定程度上保持客观，使身体状态和环境或多或少保持一致。这种机制的运作虽然微妙，却至关重要。这表明，我们尽管可以接受修正，但修正过程本身仍会受到我们先验期望的形塑。我们的先验期望越稳固（其"精度"越高），作为反证的传入信号对我们所见所感的影响就越小。这一精度加权的平衡机制在各种心理疾病、功能障碍以及精神病中似乎被削弱。还有许多不同的方式可以实现平衡机制，这些似乎与世界上广泛的神经多样性存在方式相呼应。

我们必须牢记，这些描述中的"预测"绝不仅仅是（甚至大多数情况下）"某人预测或期望某事"的那层意思。在一个又一个案例中，塑造和影响人类主观体验的预测经常是我们感知不到或意识不到的。一个从背后照亮的空心面具之所以看起来五官凸起，是因为我们的大脑对凸起的五官有着非常强的期望，而我们却意识不到是错觉。这种情况很常见：我们对外部世界和自身不断变化的身体状态的体验（比如各种临床症状）都要受预测的影响。塑造人类主观体验的海量预测和期望都隐藏在意识阈限之下，我们甚少诉诸语言。尽管如此，这些积极的预测依然充满了大脑，影响着我们所见、所闻、所触及的一切。

但预测处理不仅仅关乎感知，而且关乎行动。令人兴奋的是，它首次将感知与行动完全统一到一种解释之下。根据预测处理理论，感知和行动是围绕着一个共同的目标——最小化感知状态的预测误差——展开的。感知就是找到最能拟合感官证据的预测，而行动则是改变世界，使其与预测相符。这两种互补的处理预测误差的手段在协同作用中始终彼此影响。

正是预测和行动之间的这种深刻的互补关系让预测性大脑得以创造延展的心智。延展的心智指的是心智因工具、技术的使用和复杂的社会生活而实现的增强和扩展。延展心智之所以成为可能，是因为预测性大脑自然就会通过采取行动来改善我们的信息状态：在我们追求目标（对某种未来状态的乐观预测）时降低不确定性。当这些行为构成某个习惯系统的一部分，该习惯系统又高度倚仗那些可用、可信，并且与我们的日常生活紧密捆绑的资源时，我们就成了延展的生物，我们的认知活动也不仅仅依赖于生物性大脑了。

一切似乎都令人满意。根据预测处理理论，像我们这样的生物是真正意义上的在世存在：一切感知和行动都有一个单一的来源，那就是在生活中不断尝试最小化（精度加权的）预测误差。此外，一切主观体验都稳固地植根于相应的核心计算，这些计算操作取决于大脑的特定结构和运转过程。但是，尽管这种解释很吸引人，但它在某些方面仍不完整。

许多人都相信，我们还有一个悬而未决的最大的难题，关乎有意识的意识性体验的来源。这是一个模糊的话题，我在本书中一直对此采取刻意回避的态度（除了在插曲部分有过一些探讨）。但本书既然叫《体验机器》，一味地回避怕是说不过去！我相信要理解主观体验是什么，以及它从何而来，最为重要的线索就是预测改变和调整主观体验的种种方式。假如我们坚持这方面的研究，就有可能慢慢接近那个所谓难题的答案，解释意识性体验本身的性质及其如何产生。[1]

至少，预测处理理论揭示了关于"基本感知觉能力"的许多事实。对拥有基本感知觉能力的生物而言，世界是一个富有意义的竞技场，遍布行动的可能：它们被某些外部状态吸引，视其为机遇；同时回避另一些外部状态，视其为挑战。通过将关于预测性大脑的研究与行动的作用、误差动态和内部身体信号整合，我们似乎为基本感知觉能力提供了粗略的理论概览。

但最重要的是，对人类而言，我们对自身及世界的了解与表征还有多种奇特形式。其中包括借助结构化的公共语言、书写系统和文化传播机制，以代代相传的集体智慧训练新的心智。这种能力让我们成了一种奇特的、自我反思的生物，使我们能对自己的心智及其内容进行思考。我怀疑一旦基本感知觉能力得到了解释，剩下的大部分是一系列误导性的直觉[2]——认知错觉植根于我们独特的自我反思的能力，而我们之所以相信自己拥有这种能力，或许正是因为长久以来在接受这样的语言灌输。

物质性的象征性文化环境向我们提出了一系列亟待解决的重要问题。我们需要更好地理解物质文化、社会和物理环境如何影响并改变预测和行动模式。[3]之前的分析已经揭示，预测性大脑能够实现认知目标与实用目标之间的根本融合。然而，人类致力于将这种机制逐渐与额外的能力结合，包括使用复杂口语句子、绘制草图、制作图表以及用文字记录。这些能力都涉及外部编码的使用，即借助外部编码形式来表示有用的信息。尽管我们无法确定创造和使用外部编码这种能力的起源，[4] 但可以肯定的是，它都在其他动物难以应对的时间尺度上，为我们提供了最小化预期的未来预测误差的强有力的工具。[5]

尽管已深度介入复杂的社会文化生活，我们仍然不清楚有意识的期望与各种形式的无意识预测之间的具体交互机制。这种交互作用无疑是存在的。比如，我们已经讨论过有意识的期望如何系统地影响疼痛体验。鉴于无意识的预测和期望是如此之多，我们需要更深入地理解显性的有意识预测如何以及为何在各种不同情况下塑造主观体验，时而作用大，时而作用小。探究这种影响的具体性质应成为未来研究的重要目标。我们如果想要更加系统、更加有效地"黑进"自己的预测性大脑，显然有必要更好地理解这个过程。

虽说目前的研究仍存在许多不足，但我们已经有充分的理由相信：所有人类主观体验都是基于大脑的最佳预测构建的。这意味着个体体验之间可能存在惊人的差异，因为不同的个体总是会在感知与行动中带入各自独特的预测和精度加权平衡机制。个体之间在控制这些平衡的能力（以及习得这种能力）上也会存在显著的差异。理解了体验机器平衡机制的性质与影响，我们就能将人类主观体验中的神经典型与神经非典型的部分纳入一个统一的框架，以此指导精神病学、医学和临床实践。

一门新的循证科学已呼之欲出，这门科学致力于将预测和精度加权误差信号的起伏与我们的各种主观体验和行动模式中的许多细微差异关联起来。一旦我们掌握了这门科学，基于主观体验的干预就将更加可靠，也更有针对性：我们将得以实施心理学意义上的"精准医疗"，逐渐弥合精神病学、神经病学和计算神经科学间的古老鸿沟，最终迎来心智、身体与世界的基本统一。

这种统一性的本质现在已经明朗。大脑有最小化感知预测误差的基本驱动力。这种驱动力既会被我们内部身体状态引导，也受行动模式的影响，其中许多旨在收集信息并减少不确定性。大脑的结构与神经化学、身体的生理状态、我们的行为、经历与实践，以及我们身处其中的环境共同塑造了我们的预测。以此观之，人类的心智并非如幽灵般难以捉摸的内在事物，而是由大脑、身体和世界编排的沸腾、回旋的预测的海洋。我们要对物质环境、虚拟现实和社会文化的建构保持谨慎，因为在创建这些世界的过程中，我们也在塑造自己的心智。

附　录

细节补充

本书的主题是预测性大脑如何支持人类的体验，以及这对心智和社会意味着什么。为保持叙事的连贯，我已尽可能地少谈技术细节（对技术细节感兴趣的读者可以关注其他一些优秀的作品[1]）。这篇简短的附录旨在做一些更加重要的补充，为希望深入研究的读者提供一些建议。如果你已经熟悉这一领域的相关研究，或是对细节补充不感兴趣，则完全可以跳过这一部分。

预测性大脑由四大核心元素构成。一是"生成模型"。二是它实时发布的预测。三是我们已十分熟悉的"预测误差"——只要预测不准确或不完整，以至于无法解释感官证据，就会产生误差。四是对"精度"的估计，它会改变预测与感官刺激的相对影响。

先验知识、预测、预测误差和精度或许听上去比较随意，但它们构成的"工具包"其实严丝合缝，可以用来构建与人类心智有关的一切。

我们逐个回顾一下，最后再简单聊聊行动的作用。

元素 1：生成模型

致力于拟合传入感官证据的预测是由大脑实现的"生成模型"发布的。我们可以将生成模型理解为一种资源，它对各种特征和属性通常会如何组合有所了解，并能据此"生成"（顾名思义）一系列数据、图像或结构的新实例。

如果你在读本书，你大概至少懂一门语言。懂一门语言的意思就是你掌握了对应这门语言的生成模型，你能根据这门语言所特有的一般模式理解并创造出你从未读到过的全新语句。同样，如果一个孩子很会搭乐高积木，也可以说他掌握了一个"乐高积木生成模型"，这让他能搭建出各种新颖的结构。[2]

以大量真实案例训练的人工神经网络能习得训练数据的生成模型，并能由此了解表征特定数据集内含的一般模式和特征。一旦完成这样的训练，网络就能生成新版本的数据——一些看似合理，但它们从未在训练过程中接触过的"伪"实例。图 A-1 有助于我们直观地了解一个好的生成模型的威力：这两张面孔是由一个生成神经网络架构输出的两个"伪名人"，该架构的训练为期 20 天，使用了 3 万张真实的名人图像。[3]

网络生成人脸靠的并不是对真实人脸的简单调整，比如从构成训练数据集的图片中选用更高的鼻子或是不同颜色的头发。相反，该网络习得了一套概率性的"名人形象语法"，使其能自行构建"看似真实"的名人形象。给多层人工神经网络"投喂"大量的训练图像，令其（一次

图 A-1　两张 AI 生成的"伪名人"面孔
资料来源：Tero Karras，Timo Aila，Samuli Laine，Jaakko Lehtinen，经许可使用。

又一次地）尝试生成类似的图像，就能让网络习得这套"语法"。[4]

　　当然并不是说这种方法只能用于生成名人的图像，因为我们真正的目的是找到一种方法，能按所需类型人工生成极高分辨率的新图像。碰巧的是，网络名人照片为训练提供了理想的高分辨率图源。要生成这类图像的新实例，就需要识别并"重新组合"一些原始数据集里的关键底层模式。在人类千变万化的面部特征构成的特征空间中，这些模式或许更多偏向"胜利的微笑"和"对称"特征等（毕竟训练集是名人的照片）。但同样的方法也已被应用于各种各样的数据集，从盆栽到自行车。

　　在这里，神经网络的生成模型（就像它们在预测处理的过程中所做的那样）是通过不断尝试生成训练数据所含的各种模式而产生的。但在这些具体的特例中，训练涉及所谓的对抗性方法。这意味着一个网络（称为生成网络）致力于生成看似合理的伪实例，另一个网络（称为对抗网络）则致力于分辨生成的图像的真伪。这种方法十分

附　录　细节补充

强大,就像警察和假钞贩子的较量,双方都为对抗另一方而拼命提高自己的业务能力,于是假钞变得越来越逼真。但人类的大脑极不可能使用这种对抗性方法。相反,我们必须使用观察—行动序列——尝试利用感觉信息指导行动,每当这种尝试失败,就产生多种形式的预测误差信号。[5] 此外,这种学习必须能够一直进行,而非仅局限于早期学习这个小窗口。[6] 就我们的目的而言,重要的是生成模型——无论如何"安装"——应该是一种可习得的资源,它将使系统能够自行生成在训练中接触的各种数据的看似合理的新实例。

根据预测处理理论,成熟的人类大脑为人类世界编码了一个细节丰富的生成模型。像这样的大脑完全有能力自行生成模拟的感觉数据。这在某种程度上并不令人意外。对梦境、生动的想象和幻觉的反思已经暗示了这一点。不仅如此,我们似乎可以进一步猜测,能(以这种方式)感知世界的生物也能想象这个世界——所谓想象,就是能单独利用内部资源产生某种神经反应,这种反应与生物因身处特定事态而产生的神经反应类似。

元素2和元素3:预测和预测误差

有了生成模型,大脑就能做出有依据的猜测(预测),并将其与传入信号进行比较。二者匹配时,我们就感知(并理解)了我们的世界。但若二者不匹配，就会产生预测误差。这些信息不论携带了什么残差，都能指导系统寻找更好的猜测，或对世界采取行动，改变输入以拟合预测。

在感知过程中，大脑对预测误差做出的反应是寻找对外部事物的更好猜测。因此，假设你装备的生成模型不是关于人脸或物体的视觉外观的，而是关于书面英语的，那么在遭遇如图 A-2 所示的刺激时，预测性大脑就必须寻找最佳方式，使用先验信息（生成模型对世界的了解）生成感官证据片段。在这个例子里，关于英语的形式、结构和含义的信息与模式构成了这些先验知识最重要的方面。

Jack and Jill event up the hill
The last event was canceled

输入
预测

event　　　　　　　　　　*event*
went event　　　　　　*went event*

词汇
went event　　　　went event
　　　　　　　　　went event

语义
Jack and Jill went up the hill

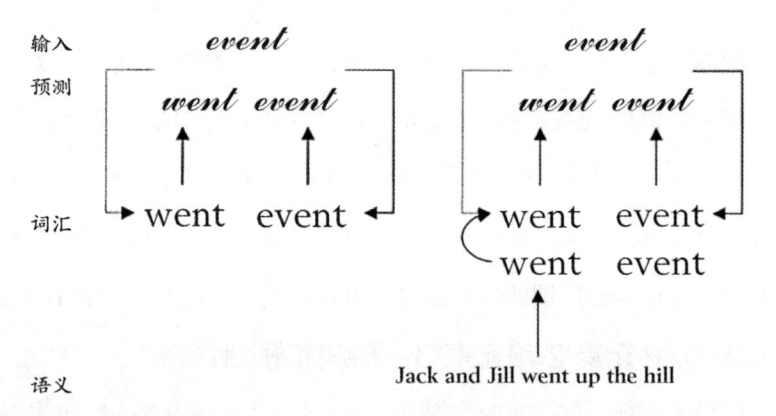

图 A-2　先验作用的示意图。（左）"event" 一词被选为最有可能导致视觉输入的诱因。（右）"went" 被选为最有可能的单词，一是对感官输入的合理解释，二是符合基于语义情境的先验期望
资料来源：Karl Friston。

现在仔细观察图中顶部两个句子①中的"went"和"event"这两个单词。它们在结构上是完全一样的，但我们可以毫不费力地在句中将它们分别读作"went"和"event"。这是因为经过一系列快速的预测和误差循环（稍后将详细介绍），大脑的最佳总体猜测是：第一句中最有可能出现的单词是"went"，而第二句中最有可能出现的单词是"event"。

这种自上而下的影响是如此强大，以至于我们很难发现两个单词（斜体的"went"和"event"）在结构上多么相同。根据预测处理理论，我们的所见、所闻、所感总是反映了大脑在更广泛的情境下的最佳猜测——在这种情况下，"更广泛的情境"就是单词所在的句子。但我们也可以刻意将注意力投向单个字母的实际形式，从而揭示这两个单词的"w"和"ev"部分在结构上的一致性。稍后我们将进一步介绍选择性注意的过程。

我们通常都很擅长预测母语句子中的词。但那些真正出乎意料的情况呢？最糟糕的情况是，大脑并没有掌握某个领域的生成模型。果真如此，就只能依赖缓慢的、示例驱动的学习了（见第 1 章）——通过反复尝试预测并从每一次失败中学习，逐渐"自举"出一个良好的预测模型。但通常所谓的出乎意料只表示我们本不认为会在这个特定时刻遭遇这种特定状况，而非我们完全不了解这种状况。

假设（在征得你同意的前提下）有个朋友蒙住你的眼睛，把你塞

---

① 两个句子的意思分别是：杰克和吉尔上了山，最后一次活动取消了。——编者注

进一辆车子里。半小时后，车子不知开到了什么地方，他给你摘下眼罩。在你刚刚看见外头的那一刻，你的大脑对感官输入所做的预测全部失效，随之而来的就是预测误差信号。但谢天谢地，要消除这些误差，你不用依靠缓慢的长期学习来形成一套新的预测。相反，你眨眼一两次，环顾一番，就了解了周围的情况。你意识到朋友给你准备了生日惊喜，你被带到了小镇边缘森林中一家新开的水疗中心，那儿有香槟和松露巧克力。所以问题来了：一连串的预测误差如何让你如此迅速地了解出乎意料的情况？

这里要强调，我们构想的其实是一种极不常见的情况。正常情况下，我们会在或多或少熟悉的房间和环境中醒来（比如在家里或在参会入住的酒店里），再经历一系列相当可预测的场景的改变。在我们生命的大部分时间里，我们接收的感官刺激流非常接近我们大脑的期望。换言之，生活通常都不会偏离"预测"。

但即便真的遭遇出乎意料的状况，我们也未必会迷失方向。所以，当眼罩被摘下后会发生什么呢？首先，我们会检测感觉数据的非常一般的特征，这本身就是一个预测误差最小化的过程，有助于确定更广泛的情境，区分（比如说）城市景观、湖边或公海等环境。一旦确定了情境的要旨，新的预测流就将致力于填充更多的细节。在足够多的细节被确定下来之前，预测误差都不会被完全消除。这一切发生得非常快，以至于人们不会意识觉知预测、误差和修正预测之间的复杂取舍。[7]

这意味着我们是在"未见树木，先见森林"：借助快速处理的粗粒度线索识别更广泛的模式和情境，以此缩小搜索范围。[8]随着这个过程的展开，预测变得越来越明确，误差亦然，而这又迫使我们选择新的预测以消除误差。这样一来，我们就从预测和预测误差的共舞中提取了富有意义的经验。

根据上述框架，行动与感知背后的逻辑大致相同：二者的目标都是感官流的预测误差最小化。但行动意味着移动身体来对误差的一个子集（本体感受预测误差）做出反应，从而推动预测的实现。正如我们在正文中所看到的，本体感受这个技术术语指我们对自身的运动和身体部位在空间中所处位置的感知。根据预测处理理论（主动推理），当大脑预测到某种尚未实际存在的本体感受信号模式时，运动就会发生，继而系统地消除因预测而产生的本体感受预测误差。因此，对预期行动之感觉结果的预测起到了通常被认为是"运动指令"的作用——推动预期行动的执行。可见，行动同样涉及某种"自我实现预言"。[9]

元素4：精度

我们已了解了感知和行动如何从预测和预测误差的持续共舞中一同涌现。这场舞蹈的排演者是我们的最后一个关键元素——精度。精度决定了预测和预测误差的权重，从而起到了调节神经反应和身体反应的作用。

再仔细看看图 A-2，这一次，你可能会注意到单词"event"中的"ev"，以及单词"went"中的"w"：前者看上去很正常，后者则似乎有点儿变形。这一点乍看上去并不明显，因为最佳的顶层句子模型的整体拟合度良好，使得大脑将"went"中字母"w"的轻微变形视为无关紧要的噪声，而噪声会立刻被忽略。就像第 1 章提到的"白色圣诞节"幻觉一样，足够强的期望（体现在生成模型中，则是足够强的先验）有时允许大脑主动"塑造"对形式或信号的期望，哪怕真实的感官证据与之不符，甚至相悖。

但只要我们更加仔细观察，就能清楚地发现字母级别的变形。既然如此，对字母形式的特别关注改变了什么呢？答案是大脑拥有一种非凡的能力，能改变其预测机制中关键元素的相对权重。通过提高或降低这些"精度权重"，可以增强或抑制某些预测或某些感官证据的影响。这使大脑能够"放大"其认为既重要（任务显著）又可靠的信息。[10]我们通常所说的"注意力"就是借由改变精度权重的机制在这些系统中实现的。通过刻意关注字母的形式，我们提高了视觉证据的特定片段的精度权重，并（因为这是一个零和游戏）在一定程度上降低了更高层级预测的有效权重，让高层级预测无法"掩盖"与整体情境不符的细节。注意力倾向于以这种方式改变自上而下的预测和期望的某些效果。[11]大脑正是这样提高关于字母形式的视觉证据的影响力的——让我们能检测到轻微的、我们本可能忽视的变形。

一言以蔽之，注意力能抑制或增强"神经猜测游戏"的某些指定

附　录　细节补充

的方面，调整反应模式以更好地服务于某些特定的任务或目标。我记得自己有一次在乱糟糟的办公桌上到处找车钥匙，我很确定几秒前才把它搁在桌子上，却怎么也找不着。随即我想起自己最近换了钥匙扣——以前的钥匙扣是黄色的，新的则是亮粉色的（这是宠物店男孩乐队一次巡回演出的纪念品）。于是，遍寻不得的钥匙随即在视野中"跳了出来"。

这套机制对我能找到钥匙至关重要。我修正后的预测是：车钥匙在亮粉色的钥匙扣上。这改变了特定类型的感觉信息的精度权重，让我能以新的方式搜索眼前的场景——在新的搜索中，亮粉色变得显著。这有助于大脑消除一种非常具体的不确定性——关于办公桌上亮粉色物件所处位置的不确定性。[12] 对亮粉色的预测改变了视觉处理流中关键神经元集群的反应阈值，从而调整了搜索方案，最终让我找到了钥匙。

可变精度加权是支持预测处理的最强大的工具。要直观地理解它有多了不起，我们可以用不起眼的头灯来做一个简单的类比。几年前，我经历了一次意外的停电，当时四周一片漆黑，我摸索着找出头灯戴上并打开，随即产生了一种奇妙的感觉：我几乎能立马看到我想看的任何东西，而无须有意识地思考或努力。这与使用手电筒的体验截然不同。使用手电筒时，我得做两件事（将手电筒指向某处，然后对世界采取行动），而当下我只需直接采取行动，就好像世界在向我展示它自己，而且（几乎是奇迹般地）在恰到好处的时间以正确的方式为我当下的行动和目标提供支持。

这个类比并不完美，但它与精度加权有一些相似之处。在大脑中，精度加权改变了突触后影响模式（突触"激发"后传递的信号强度）。这意味着可以有选择地增强特定信号的影响。[13] 显然，大脑要增强的应该是那些预期既可靠又对当前任务重要的信号。我们可以像这样理解精度：它反映了"对信息在这种情况下对这项任务的价值的评估"。这种精度的调整实现了注意力资源的（有意识或自动）部署和分配。在我们的日常生活中，大脑的多个区域和各个处理层级会反复估计精度。[14] 通过这种方式，可变精度加权让大脑得以根据具体任务和情境调整其反应，赋予神经信息处理架构无比的流畅度和灵活度。[15]

值得注意的是，可变精度加权背后的学习过程并不神秘。大脑对如何以及何时调整其精度估计的学习是其获取生成模型的过程的一部分。大脑之所以能习得这些模型和相关的精度估计，是因为大脑以指导生物在世行动为宗旨，沉浸在丰富的感觉信息流中。通过在行动中预测这些信息流，我们的大脑学会了在不同的层级上提取多种有用的模式。但精度分配也可能出错，这意味着大脑有时会对错误之事充满信心，而对正确之事失去信心。这显然是有害的失误，可能导致功能障碍（详见第 2 章对功能性疼痛和瘫痪的论述）和精神疾病。

这些错误和失误，以及我们有时只能看到自己期望看到的东西的倾向，是预测性大脑在行动中的阴暗面。但预测处理带来的优势也是多方面的。我们能在一片嘈杂和模糊中辨别微妙的模式，能以符合当前任务和情境需要的方式重新配置自己的处理程序。完整的具身有机体自始至终都将围绕精度加权的预测误差来组织自身的反应，最小化

附　录　细节补充

误差的努力将驱动感知和行动,将它们锁定在一个紧密且相互增强的回路之中。[16]

  这就是大脑用于协调我们与世界互动的具身体验的核心工具包。随着指导性的预测模型的复杂性和深度的增加,该工具包(见第6章)开始支持对多种未来的推理——如果(当且仅当)我们选择一种行动而不是另一种行动,事情会发生怎样的变化。如此,像我们这样的生物就能真正融入我们生活的世界,选择利用工具、实践和环境中的机会的行动来减少未来的误差,让我们更接近目标。最终,造就我们是谁和我们是什么的,不仅仅有预测性大脑,还有我们自身与我们所在的世界,感知与行动,过去、当下与未来的复杂共舞。

致　谢

本书涵盖了许多领域，从哲学和认知科学（我的老本行）到心理学、神经科学、机器学习、医学、精神病学等。要做到融会贯通当然十分困难，因此我邀请了各个领域的专家对重要的章节和段落进行把关，乃至（在少数情况下）通读全稿，以免出现大的错误。为此，我要向不辞辛劳的阿尼尔·赛斯、罗布·克洛斯和雅各布·霍维表示由衷的感谢。乔恩·斯通（爱丁堡大学神经病学教授）慷慨而有益的建议极大地提高了书中与功能障碍有关的内容的质量。对依然存在的错误，我深表歉意。书中添加了大量的注释，以便读者进一步探索并得出自己的结论。

在学术交流方面，我要一如既往地特别感谢丹尼尔·丹尼特，感谢他的宝贵洞见、诚挚友谊和热情支持。此外，本书的主题与观点在很大程度上归功于我在英国萨塞克斯大学的新老朋友和同事们，尤其是阿尼尔·赛斯和萨拉·加芬克尔（现就职于伦敦大学学院）；我在爱丁堡大学的老同事，尤其是佩姬·塞列斯和罗伯特·麦金托什；我在澳大利亚麦考瑞大学的现任和前任同事，特别是理查德·梅纳里和约翰·萨顿；推动预测处理理论发展的一众学者，特别是卡尔·弗里斯顿、雅各布·霍维、露西娅·梅洛尼、迈卡·艾伦、乔瓦尼·佩祖洛、朱利安·基弗斯坦、阿克塞尔·康斯坦特、埃里克·里特韦尔和莉萨·费德曼·巴瑞特。当然还有令人惊叹的"X团队"，包括马克·米勒、戴维·卡梅尔、萨姆·威尔金森、弗兰克·舒曼、乔治·迪恩和凯特·内夫。他们是我在欧洲研究委员会资助的四年期项目"预测我们自身：具身预测和意识性体验的构建"（XSPECT—DLV-692739）（隶属于欧盟"地平线 2020"计划）中的合作者。本书中的许多观点都是在我担任该项目的首席研究员期间形成的。

在个人交情方面，我想感谢的人更是数不胜数。我要特别提到我的兄弟戈登·克拉克和戴维·克拉克，我过早去世的兄弟吉米，以及他们所有的家人。感谢我的伴侣亚历克莎·莫科姆，她了不起的父母卡罗琳和约翰·莫科姆，以及她的其他家人。感谢我的好朋友吉尔·班克斯、马克·塞耶斯、雷切尔和科林·麦肯齐、奈杰尔·戴维斯、伊恩·戴维斯和埃里克·布朗德。

最后，感谢爱丁堡大学和萨塞克斯大学给予我完成本书（和参与其他项目）的宝贵时间。衷心感谢我乐于助人且勤奋的文字编辑弗雷德·蔡斯，还有克里斯·霍华德-伍兹，以及编辑爱德华·卡斯滕迈耶、劳拉·斯蒂克尼和罗恩·科普，你们的宝贵意见和建议极大地提高了本书的质量。

注　释

前言　形塑体验

1　针对医学实习生的研究，参见：Rothberg, M. B., et al., "Phantom Vibration Syndrome Among Medical Staff: A Cross Sectional Survey," *BMJ (British Medical Journal)* 341 (December 15, 2010)。针对大学本科生的研究，参见：Drouin, M., Kaiser, D. H., and Miller, D. A., "Phantom Vibrations Among Undergraduates: Prevalence and Associated Psychological Characteristics," *Computers in Human Behavior* 28(4) (2012): 1490–1496。类似的研究，参见：Sauer, V. J., et al., "The Phantom in My Pocket: Determinants of Phantom Phone Sensations," *Mobile Media & Communication* 3(3) (2015): 293–316。

第 1 章　预测机器开箱

1　关于幻觉的早期报告，可见：Ellison, D. G., "Hallucinations Produced by Sensory Conditioning," *Journal of Experimental Psychology* 28 (1941): 1–20。通过将"看到灯泡微微亮起"与"听到简单的音调"配对并反复向受试者呈现，实验者诱导了受试者随后的幻觉体验：接受"训练"后，听到同样音调的受试者会报告自己看见了很微弱的光。

2　马尔的具体观点详见其代表作：*Vision: A Computational Investigation into the Human Representation and Processing of Visual Information* (Cambridge: MIT Press, 1982)。

3　类似研究，参见：Riesenhuber, M., and Poggio, T., "Models of Object Recognition," *Nature Neuroscience* 3 (Suppl) (2000): 1199–1204。早期一种重要的前馈观，参见：Hubel, D. H., and Wiesel, T. N., "Receptive Fields and Functional Architecture in Two Nonstriate Visual Areas (18 and 19) of the Cat," *Journal of Neurophysiology* 28 (1965): 229–289。最早揭示前馈观不足之处的一些结论性的实证检验，参见：Egner, T., Monti, J. M., and Summerfield, C.,

"Expectation and Surprise Determine Neural Population Responses in the Ventral Visual Stream," *Journal of Neuroscience* 30(49) (2010): 16601–16608. 还可参见：Petro, L., Vizioli, L., and Muckli, L., "Contributions of Cortical Feedback to Sensory Processing in Primary Visual Cortex," *Frontiers in Psychology* 5 (2014): 1223。

4 例如，在光进入眼睛后，信号首先传递到外侧膝状体核（LGN），后者将信息传递到被称为V1的区域，但这种信息的前馈只是故事的一小部分。LGN的大部分（可能80%左右）输入其实来自大脑的其他区域，其中大部分自V1向下反馈。有关这些连接的估计，参见：Budd, J. M. L., "Extrastriate Feedback to Primary Visual Cortex in Primates: A Quantitative Analysis of Connectivity," *Proceedings of the Royal Society B: Biological Sciences* 265 (1998): 1037–1044。另请参见：Raichle, M. E., and Mintun, M. A., "Brain Work and Brain Imaging," *Annual Review of Neuroscience* 29 (2006): 449–476。

5 一些关于行动的预测处理模型的精彩探讨和有力实验演示，参见：Muckli, L., et al., "Contextual Feedback to Superficial Layers of V1 Report," *Current Biology* 25 (2015): 2690–2695。

6 能耗数据引用自：Raichle, M., "The Brain's Dark Energy," *Science* 314 (2006): 1249–1250。

7 关于"我们几乎一无所知的奇怪架构"，参见：Winston, P., "The Next 50 Years: A Personal View," *Biologically Inspired Cognitive Architectures* 1 (2012): 92–99。然而，即便在那时，我们也不像温斯顿所暗示的那样一无所知，因为关于下行布线的真正作用，人们在很久以前就已经有了一些不错的见解。相关实例参见以下注释中的参考资料。

8 在此期间有一篇相当重要的论文：Friston, K., "A Theory of Cortical Responses," *Philosophical Transactions of the Royal Society of London B Biological Sciences* 29, 360(1456) (2005): 815–836。更早的相关作品，包括：Mumford, D., "On the Computational Architecture of the Neocortex II: The Role of Cortico-Cortical Loop," *Biological Cybernetics* 66 (1992): 241–251；以及 Lee, T. S., and Mumford, D., "Hierarchical Bayesian Inference in the Visual Cortex," *Journal of Optical Society of America A*, 20(7) (2003): 1434–1448。另请参见：Hinton, G. E., et al., "The Wake-Sleep Algorithm for Unsupervised Neural Networks," *Science* 268 (1995): 1158–1160。

9 需要注意的是，作为预测的根基，我们的许多知识都是终身学习的结果，但也有一些知识是演化的产物，它们已被自然选择预先安装为大脑的某些基本结构和连接模式了。参见：Teufel, C., and Fletcher, P. C., "Forms of Prediction in the Nervous System," *Nature Reviews Neuroscience* 21(4) (2020): 231–242。此外，通过终身学习获得的一些知识可能会被压缩（通过一个被称为"平摊推理"的过程），形成快速、高效的连接，牺牲灵活性以换取速度。这些快速、冻结的连接可能（比如说）有助于我们快速领会特定场景的要旨，为主要的目标，也就是推动预测和预测误差信号更加复杂的相互作用铺平道路。有关平摊推理的更多信息，参见：Tschantz, A., et al., "Hybrid Predictive Coding: Inferring, Fast and Slow," *arXiv*:2204:02169v2 (2022)。其在计划中的应用，参见：Fountas, Z., et al., "Deep Active Inference Agents Using Monte-Carlo Methods," *Advances in Neural Information Processing Systems 33* (eds.) Larochelle, H., et al. (Red Hook, N.Y.: Curran Associates, 2020), pp. 11662–11675。

10 参见：Hermann von Helmholtz, *Handbuch der physiologischen optic*, in J. P. C. Southall (ed.), (English trans.), Vol. 3 (New York: Dover, 1860/1962)。

11 目前我们尚不清楚谁最早提出这个惊人的见解，但他很可能是机器学习领域的先驱马克斯·克洛斯。

12 参见：Shannon, C., "A Mathematical Theory of Communication," *Bell System Technical Journal* 27 (July, October, 1948): 379–423, 623–656。

13 无线电工程师协会的彼得·伊莱亚斯在两篇早期论文中提出了特别有先见之明的见解。这两篇发表于 1955 年的论文于 1965 年由曼弗雷德·施罗德和比什努·阿塔尔重新发现，他们同样在贝尔实验室工作。参见：Atal, B. S., "The History of Linear Prediction," *IEEE Signal Processing Magazine 161* (2006): 154–161。

14 参见：Musmann, H., "Predictive Image Coding," in *Image Transmission Techniques* (Advances in Electronics and Electron Physics, Suppl 12), ed. W. K. Pratt (New York: Academic Press, 1979), 73–112。

15 参见：Friston, K., "The Free Energy Principle: A Rough Guide to the Brain?," *Trends in Cognitive Sciences* 13(7) (July 2009): 293–301。关于这套策略与人脑神经回路间关联的一些更详细的研究，参见：Bastos, A. M., et al., "Canonical Microcircuits for Predictive Coding," *Neuron* 76(4) (November 2012): 695–711。对神经证据的状态有一个相当平衡的观点，参见：Walsh, K. S., et al., "Evaluating the Neurophysiological Evidence for Predictive Processing as a Model of Perception," *Annals of the New York Academy of Sciences* 1464(1): 2020: 242–268。另见：De Lange, F., Heilbron, M., and Kok, P., "How Do Expectations Shape Perception?," *Trends in Cognitive Sciences*, 22(9) (June 2018): 764–779。

16 参见：Biderman, D., Shir, Y., and Mudrik, L. B., "Unconscious Top-Down Contextual Effects at the Categorical but Not the Lexical Level," *Psychological Science* 31(6) (2020): 663–677。

17 网上一些素材对此有很直观的演示，相关视频参见：www.richardgregory.org/experiments/video/chaplin.htm。更多与"凹脸错觉"有关的讨论，参见：Gregory, R. L., "Knowledge in Perception and Illusion," *Philosophical Transactions of the Royal Society London, B* 352 (1997): 1121–1128。

18 穆尼图是以心理学家克雷格·穆尼的名字命名的，他在 1957 年手绘了许多这样的刺激物作为简单的工具来研究如何利用最少的信息产生有意义的视知觉。相关研究，参见：Mooney, C. M., "Age in the Development of Closure Ability in Children," *Canadian Journal of Psychology* 11(4) (1957): 219–226。正文中的图片引用自 Rubin, N., Nakayama, K., and Shapley, R., "The Role of Insight in Perceptual Learning: Evidence from Illusory Contour Perception," *Perceptual Learning*, Fahle, M., and Poggio, T. (eds.) (Cambridge: MIT Press, 2002)。

19 对此我们可以多说两句。一旦你看过一幅穆尼图的原始图，而后再次看该穆尼图时，你就能利用更加丰富的知识库，该知识库将指导你如何对该图片进行视觉探索。至关重要的是，早期处理环节中检测与小狗有关的局部特征的神经元反应也会被锐化。尽管传入的感觉信息没有变化（仍是同一幅穆尼图），但更高层级的知识体系现在能很好地预测这些信息，早期特征检测器的响应方式也随之相应调整。更多关于如何预测解码穆尼图的信息，参见：Teufel, C., Dakin, S. C., and Fletcher, P. C., "Prior Object-Knowledge Sharpens Properties of Early Visual Feature-Detectors," *Nature Scientific Reports* 8, 10853 (2018)。

20 关于"正弦波语音"的原始论文，参见：Remez, R. E., et al., "Speech Perception Without Traditional Speech Cues," *Science* 212 (1981): 947–950。如今人们对这一现象的见解和有关的音频实例，可见：马特·戴维斯的在线简介"An Introduction to Sine-Wave Speech"。

21 歌曲的选择反映了研究的最早起源，该研究可追溯至 1964 年，当时宾·克罗斯比仍然是世界上最著名的歌手之一。最初的论文是：Barber, T. X., and Calverey, D. S., "An Experimental Study of Hypnotic (Auditory and Visual) Hallucinations," *Journal of Abnormal and Social Psychology* 68 (1964): 13–20。文中将这种现象描述为"催眠幻觉"。针对本科生的实验研究，参见：Merkelbach, H., and van de Ven, V., "Another White Christmas: Fantasy Proneness and Reports of 'Hallucinatory Experiences' in Undergraduate Controls," *Journal of Behavior Therapy and Experimental Psychiatry* 32 (2001): 137–144。更大规模的后续实验，参见：van de Ven, V., and Merkelbach, H., "The Role of Schizotypy, Mental Imagery, and Fantasy Proneness in Hallucinatory Reports of Undergraduate Students," *Personality and Individual Differences* 35 (2003): 889–896。

22 压力和咖啡因摄入增强"白色圣诞节"幻觉的倾向，参见：Crowe, S. F., et al., "The Effect of Caffeine and Stress on Auditory Hallucinations in a Non-Clinical Sample," *Personality and Individual Differences* 50 (2011): 626–630。精神分裂症的影响，参见：Mintz, S., and Alpert, M., "Imagery Vividness, Reality Testing and Schizophrenic Hallucinations," *Journal of Abnormal Psychology* 79 (1972): 310–316，以及 Young, H. F., et al., "The Role of Brief Instructions and Suggestibility in the Elicitation of Auditory and Visual Hallucinations in Normal and Psychiatric Subjects," *Journal of Nervous and Mental Disease* 175 (1987): 41–48。

23 在这种情况下，听到《白色圣诞节》的调子并不意味着精神疾病或异常，而是反映了我们的大脑构建日常体验的方式。事实上，这为研究预测性大脑提供了一条明显的线索：典型和非典型的人类体验是以非常相似的方式构建的。这是"计算精神病学"这一颇有前景的新领域的核心洞见，详见第 2 章。

24 参见：Witzel, C., Racey, C., and O'Regan, J., "Perceived Colors of the Color-Switching Dress Depend on Implicit Assumptions About the Illumination," *Journal of Vision* 16(12) (2016): 223。

25 关于晨型人与夜型人的研究，参见：Wallisch, P., "Illumination Assumptions Account for Individual Differences in the Perceptual Interpretation of a Profoundly Ambiguous Stimulus in the Color Domain: 'The Dress,'" *Journal of Vision* 17(4) (2017): 1–14。

26 在视觉领域，计算神经科学家拉杰什·拉奥和达纳·巴拉德在 20 世纪的最后几年创建的一个人工神经网络有力地证明了预测驱动学习的效力。他们用大量从自然场景图片中提取的样本（包括斑马、天鹅、猴子和森林的图片）训练该网络。样本图被输入一个简单的预测架构，其中各层级都致力于预测下一层级的当前活动。随着时间的推移，最初一无所知的网络开始习得自然场景图片中的模式，这证明预测的努力有助于习得成功的预测所需的知识。参见：Rao, R., and Ballard, D., "Predictive Coding in the Visual Cortex: A Functional Interpretation of Some Extra-Classical Receptive-Field Effects," *Nature Neuroscience* 2(1) (1999): 79。

27 这些论述源于柯蒂斯·凯利的一篇关于预测处理理论的通俗介绍。凯利在日本语言教学协会（JALT）的心智、大脑和教育特别兴趣小组工作。图片摘自预测处理的入门读物，*Bwlletin of the JACT Mind, Brain, and Education SIG* 6(10), (October 1, 2020)。

28 关于该主题的另外两本著作分别为：Jacob Hohwy, *The Predictive Mind* (New York: Oxford University Press, 2013), 和我自己的作品 *Surfing Uncertainty: Prediction, Action, and the Embodied Mind* (New York: Oxford University Press, 2016)。Anil Seth, *Being You: A Science of Consciousness* (Penguin, UK, 2021) 提供了认知神经科学的见解。Lisa Feldman-Barrett, *How Emotions Are Made: The Secret Life of the Brain* (New York: Houghton Mifflin Harcourt, 2018), 探讨了身体预测的强大作用。

第2章 精神病学与神经病学：弥合偏差

1 我是从米克·撒克那儿听到这位建筑工人的例子的。撒克是英国研究疼痛的杰出学者。相关报告，参见：Fisher, J. P., Hassan, D. T., and O'Connor N. M., *British Medical Journal* 310 (1995): 70。另见：Dimsdale, J. E., and Dantzer, R. A., "Biological Substrate for Somatoform Disorders: Importance of Pathophysiology," *Psychosomatic Medicine* 69(9) (2007): 850–854。

2 这里的"预测处理"指本书关注的预测性大脑的计算模型。如前文所述，这类模型也被称为"主动推理"——之所以如此命名，是因为它们将感知描述为推理并以某种方式统一了感知和行动。这种新的统一是第3章的主题。值得注意的是，"预测处理"一词有时有更宽泛的含义，可用于指代任何将大脑视为预测机器的计算主义解释。

3 参见：Fayaz, A., et al., "Prevalence of Chronic Pain in the UK: A Systematic Review and Meta-Analysis of Population Studies," *BMJ Open* 6 (2016): e010364。

4 关于这些定义和一些近期的发展，参见：Cohen, S. P., Vase, L., and Hooten, W. M., "Chronic Pain: An Update on Burden, Best Practices, and New Advances," *Lancet* 397(10289) (2021): 2082–2097。关于我们的疼痛概念发展历史的概述，参见：Raffaeli, W., and Arnaudo, E., "Pain as a Disease: An Overview," *Journal of Pain Research* 10 (2017)。

5 当前神经科学关于疼痛的研究，参见：N. Twilley, "The Neuroscience of Pain," *New Yorker* (Annals of Medicine)(July 2018)，以及 Y. Bhattacharjee, "A World of Pain," *National Geographic* (January 2020)。我还推荐疼痛研究的知名学者对关键问题的简短介绍，见 Irene Tracey, "Finding the Hurt in Pain," *Cerebrum: The Dana Forum on Brain Science* (December 2016)。关于一些重要实验的综述，参见：Atlas, L. Y., and Wager, T. D., "How Expectations Shape Pain," *Neuroscience Letters* 520 (2012): 140–148。在预测处理背景下对疼痛体验的全面介绍，参见：Kiverstein, J., Kirchhoff, M. D., and Thacker, M., "An

Embodied Predictive Processing Theory of Pain Experience," *Review of Philosophy and Psychology* (2022)。

6 一篇比较新近的综述，参见：Denk, F., McMahon, S. B., and Tracey, I., "Pain Vulnerability: A Neurobiological Perspective," *Nature Neuroscience* 17 (2014): 192。

7 宗教图像的作用，参见：Wiech, K., et al., "An fMRI Study Measuring Analgesia Enhanced by Religion as a Belief System," *Pain* 139(2) (2009): 467–476。

8 参见：Brown, C. A., et al., "Modulation of Pain Ratings By Expectation and Uncertainty: Behavioral Characteristics and Anticipatory Neural Correlates," *Pain* 135 (2008): 240–250。另见：F. Fardo, et al., "Expectation Violation and Attention to Pain Jointly Modulate Neural Gain in Somatosensory Cortex," *Neuroimage* 153 (2017): 109–121。

9 参见：Jensen, K., et al., "Classical Conditioning of Analgesic and Hyperanalgesic Pain Responses Without Conscious Awareness," *Proceedings of the National Academy of Sciences of the United States of America* 112(25) (2015): 7863–7867。

10 相关研究包括：Eippert, F., et al., "Direct Evidence for Spinal Cord Involvement in Placebo Analgesia," *Science* 326 (2009): 404; 以及 Geuter, S., and Buchel, C., "Facilitation of Pain in the Human Spinal Cord by Nocebo Treatment," *Journal of Neuroscience* 33 (2013): 13784–13790。

11 关于安慰剂研究的一篇出色的综述，参见：Büchel, C., et al., "Placebo Analgesia: A Predictive Coding Perspective," *Neuron* 81(6), (2014): 1223–1239。

12 参见：Facco, E., "Hypnosis and Anesthesia: Back to the Future," *Minerva Anestesiologica* 82(12) (2016): 1343–1356。关于牙髓刺激的实验，参见：Facco, E., et al., "Effects of Hypnotic Focused Analgesia on Dental Pain Threshold," *International Journal of Clinical Experimental Hypnosis* 59 (2011): 454–468。

13 参见：https://www.nhs.uk/news/medical-practice/survey-finds-97-of-gps-prescribe-placebos/。

14 参见：Colloca, L., and Miller, F. G., "The Nocebo Effect and Its Relevance for Clinical Practice," *Psychosomatic Medicine* 73(7), (2011): 598–603。关于如何对抗不良效应的有趣的探索，参见：Nestoriuc, Y., et al., "Informing About the Nocebo Effect Affects Patients' Need for Information About Antidepressants— An Experimental Online Study," *Frontiers in Psychiatry* 12 (2021)。

15 关于自我强化的疼痛预期，参见：Jepma, M., et al., "Behavioural and Neural Evidence for Self-Reinforcing Expectancy Effects on Pain," *Nature Human Behaviour* 838(2) (2018): 838–855。

16 高温读数可高达温度计整个量程的73%~93%，低温读数约为量程的25%~51%。

17 如果你担心即使对有偿参与实验的人类受试者而言，引发疼痛也有伦理问题，值得注意的是，皮肤中的热疼痛受体在38~42℃（100~107℉）就会被激活。相比之下，温度必须达到45℃（113℉）左右才会造成组织损伤。因此，大自然在热疼痛感受器的基本运行逻辑中内置了一套预测机制，使得它们的反应在实际刺激表明"在不久的将来发生损害"的统计可能性越来越大时最为强烈——我们可以认为这是在对风险做某种预测性的内部概率评估。参见：Morrison, I., Perini, I., and Dunham, J., "Facets and Mechanisms of Adaptive Pain Behavior: Predictive Regulation and Action," *Frontiers in Human Neuroscience* 7 (2013): 755。

18 他们寻找的是所谓的"神经疼痛标志"（neurologic pain signature, NPS）。NPS 是一种复杂的神经成像标志，被认为对身体疼痛非常敏感，而且只对身体疼痛敏感。相关介绍，参见：Wager, T. D., et al., "An fMRI-Based Neurologic Signature of Physical Pain," *New England Journal of Medicine* 368 (2013): 1388–1397。自那以后，研究者向 NPS 中加入了（与之互补的）刺激强度无关疼痛标志-1（SIIPS1），其试图通过多变量模式分析来捕捉判断和报告中涉及的更高水平的成分。从预测处理的角度来看，尚不清楚这些较高和较低水平的影响可以在多大程度上从经验上区分开来。但是，不同的情况背后存在不同的内部平衡的观点很重要。有关寻找疼痛神经标志的尝试的精彩讨论参见：Woo, C., et al., "Quantifying Cerebral Contributions to Pain Beyond Nociception," *Nature Communications* 8, 14211 (2017)。

19 衷心感谢爱丁堡大学神经病学教授乔恩·斯通慷慨而有益的评论，这些评论极大地推动了对功能障碍的治疗。

20 更全面的综述，参见：Murphy, D., "Philosophy of Psychiatry," in *The Stanford Encyclopedia of Philosophy* (Fall 2020 edition), Edward N. Zalta (ed.)。

21 参见：Huys, Q., Maia, T., and Frank, M., "Computational Psychiatry as a Bridge from Neuroscience to Clinical Applications," *Nature Reviews Neuroscience* 19(3) (2016): 404；以及 Montague, P. R., et al., "Computational Psychiatry," *Trends in Cognitive Sciences* 16 (2012): 72–80。

22 感谢乔恩·斯通提醒我澄清这一点。相关论述，参见：Stone, J., and Carson, A., "'Organic' and 'Non-organic': A Tale of Two Turnips," *Practical Neurology* 17 (2017): 417–418。区分"功能性"与"生物性"显然是有风险的，因为功能障碍当然也涉及生理结构上的变化，尽管变化可能很微妙。毕竟，对精度加权机制的调整要由大脑和神经系统来实现，但某种区分似乎依然是有用的（或许人们终有一天无须再做这种区分）。

23 参见：Stone, J., et al., "Who Is Referred to Neurology Clinics?—The Diagnoses Made in 3,781 New Patients," *Clinical Neurology and Neurosurgery* 112(9) (November 2010): 747–751。另见：Carson, A., and Lehn, A., "Epidemiology," in Hallett, M., Stone, J., and Carson, A. (eds.), *Handbook of Clinical Neurology*, Vol. 139, *Functional Neurologic Disorders* (Amsterdam: Elsevier, 2016), 47–60。

24 我们列举的例子（当然并不完整）摘自：Edwards, M. J., et al., "A Bayesian Account of 'Hysteria,'" *Brain* 135 (Pt. 11) (2012): 3495–3512。

25 关于功能障碍的一些特殊模式，以及关于慢性疼痛通常具有一些相同特征和病因的令人信服的论点（本章稍后将详细介绍），参见：Bergh, O., et al., "Symptoms and the Body: Taking the Inferential Leap," *Neuroscience and Biobehavioral Reviews* 74 (2017): 185–203。

26 参见：Yeo, J. M., Carson, A., and Stone, J., "Seeing Again: Treatment of Functional Visual Loss," *Practical Neurology* 19(2) (April 2019): 168–172。该案例研究亦可见：David Robson,

The Expectation Effect (Canongate, UK, 2022)。

27 这种扭曲可能有许多生理原因，因为精度加权是由一系列相互作用的机制实现的，包括神经调质多巴胺、5-羟色胺、去甲肾上腺素和乙酰胆碱，每一种似乎都以不同的方式调节精度。有关精度估计的作用和实现机制的一些研究，参见：Marshall, L., et al., "Pharmacological Fingerprints of Contextual Uncertainty," *PloS (Public Library of Science) Biology* 14(11) (2016): e1002575。

28 参见：Powers, A. R., Bien, C., and Corlett, P. R., "Aligning Computational Psychiatry with the Hearing Voices Movement," *JAMA Psychiatry* 75(6) (2018): 640–641。

29 关注症状的时间和功能性震颤的关系，参见：van Poppelen, D., et al., "Attention to Self in Psychogenic Tremor," *Movement Disorders* 26(14), (2011): 2575–2576。

30 不同观点，参见：Matthews, J., et al., "Raised Visual Contrast Thresholds with Intact Attention and Metacognition in Functional Motor Disorder," *Cortex* 125 (2020): 161–174。

31 关于该测试（以及其他测试）的详细情况，参见：Greiner, C., Schneider, A., and Leemann, B., "Functional Neurological Disorders: A Treatment-Focused Review," *Swiss Archives of Neurology, Psychiatry and Psychotherapy* 167(8) (2016): 234–240。

32 另一个例子是"震颤夹带试验"，它要求患有功能性手部震颤的人用正常手模仿患手的动作。对功能性震颤患者而言，注意力的转移会导致患手的震颤消失。但这对非功能性震颤，如帕金森病引起的震颤患者无效。参见：Stone, J., Burton, C., and Carson, A., "Recognising and Explaining Functional Neurological Disorder," *British Medical Journal* 371 (2020): m3745; 以及 Finkelstein, S. A., et al., "Functional Neurological Disorder in the Emergency Department," *Academic Emergency Medicine* 28(6) (June 2021): 685–696。

33 参见：Hoover, C. F., "A New Sign for the Detection of Malingering and Functional Paresis of the Lower Extremities," *Journal of the American Medical Association* 51 (1908): 746–747。

34 参见：McIntosh, R. D., et al., "Attention and Sensation in Functional Motor Disorder," *Neuropsychologia* 106 (April 2017): 207–221。

35 有关各种疼痛和疼痛体验的精彩哲学论述，参见：Colin Klein, *What the Body Commands: The Imperative Theory of Pain* (Cambridge: MIT Press, 2015)。有关急性疼痛的令人信服的预测处理模型，参见：Morrison, I., Perini, I., and Dunham, J., "Facets and Mechanisms of Adaptive Pain Behavior: Predictive Regulation and Action," *Frontiers in Human Neuroscience* 7 (2013): 755。

36 参见：Bergh, O., et al., "Symptoms and the Body: Taking the Inferential Leap," *Neuroscience and Biobehavioral Reviews* 74 (2017): 185–203。

37 参见：Janssens, T., et al., "Inaccurate Perception of Asthma Symptoms: A Cognitive-Affective Framework and Implications for Asthma Treatment," *Clinical Psychology Review* 29(4): (June 2009): 317–327。另见：Janssens, T., and Ritz, T., "Perceived Triggers of Asthma: Key to Symptom Perception and Management," *Clinical and Experimental Allergy: Journal of the British Society for Allergy and Clinical Immunology* 43(9) (September 2013): 1000–1008; 以及 Teeter, J. G., and Bleecker, E. R., "Relationship Between Airway Obstruction and Respiratory

Symptoms in Adult Asthmatics," *Chest* 113(2) (February 1998): 272–277。

38 这段引文摘自：Helen Thomson，"The Back Pain Epidemic: Why Popular Treatments Are Making It Worse," *New Scientist* (August 28, 2018)。

39 参 见：Raffaeli, W., and Arnaudo, E., "Pain as a Disease: An Overview," *Journal of Pain Research* 10 (2017): 2003–2008。

40 对孤独症谱系障碍的理解涉及对我们自身预测的低估，参见：Pellicano, E., and Burr, D., "When the World Becomes Too Real: A Bayesian Explanation of Autistic Perception," *Trends in Cognitive Science* 16 (2012): 504–510。对这篇文章的简要回应，参见：Brock, J., "Alternative Bayesian Accounts of Autistic Perception: Comment on Pellicano and Burr," *Trends in Cognitive Sciences* 16(12) (2012): 573–574；以 及 Friston, K., Lawson, R., and Frith, C., "On Hyperpriors and Hypopriors: Comment on Pellicano and Burr," *Trends in Cognitive Sciences* 17(1) (January 2013): 504–505。相关讨论，参见：Van de Cruys, S., et al., "Precise Minds in Uncertain Worlds: Predictive Coding in Autism," *Psychological Review* 121(4) (October 2014): 649–675。

41 关于穆尼图的研究，参见：Cruys, S. Van de, et al., "The Use of Prior Knowledge for Perceptual Inference Is Preserved in ASD," *Clinical Psychological Science* 6(3) (2017): 382–393。

42 一些研究借助计算建模和逐个试验的统计学习范式进一步证明了这一点。更多相关信息和用于区分不同观点的实验方法，参见：P. Karvelis, et al., "Autistic Traits, but Not Schizotypy, Predict Overweighting of Sensory Information in Bayesian Visual Integration," *eLife* 7 (2018): e34115。参见：Palmer, C. J., Lawson, R. P., and Hohwy, J., "Bayesian Approaches to Autism: Towards Volatility, Action, and Behavior," *Psychological Bulletin* 143(5) (2017): 521–542。

43 这段引文摘自：George Musser, "How Autism May Stem from Problems with Prediction," in *Spectrum*, March 7, 2018, https://www.spectrumnews.org/features/deep-dive/autism-may-stem-problems-prediction/。

44 孤独症谱系障碍涉及非典型生态位构建的观点，参见：Constant, A., et al., "Precise Worlds for Certain Minds: An Ecological Perspective on the Relational Self in Autism," *Topoi* (2018): doi:10:1007/s11245-018-9546-4。

45 英国广播公司的优兔频道就有一个很好的在线演示，有对其他类似效应（如"头脑风暴"和"绿色针"）的演示。

46 参见：Zhang, J., et al., "McGurk Effect by Individuals with Autism Spectrum Disorder and Typically Developing Controls: A Systematic Review and Meta-Analysis," *Journal of Autism and Developmental Disorders* 49(1) (2019): 34–43。

47 相关综述，参见：van Schalkwyk, G. I., Volkmar, F. R., and Corlett, P. R., "A Predictive Coding Account of Psychotic Symptoms in Autism Spectrum Disorder," *Journal of Autism and Developmental Disorders* 47 (2017): 1323–1340。另 见：Chouinard, P. A., et al., "The Shepard Illusion Is Reduced in Children with an Autism Spectrum Disorder Because of Perceptual Rather than Attentional Mechanisms," *Frontiers in Psychology* 9

(2018): 2452。

48 摘自 Chadwick, P. K., "The Stepladder to the Impossible: A Firsthand Phenomenological Account of a Schizoaffective Psychotic Crisis," *Journal of Mental Health* 2 (1993): 239–250。正文中接下来的引文出自这篇文章的第 239 页。

49 参见：Fletcher, P., and Frith, C., "Perceiving Is Believing: A Bayesian Approach to Explaining the Positive Symptoms of Schizophrenia," *Nature Reviews Neuroscience* 10 (2009): 48–58。另见：Corlett, P. R., Frith, C. D., and Fletcher, P. C., "From Drugs to Deprivation: A Bayesian Framework for Understanding Models of Psychosis," *Psychopharmacology* 206(4) (2009): 515–530; Corlett, P. R., et al., "Why Do Delusions Persist?," *Frontiers in Human Neuroscience* 3(12) (2009); 以及 Corlett, P. R., et al., "Toward a Neurobiology of Delusions," *Progress in Neurobiology* 92(3) (2010): 345–369。相关综述，参见：Griffin, J., and Fletcher, P., "Predictive Processing, Source Monitoring, and Psychosis," *Annual Review of Clinical Psychology* 13(1) (May 2017): 265–289。

50 越来越多的证据表明，精神疾病也与对感知线索之预测值的变化的敏感性降低有关。这将进一步解释为什么精神病症状一旦出现，就会对反面证据有如此显著的抵抗力。参见：Powers, A. R., Mathys, C., and Corlett, P. R., "Pavlovian Conditioning-Induced Hallucinations Result from Overweighting of Perceptual Priors," *Science* 357(6351) (2017): 596–600。另见：Corlett, P. R., Honey, G. D., and Fletcher, P. C., "Prediction Error, Ketamine and Psychosis: An Updated Model," *Journal of Psychopharmacology* (Oxford, UK), 30(11) (2016): 1145–1155; Teufel, C., et al., "Shift Toward Prior Knowledge Confers a Perceptual Advantage in Early Psychosis and Psychosis-Prone Healthy Individuals," *Proceedings of the National Academy of Sciences* 112(43) (2015): 13401–13406；以及 Sterzer, P., et al., "The Predictive Coding Account of Psychosis," *Biological Psychiatry* 84(9) (2018): 634–643。

51 我们需要更加全面地了解这些制衡机制，以揭示损伤对涉及不同神经递质（如多巴胺、乙酰胆碱、5-羟色胺、去甲肾上腺素和催产素）的系统的具体影响。要了解神经预测和精度估计的复杂网络，参见：Corlett, P., "Delusions and Prediction Error," in Bortolotti, L. (ed.), *Delusions in Context* (New York: Palgrave Macmillan, 2018), pp. 35–66。

52 关于 PTSD 患者神经回路的综述，参见：Mahan, A. L., and Ressler, K. J., "Fear Conditioning, Synaptic Plasticity and the Amygdala: Implications for Posttraumatic Stress Disorder," *Trends in Neurosciences* 35(1) (2012): 24–35。

53 对这些实验的描述，参见：Homan, P., et al., "Neural Computations of Threat in the Aftermath of Combat Trauma," *Nature Reviews Neuroscience* 22 (March 2019): 470–476。

54 我们已经知道杏仁核是一个参与处理和预测恐惧事件的区域，其体积较小，在受 PTSD 影响的人大脑中异常活跃。有趣的是，在受影响的退伍军人中，杏仁核和相关的"恐惧区"在追踪线索的变化值方面其实并不太活跃。这让作者推测，预测误差影响的增强本身可能是对杏仁核对线索变化值的"脱敏"的某种补偿。我们很难梳理其中的因果关系。

55 参见：Seriès, P., "Post-Traumatic Stress Disorder as a Disorder of Prediction," *Nature Reviews Neuroscience* 22 (March 2019): 329–336。使用其他感知表型分析技术的一个实

例，参见：van Leeuwen, T. M., et al., "Perceptual Gains and Losses in Synesthesia and Schizophrenia," *Schizophrenia Bulletin* 47(3) (May 2021): 722–730。

56 参见：Alderson-Day, B., et al., "Distinct Processing of Ambiguous Speech in People with Non-clinical Auditory Verbal Hallucinations," *Brain* 140(9) (2017): 2475–2489。

第 3 章　作为自我实现预言的行动

1. 如前所述，我用"预测处理"来指代文献中常被称为"主动推理"的神经计算主张。该主张是由卡尔·弗里斯顿等人提出的，旨在强调感知和行动的统一，这种统一背后的逻辑是：感知致力于寻找与世界实现最优拟合的预测，而行动（哪怕是简单的身体动作）致力于让感知与世界相符。这种深层统一是本章的主题。参见：Friston, K., "The Free Energy Principle: A Unified Brain Theory?," *Nature Reviews Neuroscience* 11 (2010): 127–138；以及 Friston K. J., et al., "Action and Behavior: A Free Energy Formulation," *Biological Cybernetics* 102 (2010): 227–260。

2. 谈及观念运动理论的经典作品，包括：Lotze, H., *Medicinische Psychologie oder Physiologie der Seele* (Leipzig, Germany: Weidmannsche Buchhandlung, 1852)；以及 James, W., *The Principles of Psychology*, Vols. I, II. (Cambridge: Harvard University Press, 1890/1950)。相关综述，参见：Pezzulo, G., et al., "From Actions to Goals and Vice-Versa: Theoretical Analysis and Models of the Ideomotor Principle and TOTE," in Butz, M., et al. (eds.), *Anticipatory Behavior in Adaptive Learning Systems: Advances in Anticipatory Processing* (Springer, 2007), 73–93。

3. 关于提线木偶的更多例子，参见：Mohan, V., Bhat, A., and Morasso, P., "Muscleless Motor Synergies and Actions Without Movements: From Motor Neuroscience to Cognitive Robotics," *Physics of Life Reviews* 30 (2019): 89–111。

4. 参见：Mohan, V., and Morasso, P., "Passive Motion Paradigm: An Alternative to Optimal Control," *Frontiers in Neurorobotics* 5(4) (2011)。

5. 参见：Friston, K. J., and Parr, T., "Passive Motion and Active Inference," *Physics of Life Reviews* 30 (2019): 112–115。

6. 关于"生成模型"，参见附录。

7. 具体实例及相关步骤的计算细节，参见：Pio-Lopez, L., et al., "Active Inference and Robot Control: A Case Study," *Journal of the Royal Society Interface* (2016) 132016061620160616。

8. 参见：Cole, J., *Losing Touch: A Man Without His Body* (New York: Oxford University Press, 2016)。

9. 参见：Friston, K. J., et al., "Action and Behavior: A Free-Energy Formulation," *Biological Cybernetics* 102 (2010): 227–260。

10. 相关的神经生理学综述，参见：Shipp, S., "The Importance of Being Agranular: A Comparative Account of Visual and Motor Cortex," *Philosophical Transactions of the Royal Society B* 360 (2005): 797–814。

11 参见：Shipp, S., Adams, R. A., and Friston K. J., "Re"ections on Agranular Architecture: Predictive Coding in the Motor Cortex," *Trends in Neuroscience* 36 (2013): 706–716。
12 相关讨论，参见：Brown, H., et al., "Active Inference, Sensory Attenuation and Illusions," *Cognitive Processing* 14(4) (2013): 411–427。
13 观念运动理论、运动表现和预期想象间的关系，详见：Koch, I., Keller, P., and Prinz, W., "The Ideomotor Approach to Action Control: Implications for Skilled Performance," *International Journal of Sport and Exercise Psychology* 2(4) (2004): 362–375。
14 这篇发表于1950年的论文为：von Holst, E., and Mittelstaedt, H., "Das Reafferenzprinzip," *Naturwissenschaften* 37 (1950): 464–476。要了解该理念的复杂历史，参见：Bridgeman, B., "A Review of the Role of Efference Copy in Sensory and Oculomotor Control Systems," *Annals of Biomedical Engineering* 23 (1995): 409–422；以及Cullen, K., "Sensory Signals During Active Versus Passive Movement," *Current Opinion in Neurobiology* 14 (2004): 698–706。
15 关于幽默和笑话的科学与哲学探讨，参见：Hurley, M. M., Dennett, D. C., and Adams Jr., R. B., *Inside Jokes: Using Humour to Reverse-Engineer the Mind* (Cambridge: MIT Press, 2011)。
16 关于胳肢自己的早期研究，参见：Weiskrantz, L., Elliot, J., and Darlington, C., "Preliminary Observations of Tickling Oneself," *Nature* 230(5296) (1971): 598–599。更多细节，参见：Blakemore, S., Wolpert, D., and Frith, C., "Central Cancellation of Self-Produced Tickle Sensation," *Nature Neuroscience* 1(7) (1998): 635–640。
17 参见：Grush, R., "The Emulation Theory of Representation: Motor Control, Imagery, and Perception," *Behavioral and Brain Sciences* 27 (2004): 377–442。
18 与生物反应控制等应用领域的联系，参见：Ungar, L., "A Bioreactor Benchmark for Adaptive Network-Based Process Control," in Miller, W., Sutton, R., and Werbos, P. (eds.), *Neural Networks for Control* (Cambridge: MIT Press, 1990)。
19 拉里·巴萨卢教授近年来提出了一个框架，与里克·格鲁什的"仿真器电路"有一些相似之处。参见：Barsalou, L. W., "Simulation, Situated Conceptualization, and Prediction," *Philosophical Transactions of the Royal Society B* 364(1521) (2009): 1281–1289。
20 参见：Kawato, M., Furukawa, K., and Suzuki, R. A., "Hierarchical Neural-Network Model for Control and Learning of Voluntary Movement," *Biological Cybernetics* 57 (1987): 169–185。另见：Deuschl, G., et al., "Essential Tremor and Cerebellar Dysfunction: Clinical and Kinematic Analysis of Intention Tremor," *Brain* 123(8) (August 2000): 1568–1580。
21 早期研究表明，仅仅是对运动的期望，不管运动是如何诱发的，都会导致这些运动的感知效果的抑制或减弱。参见：Voss, M., et al., "Mere Expectation to Move Causes Attenuation of Sensory Signals," *PLoS ONE* 3(8) (2008): e2866。更进一步的研究，参见：Kaiser, J., and Schütz-Bosbach, S., "Sensory Attenuation of Self-Produced Signals Does Not Rely on Self-Specific Motor Predictions," *European Journal of Neuroscience* 47(11)

(2018): 1303–1310。

22 视觉（以及更宽泛意义上的知觉）的主动性是"生态心理学"中许多研究的核心，如 J. J. Gibson，*The Ecological Approach to Visual Perception* (Boston: Houghton Mifflin, 1979)。"主动视觉"方面的研究将其中一些见解与计算和神经生理学领域的许多见解结合，为感知与行动的完全整合奠定了大部分基础。该领域早期的一篇文章《对纯视觉的批判》（A Critique of Pure Vision）对我的研究产生了巨大影响，它是由神经科学家帕特里夏·丘奇兰德和计算神经科学家维莱亚努尔·拉马钱德兰所作的，参见：Koch, C., and Davis, J. (eds.), *Large-Scale Neuronal Theories of the Brain* (Cambridge: MIT Press, 1994), pp. 23–61。

23 参见：Fink, P. W., et al., "Catching Fly Balls in Virtual Reality: A Critical Test of the Outfielder Problem," *Journal of Vision* 9(13) (2009): 14, 1–8。这个例子的详细展开见我的著作 *Surfing Uncertainty: Prediction, Action, and the Embodied Mind* (Oxford University Press，2016) 第 8 章。

24 这种解释与早期的知觉控制理论（perceptual control theory，PCT）有着深刻的相似之处。PCT 认为，行动控制系统控制的不是我们的所为，而是我们的所感。参见：Powers, W. T., *Behavior: The Control of Perception* (Chicago: Aldine de Gruyter, 1973)。另见：Mansell, W., and Carey, T. A., "A Perceptual Control Revolution?," *The Psychologist* 28 (November 2015): 896–899。

25 快节奏的运动技能可能反映了一种复杂的控制策略，其中非常直接和快速的感知—行动联系与根据不断变化的环境做出流畅、动态的调整的能力相结合，从而对不断变化的条件做出智能的反应。了解这些形式的知识和控制之间类似这样的相互作用是未来研究中的一个重要的挑战。关于这些问题的一些有益的思考，参见：Sutton, J., "Batting, Habit and Memory: The Embodied Mind and the Nature of Skill," *Sport and Society* 10 (2007): 763–786。

26 参见：Friston, K. J., et al., "Deep Temporal Models and Active Inference," *Neuroscience and Biobehavioral Reviews* 77(6) (2017): 388–402。

27 参见：Van de Cruys, S., Friston, K. J., and Clark, A., "Controlled Optimism: Reply to Sun and Firestone on the Dark Room Problem," *Trends in Cognitive Science* 24(9) (2020): 680–681。

28 关于这一切如何运作，以及局部决策如何平衡短期和长期利益，还有许多值得探讨的。详见：Friston, K., et al., "The Anatomy of Choice," *Philosophical Transactions of the Royal Society B* 369 (November 2014): 1655。更加通俗的探讨，参见：Pezzulo, G., Rigoli, F., and Friston, K., "Active Inference, Homeostatic Regulation and Adaptive Behavioural Control," *Progress in Neurobiology* 134 (November 2015): 17–35。

第 4 章　预测身体状态

1 对暗室谜题的早期探讨，参见：Friston, K., Thornton, C., and Clark, A., "Free-Energy Minimization and the Dark-Room Problem," *Frontiers in Psychology* 3 (2012): 1–7。更详细的讨论涵盖了更广泛的场景，参见我的著作 "A Nice Surprise? Predictive Processing and the

Active Pursuit of Novelty," *Phenomenology and the Cognitive Sciences* 17(3) (2018): 521–534。

2　对暗室谜题的标准回应是：我们总得吃东西、娱乐和探索。参见：Friston, K., "Embodied Inference: Or I Think Therefore I Am, if I Am What I Think," in Tschacher, W., and Bergomi, C. (eds.), *The Implications of Embodiment (Cognition and Communication)* (Exeter, U.K.: Imprint Academic, 2011), pp. 89–125. 但这只是对一个更加复杂、更有说服力的解释的某种简化。详见：Schwartenbeck, P., et al., "Exploration, Novelty, Surprise, and Free Energy Minimization," *Frontiers in Psychology* 2013(4): 710。

3　关于内稳态概念的早期发展史，参见：Cooper, S. J., "From Claude Bernard to Walter Cannon. Emergence of the Concept of Homeostasis," *Appetite* 51(3) (2008): 419–427。另见：Ramsay, D. S., and Woods, S. C., "Clarifying the Roles of Homeostasis and Allostasis in Physiological Regulation," *Psychological Review* 121(2) (2014): 225–247。

4　这在很大程度上要归功于诺伯特·维纳于1948年在麻省理工学院出版社出版的作品《控制论》(*Cybernetics, or Control and Communication in the Animal and the Machine*)造成的广泛影响。维纳宣称该书是"一项对心理学家、生理学家、电气工程师、无线电工程师、社会学家、哲学家、数学家、人类学家、精神病学家和物理学家至关重要的研究"。尽管这里许多角色听上去八竿子打不着，但这一表述完全可用于如今新兴的预测心智相关研究——尽管"电气工程师"和"无线电工程师"如今可能要替换成计算机科学家和信号处理专家。

5　参见：Ramsay, D. S., and Woods, S. C., "Clarifying the Roles of Homeostasis and Allostasis in Physiological Regulation," *Psychological Review* 121(2) (2014): 225–247。

6　关于内感受，参见 A. D. Craig, "Interoception: The Sense of the Physiological Condition of the Body," *Current Opinion in Neurobiology* 13 (2003): 500–505；以及 Critchley, H. D., and Harrison, N. A., "Visceral Influences on Brain and Behavior," *Neuron* 77 (2003): 624–638。更详细的讨论，参见：克雷格出版于2016年的著作 *How Do You Feel? An Interoceptive Moment with Your Neurobiological Self* (Princeton University Press)。我的同事雨果·克里奇利教授和萨拉·加芬克尔教授在这个领域很有影响力，他们将这些见解和预测性大脑联系了起来，详见：Critchley, H., and Garfinkel, S., "Interoception and Emotion," *Current Opinion in Psychology* 17 (2017): 7–14。

7　对这一关键倾向的预测处理理论的解释，最初出现在 Joffily, M., and Coricelli, G., "Emotional Valence and the Free-Energy Principle," *PLoS Computational Biology* 9(6) (2013) e1003094。

8　参见：Kiverstein, J., Miller, M., and Rietveld, E., "How Mood Tunes Prediction: A Neurophenomenological Account of Mood and Its Disturbance in Major Depression," *Neuroscience of Consciousness*, 2020, June 2; 2020(1):niaa003。另一方面，也参见 Miller, M., Rietveld, E., and Kiverstein, J., "The Predictive Dynamics of Happiness and Well-Being," *Emotion Review* 14(1) 2022: 15–30。

9　"金发姑娘区"的观点，参见：Kidd, C., Piantadosi, S. T., and Aslin, R. N., "The Goldilocks Effect: Human Infants Allocate Attention to Visual Sequences That Are Neither Too

Simple nor Too Complex," *PloS ONE* 7(5) (January 2012): e36399。

10 关于"人工好奇心"的研究，参见：Oudeyer, P., and Smith, L. B., "How Evolution May Work Through Curiosity-Driven Developmental Process," *Topics in Cognitive Science* 8 (2016): 492–502。《量子杂志》于2017年9月邀请约翰·帕夫卢斯做了一次精彩的在线介绍：https:// www . quantamagazine. org/clever-machines-learn-how-to-be-curious-20170919/。

11 这种倾向也不完全是积极的。近年来，有学者猜测，拥有这种倾向的生物会非常容易对某些药物成瘾。药物"绑架"了同一套内部机制，让大脑（错误地）认为我们突然表现得比预期好，因此服药变得越发具有吸引力，让我们欲罢不能。参见：Miller, M., Kiverstein, K., and Rietveld, E., "Embodying Addiction: A Predictive Processing Account," *Brain and Cognition* 138 (2020)。

12 引文摘自：Barrett, L. F., *How Emotions Are Made: The Secret Life of the Brain* (UK: Pan Macmillan, 2017), p. 121。

13 我们也许无法证伪，但能找到不少反例。参见：Critchley, H. D., "Neural Mechanisms of Autonomic, Affective, and Cognitive Integration," *The Journal of Comparative Neurology* 493(1) (2005): 154–66。

14 如 Siegel, E. H., et al., "Emotion Fingerprints or Emotion Populations? A MetaAnalytic Investigation of Autonomic Features of Emotion Categories," *Psychological Bulletin* 144(4) (2018): 343–393。

15 巴瑞特在著作《情绪》中生动而翔实地解释了情绪的构建。

16 莉莎·费德曼·巴瑞特教授和同事们已在一系列作品中借助"具身预测内感受编码"（Embodied Predictive Interoception Coding, EPIC）模型详细描述了内感受预测处理的生理学和神经生理细节，参见：Barrett, L. F., and Simmons, K., "Interoceptive Predictions in the Brain," *Nature Reviews Neuroscience* 16(7) (July 2015): 1–11。我的同事阿尼尔·赛斯对其做了补充，他的观点丰富，有控制论的意味。参见：Seth, A., "Interoceptive Inference, Emotion, and the Embodied Self," *Trends in Cognitive Sciences* 17(11) (November 2013)。更加正式的论述参见 Pezzulo, G., Rigoli, F., and Friston, K., "Active Inference, Homeostatic Regulation and Adaptive Behavioural Control," *Progress in Neurobiology* 134 (November 2015): 17–35。

17 参见：Craig, A. D., "How Do You Feel—Now? The Anterior Insula and Human Awareness," *Nature Reviews Neuroscience* 10(1) (2009): 59–70。

18 参见：Scherer, K. R., "The Dynamic Architecture of Emotion: Evidence for the Component Process Model," *Cognition and Emotion* 23(7) (2009): 1307–1351。相关综述，参见：Scherer, K. R., "Appraisal Theory," in Dalgleish, T., and Power, M. J. (eds.), *Handbook of Cognition and Emotion* (New York: Guilford Press, 1999), pp. 637–663。

19 参见：Pavlov, I. P., *Lectures on Conditioned Reflexes: Twenty-five Years of Objective Study of the Higher Nervous Activity (Behaviour) of Animals*, W. H. Gantt, trans. (New York: International Publishers, 1928)。

20 关于为什么有必要抛弃线性模型，参见：Luis Pessoa, *The Cognitive Emotional Brain:*

From Interactions to Integration (Cambridge: MIT Press, 2013)。当代神经科学家约瑟夫·勒杜在词条"Emotion"中回顾了关于情绪之生理基础的观点的历史，参见：Plum, F. (ed.), *Handbook of Physiology 1: The Nervous System*. Vol. 5, *Higher Functions of the Brain* (Bethesda, M.D.: American Physiological Society, 1987), pp. 419–460。与马克·米勒博士的交流与合作极大地影响了我自己对这个问题的理解。

21 有时也被称为"连续循环因果过程"，其将多个成分结合为统一的动态整体。我自己早期的许多研究都涉及对这些循环因果模式之概念后果的深入研究，无论它们位于大脑内部，还是位于更大的大脑—身体—世界系统之中。详见：*Being There: Putting Brain, Body, and World Together Again* (Cambridge: MIT Press, 1997)。许多研究都以连续循环因果过程的具体模式为主题，其应用涉及多个学科领域，相应的见解构成了所谓的动力系统理论。

22 参见：Sherman. S. M., and Guillery, R. W., "Distinct Functions for Direct and Transthalamic Corticocortical Connections," *Journal of Neurophysiology* 106 (2011): 1068–1077, 1073。关于丘脑的重要作用，参见：Sherman, S. M., and Guillery, R. W., *Thalamocortical Processing: Understanding the Messages That Link the Cortex to the World* (Cambridge: MIT Press, 2013)。拉伊·吉勒里（Ray Guillery）于 2017 年 4 月逝世，未能见证其著作 [*The Brain as a Tool* (Oxford University Press)] 于同年 10 月出版。该书对神经处理和身体运动中感觉信息与运动信息一以贯之的结合有清晰而精彩的论述。

23 参见：Parvizi, J., "Corticocentric Myopia: Old Bias in New Cognitive Sciences," *Trends in Cognitive Sciences* 13(8) (2009): 354–359。

24 参见：Kanai, R., et al., "Cerebral Hierarchies: Predictive Processing, Precision and the Pulvinar," *Philosophical Transactions of the Royal Society B*, 370: 20140169。

25 相关见解和生理细节详见：Lewis, M., "Bridging Emotion Theory and Neurobiology Through Dynamic Systems Modelling," *Behavioral and Brain Sciences* 28 (2005): 169–245。

26 参见：Valins, S., "Cognitive Effects of False Heart-Rate Feedback," *Journal of Personality and Social Psychology* 4 (1996): 400–408。

27 参见：Gray, M. A., et al., "Modulation of Emotional Appraisal by False Physiological Feedback During fMRI," *PLoS ONE* 2(6) (2007): e546。

28 参见：Anderson E., et al., "Out of Sight but Not Out of Mind: Unseen Affective Faces Influence Evaluations and Social Impressions," *Emotion* 12 (2012): 1210–1221。

29 这种猜疑是卡普格拉综合征的典型症状，参见：Griffin, J. D., and Fletcher, P. C., "Predictive Processing, Source Monitoring, and Psychosis," *Annual Review of Clinical Psychology* 13(1) (2017): 265–289。

30 信念和感知体验再次锁定为一个彼此支持的循环，但它们这次产生了巨大的误导。这种现象被称为"循环信念传播"，参见：Jardri, R., and Denève, S., "Circular Inferences in Schizophrenia," *Brain* 136(11) (2014): 3227–3241。

31 参见：Swardfager, W., et al., "Mapping Inflammation onto Mood: Inflammatory Mediators of Anhedonia," *Neuroscience and Biobehavorial Review* 64 (2016): 148–166; Gold, P. W., "The Organization of the Stress System and Its Dysregulation in Depressive Illness,"

Molecular Psychiatry 20 (2015): 32-47。

32 参见：Barrett, L. F., Quigley, K. S., and Hamilton, P., "An Active Inference Theory of Allostasis and Interoception in Depression," *Philosophical Transactions of the Royal Society B* 371 (2016): 20160011。

33 参见：Rief, W., and Joormann, J., (2019)。"Revisiting the Cognitive Model of Depression: The Role of Expectations," *Clinical Psychology in Europe* 1(1): 1–19。

34 Kube, T., et al., "Why Dysfunctional Expectations in Depression Persist—Results from Two Experimental Studies Investigating Cognitive Immunization," *Psychological Medicine* 49(9) (2019): 1532–1544。另见：Kube T., et al., "Distorted Cognitive Processes in Major Depression: A Predictive Processing Perspective," *Biological Psychiatry* 87 (2020): 388–398。一些更加保守的见解和质疑，参见：Harmer, C. J., and Browning, M., "Can a Predictive Processing Framework Improve the Specification of Negative Bias in Depression?," *Biological Psychiatry* 87(5) (March 1, 2020): 382–383。

35 神经递质多巴胺和乙酰胆碱在这里发挥了主要作用，参见：Schwartenbeck, P., et al., "The Dopaminergic Midbrain Encodes the Expected Certainty About Desired Outcomes," *Cerebral Cortex* 25 (2015): 3434–3445；以及 Diaconescu, A. O., et al., "Hierarchical Prediction Errors in Midbrain and Septum During Social Learning," *Social Cognitive and Affective Neuroscience* 12 (2017): 618–634。

36 相关综述，参见：Smith, R., Badcock, P., and Friston, K. J., "Recent Advances in the Application of Predictive Coding and Active Inference Models Within Clinical Neuroscience," *Psychiatry and Clinical Neurosciences* 75 (2021): 3–13。

37 这方面的文献非常丰富，参见 Schoeller, F., "The Shivers of Knowledge," *Human Social Studies* 4(3) (2015): 44–55。另见：Goldstein, A., "Thrills in Response to Music and Other Stimuli," *Physiological Psychology* 8(1) (1980): 126–129。

38 越来越多的研究者开始关注音乐和预测性大脑，参见：Koelsch, S., Vuust, P., and Friston, K., "Predictive Processes and the Peculiar Case of Music," *Trends in Cognitive Sciences* 23(1) (January 2019): 63–77。

39 参见：Lehne, M., and Koelsch, S., "Toward a General Psychological Model of Tension and Suspense," *Frontiers in Psychology* 6 (2015): 79。

40 库科宁以此解释诸如小说、诗歌和故事等文学作品何以引人入胜：它们设置、操纵并满足了读者的期望，很像听音乐或在游乐园里乘坐过山车：先是产生某种期望和不确定性，再将其消解（而这又将产生新的期望和不确定性）。详见：*Kukkonen, K., Probability Designs: Literature and Predictive Processing* (UK: Oxford University Press, 2019)。

41 参见：Felix Schoeller, F., et al., "Enhancing Human Emotions with Interoceptive Technologies," *Physics of Life Reviews* 31 (2019): 310–319。

42 对审美战栗的更新的预测处理解释可参见：Miller, M., et al., "Getting a Kick Out of Film: Aesthetic Pleasure and Play in Prediction Error Minimizing Agents," in *Worldling the Brain* (forthcoming)。

43 有意义的世界的创造呼应了心智与适应性行为研究的生成主义方法，参见：Varela, F., Thompson, E., & Rosch, E., *The Embodied Mind* (Cambridge: MIT Press, 1991)。类似的见解亦参见：Merleau-Ponty, M., *The Phenomenology of Perception* (Colin Smith, trans.) (London: Routledge & Kegan Paul, 1945/1962)。预测处理解释与这些观点的异同可参见我的著作 *Surfing Uncertainty: Prediction, Action, and the Embodied Mind*（Oxford Oniversity Press，2016）第 9 章，另见：Gallagher, S., and Allen, M., "Active Inference, Enactivism and the Hermeneutics of Social Cognition," *Synthese* 195 (2018): 2627–2648。

插曲　心智问题：对预测性大脑的预测？

1 对这个问题的经典探讨，包括：Nagel, T., "What Is It Like to Be a Bat?," *Philosophical Review* 83(4) (October 1974): 435–456; 以及 Levine, J., "Materialism and Qualia: The Explanatory Gap," *Pacific Philosophical Quarterly* 64(4) (October 1983): 354–361。

2 对"困难问题"的详细讨论（尽管它得出了与我完全不同的结论），参见：Chalmers, D., *The Conscious Mind: In Search of a Fundamental Theory* (New York: Oxford University Press, 1996)。

3 详见：Chalmers, D., "The Meta-Problem of Consciousness," *Journal of Consciousness Studies* 25(9–10)(2018): 6–61。该杂志于次年围绕该问题出了一期特刊：*Journal of Consciousness Studies* 26(9–10) (2019)。

4 这种思路参见：Daniel Dennett，*Consciousness Explained* (Boston: Little, Brown, 1991)。近年来，它经常以为某种"幻觉主义"辩护的形式呈现出来。我认为这种称谓并不合适，但其关键思想是正确的。对幻觉主义最精彩的辩护（包括回应和评论）参见：Frankish, K., "Illusionism as a Theory of Consciousness," *Journal of Consciousness Studies* 23(11–12) (2016): 11–39。

5 这种交互作用已得到了实证研究的有力证明，实验者会操纵对心率的自我评估，同时呈现中性和恐惧刺激，结果表明，在心率评估提高时，中性刺激更常被视为恐惧刺激。相关实验和更多内容参见第 4 章。

6 关于可供性及相应的预测处理解释，参见 Bruineberg, J., and Rietveld, E., "Self-Organization, Free Energy Minimization, and Optimal Grip on a Field of Affordances," *Frontiers in Human Neuroscience* 8 (2014): 599。

7 更多关于误差动态的内容，参见：Kiverstein, J., Miller, M., and Rietveld, E., "The Feeling of Grip: Novelty, Error Dynamics, and the Predictive Brain," *Synthese* 196 (2019): 2847–2869。

8 参见：Miller, M., Kiverstein, J., and Rietveld, E., "The Predictive Dynamics of Happiness and Well-Being," *Emotion Review* 14(1) (2022): 15–30。另见：Kiverstein, J., Miller, M., and Rietveld, E., "How Mood Tunes Prediction: A Neurophenomenological Account of Mood and Its Disturbance in Major Depression," *Neuroscience of Consciousness* 2020(1), Article niaa003。

9 关于学习率在预测推理中的作用，参见 Hohwy, J., "Priors in Perception: Top-Down Modulation, Bayesian Perceptual Learning Rate, and Prediction Error Minimization," *Consciousness and Cognition* 47 (2017): 75–78。

10 Burns, J. H., and Hart, H. L. A. (eds.), *The Collected Works of Jeremy Bentham: An Introduction to the Principles of Morals and Legislation* (Oxford: Oxford University Press, 1970).

11 这里（以及本书中的）许多观点都是我在担任欧洲研究委员会资助的"预测我们自身：具身预测和意识性体验的构建"（XSPECT—DLV-692739）项目的首席研究员期间形成的。

12 这个想法最初是由丹尼特在"农舍讨论会"上提出的，后作为评论附带发表于我的一篇论文之后。该论文即"Whatever Next? Predictive Brains, Situated Agents, and the Future of Cognitive Science." *Behavioral and Brain Sciences* 36(3) (2013): 181–204。评论题为"Expecting Ourselves to Expect: The Bayesian Brain as a Projector"，见同期杂志第 209–210 页。

13 见 Dennett, D., "Why and How Does Consciousness Seem the Way It Seems?," in Metzinger, T., and Windt, J. M. (eds.), *Open MIND* (Frankfurt am Main: MIND Group, 2015)。

14 详见附录。

15 参见：Clark, A., "Strange Inversions: Prediction and the Explanation of Conscious Experience," in Huebner, B. (ed.), *Engaging Daniel Dennett* (Oxford University Press, 2016)。

16 一个用注意力处理的简化模型来表述的高度兼容的解释，参见：Graziano, M. *Rethinking Consciousness: A Scientific Theory of Subjective Experience* (New York: W. W. Norton, 2019)。另见：Hoffman, D. D., Singh, M., and Prakash, C., "The Interface Theory of Perception," *Psychonomic Bulletin & Review* 22 (2015): 1480–1506。

17 参见：Chalmers, D., *The Conscious Mind* (Oxford University Press, 1996), p. 291。

18 关于"哲学僵尸"思想实验的详细讨论，参见：Kirk, R., "Zombies," in *The Stanford Encyclopedia of Philosophy* (Spring 2019 edition), https://plato.stanford.edu/archives/spr2019/entries/zombies/。

19 详见：Chalmers, D., "The Meta-Problem of Consciousness," *Journal of Consciousness Studies* 25(9–10) (2018): 6–61。

20 更进一步的讨论，参见：Clark, A., "Consciousness as Generative Entanglement," *Journal of Philosophy* 116(12) (2019): 645–662; and Clark, A., Friston, K., and Wilkinson, S., "Bayesing Qualia: Consciousness as Inference, Not Raw Datum," *Journal of Consciousness Studies* 26 (9–10) (2019): 19–33。

第 5 章　期待更好的事物

1 引文摘自：Friedman, D. M., *A Mind of Its Own: A Cultural History of the Penis* (New York: Free Press, 2002), pp. 76–77。这则逸事详见：Pinto-Correia, C., *The Ovary of Eve* (Chicago:

University of Chicago Press, 1997)。

2 我最早是从苏珊娜·西格尔的杰作 The Rationality of Perception (New York: Oxford University Press, 2017) 中读到这则逸事的,虽然西格尔也指出它可能不够准确,甚至不排除完全是杜撰的。

3 "不爽的杰克"的例子同样摘自苏珊娜·西格尔的作品 The Rationality of Perception。

4 相关实验,参见:Gray, M. A., et al., "Modulation of Emotional Appraisal by False Physiological Feedback During fMRI," PLoS ONE 2 (6) (2207): e546。

5 数据引自:Fachner, G., and Carter, S., "An Assessment of Deadly Force in the Philadelphia Police Department" (Washington, D.C.: Collaborative Reform Initiative, Office of Community Oriented Policing Services, 2018), pp. 1–173。

6 参见:Fridman, J., et al., "Applying the Theory of Constructed Emotion to Police Decision Making," Frontiers in Psychology 10 (2019): 1946。

7 参见:Baumann, J., and DeSteno, D., "Emotion Guided Threat Detection: Expecting Guns Where There Are None," Journal of Personality and Social Psychology 99 (4) (2010): 595–610。

8 参见:Anderson, E., Siegel, E. H., and Barrett, L. F., "What You Feel Influences What You See: The Role of Affective Feelings in Resolving Binocular Rivalry," Journal of Experimental Social Psychology 47 (2011): 856–860。

9 类似的现象时刻都在发生:我们的心脏搏动分为收缩期、心跳(心脏将血液泵出)及舒张期(心肌活动间的短暂平静)三个阶段。不出意料的是,生理唤醒水平在心脏收缩时达到最高,这些信息经压力感受器传向大脑,压力感受器是对动脉壁的张力变化做出反应的传感器。事实证明,在心脏收缩时出现的恐惧诱导刺激будет增强,要比在心脏舒张时(两次心跳间)出现的相同刺激产生更大的影响。有实验研究表明,当目标图像出现在心脏收缩而不是舒张时,黑人比白人更容易被误认为持有武器。参见:Azevedo, R. T., et al., "Cardiac Afferent Activity Modulates the Expression of Racial Stereotypes," Nature Communications 8 (2017): 13854。

10 参见:Wormwood, J. B., et al., "Threat Perception After the Boston Marathon Bombings: The Effects of Personal Relevance and Conceptual Framing," Cognition and Emotion 30 (2016): 539–549。

11 在另一项研究中,先前在网上分享过假政治新闻的人被要求评估一些非政治新闻标题的准确度。在完成这项简单练习后的一段时间内,他们分享假政治新闻的可能性不那么大了。研究者由此推测,人们在网上分享假新闻与其说是出于恶意,不如说是因为不成熟,这是一种"社交媒体反射",只要提醒他们新闻可能是假的或不准确的,就能在某种程度上抵消他们分享新闻的冲动。这种操作通过鼓励反思打破了自证的循环。参见:Pennycook, G., et al., "Understanding and Reducing the Spread of Misinformation Online" (November 13, 2019), https://doi.org/10:31234/osf.io/3n9u8。

12 相关讨论,参见:Hinton, P., "Implicit Stereotypes and the Predictive Brain: Cognition and Culture in 'Biased' Person Perception," Palgrave Communications 3 (2017): 86。男性工程师占比数据摘自美国机械工程师协会(ASME)官网的一篇报道:Mark Crawford,

"Engineering Still Needs More Women", https://www.asme.org/topics-resources/content/engineering-still-needs-more-women。

13 更加微妙却同样有害的是，它们只是很少将主要角色给予残疾人或非白种人。事实上，根据小学教育扫盲中心（CLPE，一个英国机构）的一项研究，2017 年英国出版的儿童书籍中，只有 1% 的书以 BAME [BAME 是英国的一个人口统计学类别，包括黑人（Black）、亚裔（Asian）和少数民族（Minority Ethnic）] 为主角，只有 4% 包含 BAME 背景人物。CLPE 调查数据摘自：Bold, M. R., et al., "Representation of People of Color Among Children's Book Authors and Illustrators", www.booktrust.org.uk/globalassets/resources/represents/booktrust-represents-diversity-childrens-authors-illustrators-report.pdf。

14 例子可能包括鼓励"积极科幻小说"这一新兴品类的发展，如贝基·钱伯斯的《旅人号》（*Wayfarers*）三部曲 [又名《杀手机器人》（*Murderbot*），已由霍德与斯托顿出版社出版]。书中既有引人入胜的情节，又有对不同种族间复杂合作的令人信服的描述。英国广播公司系列节目《跨爱》（*Noughts & Crosses*）中描述的种族与历史的变迁和逆转也同样富有启迪性。当然，我们也需要像玛格丽特·阿特伍德的《使女的故事》这样的作品，其主要关注恐怖、暴行和不公。放之四海而皆准的简单的解决方案是不存在的，但更好地理解作为预测性大脑的训练场的作品的作用和潜在的重要性是很好的开始。

15 参见：Keizer, A., et al., "A Virtual Reality Full Body Illusion Improves Body Image Disturbance in Anorexia Nervosa," *PLoS ONE* 11(10) (2016): e016392。另见：Gadsby, S., "Manipulating Body Representations with Virtual Reality: Clinical Implications for Anorexia Nervosa," *Philosophical Psychology* 32: 6 (2019): 898–922。有关预测处理在理解厌食症方面的应用，参见：Gadsby, S., and Hohwy, J., "Why Use Predictive Processing to Explain Psychopathology? The Case of Anorexia Nervosa," in S. Gouveia, R. Mendonça, and M. Curado (eds.), *The Philosophy and Science of Predictive Processing* (London: Bloomsbury, 2020)。

16 参见：Lamb, H., "Good Cop, Good Cop: Can VR Help to Make Policing Kinder?," *Engineering and Technology* (January 8, 2020)。

17 相关实例及讨论，参见：Arnetz, B. B., et al., "Assessment of a Prevention Program for Work-Related Stress Among Urban Police Officers," *International Archives of Occupational and Environmental Health* 86 (2013): 79–88; Arnetz, B. B., et al., "Trauma Resilience Training for Police: Psychophysiological and Performance Effects," *Journal of Police and Criminal Psychology* 24 (2009): 1–9; 以及 Andersen, J. P., and Gustafsberg, H., "A Training Method to Improve Police Use of Force Decision Making: A Randomized Controlled Trial," *SAGE Open* 6 (2016): 1–13。

18 参见：Andersen, J. P., et al., "Reducing Lethal Force Errors by Modulating Police Physiology," *Journal of Occupational and Environmental Medicine* 60 (2018): 867–874。

19 关于警务人员健康状态的数据，参见：Violanti, J. M., et al., "Posttraumatic Stress Symptoms and Subclinical Cardiovascular Disease in Police Officers," *International Journal of Stress Management* 13 (2006): 541–544。

20 参见：Quadt, L., Critchley, H. D., and Garfinkel, S. N., "The Neurobiology of Interoception

in Health and Disease," *Annals of the New York Academy of Sciences* 1428(1) (2018): 112–128。但围绕对内感受准确度的测量的效度，目前有许多争论。参见：Ring, C., and Brener, J., "Heartbeat Counting Is Unrelated to Heartbeat Detection: A Comparison of Methods to Quantify Interoception," *Psychophysiology* 55(9) (September 2018): e13084。

21 然而，情况可能相当复杂，因为焦虑可能是由于过度关注感官证据而非期望造成的。越来越多的证据表明，这与上一章中讨论的对内感受和身体预算网络的扰动有关。参见：Barrett, L. F., *How Emotions Are Made* (Pan Macmillan, 2017) 第 10 章。

22 关于人质谈判专家的论述，参见："It's an intriguing world that is opening up"，*The Psychologist* 32 (January 2019): 38–41，https://thepsychologist.bps.org.uk/volume-32/january-2019/its-intriguing-world-opening。

23 参见：Mulcahy, J. S., et al., "Interoceptive Awareness Mitigates Deficits in Emotional Prosody Recognition in Autism," *Biological Psychology* 146 (2019): 107711。

24 这个例子引自：Madrigal, A., "Things You Cannot Unsee (and What They Say About Your Brain)," *The Atlantic* (May 5, 2014)。

25 那科学对世界的揭示又该怎样看待呢？正如你所料，这是一片形而上学的"雷区"，远远超出了我们这里讨论的范围。如果你想深入了解这些，一个不错的起点参见：Peter Godfrey-Smith, *Theory and Reality: An Introduction to the Philosophy of Science* (Chicago: University of Chicago Press, second edition, 2021)。

26 参见：Merleau-Ponty, M., *The Phenomenology of Perception* (Colin Smith, trans.) (London: Routledge & Kegan Paul, 1945/1962)。另见：Varela, F., Thompson, E., and Rosch, E., *The Embodied Mind* (Cambridge: MIT Press, 1991)。我在 *Surfing Uncertainty* (Oxford University Press, 2016) 的第 9 章对这个例子及相关话题做了进一步的探讨。

27 但在神经典型的人构建的社会和文化世界中，伴随孤独症谱系障碍的平衡改变可能会给学习和社交构成严重的障碍。当传入感觉信号的"音量"增大时，即使是很小的预测误差也会被认为十分显著。持续的无法消除的误差会滋生焦虑，逼迫患者寻找各种变通方法（比如通过任何可用的手段控制环境）。有关焦虑、抑郁和预测性大脑的更多信息，参见第 4 章，另见：Smith, R., Badcock, P., and Friston, K. J., "Recent Advances in the Application of Predictive Coding and Active Inference Models Within Clinical Neuroscience," *Psychiatry and Clinical Neurosciences* 75 (2021): 3–13。

28 参见：Seth, A., "The Neuroscience of Reality," *Scientific American* 321(3) (2019): 40–47。这篇文章提出了一个精彩的主张："现实是由大脑构建的，但没有两个大脑是完全一样的。"

29 参见：第 1 章关于"平摊推理"的重要注释（注释 9），以及附录的注释 7。

30 参见：Teufel, C., and Fletcher, P., "Forms of Prediction in the Nervous System," *Nature Reviews Neuroscience* 21 (2020): 231–242。但即便是严重依赖固定结构约束的处理，也往往会以不同的精度估计来增强或抑制，因为这些估计决定了在我们执行某些任务时，哪些神经反应将被赋予最大的权重。要了解这种（结构约束和灵活预测间的）区别如何在被称为"自由能最小化"的大框架下形成，参见：Friston, K., and Buzsáki, G., "The Functional Anatomy of Time: What and When in the Brain," *Trends in Cognitive Sciences* 20(7)

(July 2016): 500–511。
31 我并不是说所有的"枪手偏见"都源于这种知觉偏差。但问题是，知觉偏差的影响真实存在，而且确实可能导致此类事件。

第 6 章　突破原生大脑局限

1 引文摘自：Goldstaub, T., "How Artificial Intelligence Helped Me Overcome My Dyslexia," *The Guardian* (December 13, 2020)。
2 这篇论文是：Rumelhart, D. E., et al., "Schemata and Sequential Thought Processes in Parallel Distributed Processing," in Rumelhart, D. E., McClelland, J. L., and the PDP Research Group, *Parallel Distributed Processing: Explorations in the Microstructure of Cognition*, Vol. 2, *Psychological and Biological Models* (Cambridge: MIT Press, 1986), pp. 7–57。
3 另见我的著作 *Being There: Putting Brain, Body, and World Together Again*。这本书于 1997 年由麻省理工学院出版社出版，一直是我最引以为傲的一部作品，凝聚了我对具身心智的巨大热情。
4 参见：https://www.enablingenvironments.com.au/。
5 详见我的两部著作：出版于 2008 年的 *Supersizing the Mind: Action, Embodiment and Cognitive Extension* (New York: Oxford University Press) 和出版于 2003 年的 *Natural-Born Cyborgs: Minds, Technologies, and the Future of Human Intelligence* (New York: Oxford University Press)。
6 相关综述，参见：Calkins, M. P., "From Research to Application: Supportive and Therapeutic Environments for People Living with Dementia," *Gerontologist* 58 (Suppl 1) (January 2018): S114–S128; 以及 Holthe, T., et al., "Usability and Acceptability of Technology for Community-Dwelling Older Adults with Mild Cognitive Impairment and Dementia: A Systematic Literature Review," *Clinical Interventions in Aging* 13 (May 4, 2018): 863–866。从延展心智的角度展开的论述，参见：Drayson, Z., and Clark, A., "Cognitive Disability and Embodied, Extended Minds," in Cureton, A., and Wasserman, D. T. (eds.), *The Oxford Handbook of Philosophy and Disability* (New York: Oxford University Press, 2020)。
7 该实验参见：Beach, K., "The Role of External Mnemonic Symbols in Acquiring an Occupation," in Gruneberg, M.M., and Sykes, R.N. (eds.), *Practical Aspects of Memory* (New York: Wiley, 1988), pp. 342–346。
8 参见：Kirsh, D., and Maglio, P., "On Distinguishing Epistemic from Pragmatic Action," *Cognitive Science* 18 (1994): 513–549; 以及 Kirsh, D., and Maglio, P., "Reaction and Reflection in Tetris," in Hendler, J. (ed.), *Artificial Intelligence Planning Systems: Proceedings of the First Annual Conference AIPS* (San Mateo, CA: Morgan Kaufman, 1992)。
9 Roy, N., and Thrun, S., "Coastal Navigation with Mobile Robots," *Advances in Neural Information Processing Systems 12* (Cambridge: MIT Press, 2000)。另见：Pezzulo, G., and

Nolfi, S., "Making the Environment an Informative Place: A Conceptual Analysis of Epistemic Policies and Sensorimotor Coordination," *Entropy* 21(4) (2019): 350; https://doi.org/10:3390/e21040350。

10　参见：Jabr, F., "An Orangutan Learns to Fish," *The New Yorker* (Annals of Technology) (September 17, 2014)。

11　图片摘自 https://www.dailymail.co.uk/news/article-2746844/Don-t-depth-Incredible-pictures-orangutan-using-stick-check-river-safe-cross.html。当然，图中的梅戈有可能并不是在探测水深，我之所以引用这幅图片，只是希望能让论述更加生动一些。但不可否认的是，许多非人类动物都会实施各种认知行为。关于红毛猩猩这方面能力的论文，参见：Laumer, I. N., et al., "Orangutans (*Pongo abelii*) Make Flexible Decisions Relative to Reward Quality and Tool Functionality in a Multi-Dimensional Tool-Use Task," *PLoS ONE* 14(2) (2019): e0211031; DOI: 10:1371/journal.pone.0211031。

12　对实践行为与认知行为间深刻一致性的进一步探索，参见：Donnarumma, F., et al., "Action Perception as Hypothesis Testing," *Cortex* 89 (2017): 45–60; 以及 Pezzulo, G., and Nolfi, S., "Making the Environment an Informative Place: A Conceptual Analysis of Epistemic Policies and Sensorimotor Coordination," *Entropy* 21 (2019): 350。关于猴子行动的神经特征的有趣研究，参见：Foley, N. C., et al., "Parietal Neurons Encode Expected Gains in Instrumental Information," *Proceedings of the National Academy of Sciences of the United States of America* 2017: 114 (16) E3315-E3323。

13　老鼠（由几行代码控制）被设定为期望自身占据有食物的网格。在尝试各种行动和行动序列后，它们习得了一个预测模型，预测不同行动可能产生的不同结果。关键是，它们学会了寻找线索，以改善自身的知识状态，并支持其实现"乐观预测"（找到食物）的行动。

14　有关该实验，参见：Friston, K., et al., "Active Inference and Epistemic Value," *Cognitive Neuroscience*, 2015; DOI: 10:1080/17588928:2015:1020053。以及 Parr, T., and Friston, K. J., "Uncertainty, Epistemics and Active Inference," *Journal of the Royal Society Interface* Nov. 2017, 14(136):20170376)。类似研究，参见：Tschantz A., Seth, A. K., and Buckley, C. L., "Learning Action-Oriented Models Through Active Inference," *PLoS Computational Biology* 16(4) (April 23, 2020): e1007805。关于预测推理的进一步探讨，参见：Parr, T., et al., "Perceptual Awareness and Active Inference," *Neuroscience of Consciousness* 29(1) (2019); DOI: 10:1093/nc/niz012。

15　关于新手司机的研究，参见：Land, M. F., and Tatler, B. W., *Looking and Acting: Vision and Eye Movements in Natural Behaviour* (Oxford: Oxford University Press, 2009)。

16　关于这场对话的报道，参见：Gleick, J., *Genuis: The Life and Times of Richard Feynman* (New York: Vintage, 1993)。

17　参见：Furness, J. B., *The Enteric Nervous System* (Malden, MA: Blackwell, 2006)。更新近的研究，参见：Hibberd, T. J., et al., "A Novel Mode of Sympathetic Reflex Activation Mediated by the Enteric Nervous System," *eNeuro*. 2020 Aug 10;7(4):ENEURO.0187-20. 2020。

18　相关介绍，参见：Carpenter, S., "That Gut Feeling," *American Psychological Association's*

Monitor on Psychology 43(8) (2012)。

19 这两个实验，参见：Bercik, P., et al., "The Intestinal Microbiota Affect Central Levels of Brain-Derived Neurotropic Factor and Behavior in Mice," *Gastroenterology* 141(2) (2011): 599–609. e3.

20 参见：Bailey, M. T., et al., "Exposure to a Social Stressor Alters the Structure of the Intestinal Microbiota: Implications for Stressor-Induced Immunomodulation," *Brain, Behavior, and Immunity* 25 (2011): 397–407。另见：Maltz, R. M., et al., "Social Stress Affects Colonic Inflammation, the Gut Microbiome, and Short-Chain Fatty Acid Levels and Receptors," *Journal of Pediatric Gastroenterology and Nutrition* 68(4) (2019): 533–540。

21 参见：Dupré, J., and Malley, M. A. O., "Varieties of Living Things: Life at the Intersection of Lineage and Metabolism," *Philosophy Theory and Practice in Biology* 1:e003 (May 2009): 1–25。

22 参见：Josie ThaddeusJohns's report "Meet the First Humans to Sense Where North Is," *The Guardian* (January 6, 2017)。

23 参见我于 2003 年出版的著作：*Natural-Born Cyborgs: Minds, Technologies, and the Future of Human Intelligence* (New York: Oxford University Press)。

24 Fodor, J., "Diary," *London Review of Books* 21(19) (1999): 69.

25 参见：Chalmers, D., *The Conscious Mind* (Oxford University Press, 1996); and Chalmers, D., *Reality +: Virtual Worlds and the Problems of Philosophy* (Allen Lane, 2022)。

26 参见：Clark, A., and Chalmers, D., "The Extended Mind," *Analysis* 58(1) (1998): 7–19。查默斯在文章发表前说，他认为这篇文章有成为"现代经典"的潜力。我当时深表怀疑，因为在我看来，它不过是对具身认知和分布式认知这个新兴研究领域的一个有趣的注脚，仅此而已。

27 以下对延展心智观的描述结合了其现代版本，由我和查默斯在 de Cruz, H. (ed.), *Philosophy Illustrated* (Oxford University Press, 2020) 中展示。

28 参见：Chalmers, D., "Extended Cognition and Extended Consciousness," in Colombo, M., Irvine, E., and Stapleton, M. (eds.), *Andy Clark and His Critics* (Oxford University Press, 2019)。

29 参见：Graves, A., et al., "Hybrid Computing Using a Neural Network with Dynamic External Memory," *Nature* 538, 471–476 (2016)。

30 参见：Zhang, S., et al., "Honeybee Memory: A Honeybee Knows What to Do and When," *Journal of Experimental Biology* 209(22) (November 15, 2006): 4420–4428。

31 参见：Hurley, S., "The Varieties of Externalism," in Menary, R. (ed.), *The Extended Mind* (Cambridge: MIT Press, 2010)。

32 该对等原则让一些哲学家提出，或许我们应该缩小我们当前所拥有的信念的范围：它们只应包括我们此时此地有意识地相信的那些东西。但这种提法很不自然。如果你要否认奥托已经拥有关于纽约现代艺术博物馆在第 53 街的信念，就得连带着否认因加也拥有这样的信念，而这样做显然代价高昂。参见：Gertler, B., "Overextending the Mind," in Chalmers, D. J. (ed.), *Philosophy of Mind: Classical and Contemporary Readings*, 2nd ed. (Oxford University Press, 2020)。

33 写到这里时，我想到的是（比如说）经颅磁刺激，这种技术可以安全地调节特定皮质区域的兴奋水平，暂时改变神经元处理的模式。参见：Valero-Cabré, A., et al., "Transcranial Magnetic Stimulation in Basic and Clinical Neuroscience: A Comprehensive Review of Fundamental Principles and Novel Insights," *Neuroscience and Biobehavioral Reviews* 83 (December 2017): 381–404。

34 一位痴呆患者，同时也是一名文字编辑的克里斯蒂娜·莱尔－格兰特就是一个很好的例子，参见：Lambert, V., "My Life Depends on Post-It Notes Now," *Daily Telegraph* (May 4, 2006)。关于认知辅助技术的潜力和目前的局限性，参见：Gibson, G., et al., "Personalisation, Customisation and Bricolage: How People with Dementia and Their Families Make Assistive Technology Work for Them," *Ageing and Society* 39(11), (2019): 2502–2519。一些更加激进和更具挑战性的观点，参见：Robert Clowes, "The Internet Extended Person: Exoself or Doppelganger?" *Interdisciplinary Journal of Philosophy & Psychology* 15 (2020): 22。

35 我在《放大心灵》(*Supersizing the Mind*) 一书中像这样描述资源调用难题："(延展心智观)留下了一系列新的难题。它需要假定一个难以理解的'调用'过程，从'库房'中取出各种'配件'，经柔性组合产生一个解决问题的整体方案，'库房'中的'配件'可能包括神经存储和处理例程、感知和运动例程、外部存储和操作，以及各种涉及自制材料认知支撑体系（比如绘制草图）的循环。最能体现其激进色彩的是，它认为这一过程无须中央控制器的参与。"参见：Clark, A., *Supersizing the Mind: Embodiment, Action, and Cognitive Extension* (New York: Oxford University Press, 2008), p. 137。

36 这是我的主张，而不是查默斯的。这并不是说我们有什么分歧，而是说他不像我那样重视神经系统本身的活动，他更关注对行为的解释。参见：Chalmers, C., "Extended Cognition and Extended Consciousness," in Colombo, Irvine, and Stapleton (eds.), *Andy Clark and His Critics*。书中有许多重要的批评意见及相应的答复。

37 在与这种复杂处理活动有关的重要脑区中，人类的前额叶皮质值得一提。这部分组织（约占人脑体积的10%）长期以来一直被认为与意志和高级认知功能有关。有研究者试图将它的许多认知角色统一起来。他们认为前额叶皮质在认知控制、学习和记忆中的主要功能最好被理解为"预见预测误差"。这使其成为帮助我们在正确的时间选择和发起正确的认识行动的完美工具。参见：Alexander., W. H., and Brown, J. W., "Frontal Cortex Function as Derived from Hierarchical Predictive Coding," *Nature: Scientific Reports* 8(1) (2018): 3843。

38 参见：Adams, F., and Aizawa, K., *The Bounds of Cognition*, 2nd ed. (Oxford: Blackwell, 2010); Rupert, R., *Cognitive Systems and the Extended Mind* (Oxford: Oxford University Press, 2009); 以及 Colombo, Irvine, and Stapleton (eds.), *Andy Clark and His Critics*。

第7章 "黑进"预测机器

1 要了解这些领域的研究，参见：Price, D. D., Finniss, D. G., and Benedetti, F., "A Comprehensive Review of the Placebo Effect: Recent Advances and Current Thought," *Annual Review of*

Psychology 59(1) (2008): 565–590。最早用预测处理理论解释这些问题的作品之一是：Büchel, C., et al., "Placebo Analgesia: A Predictive Coding Perspective," *Neuron* 81(6) (2014): 1223–1239。

2 相关综述可见：Gary Greenbergg's *New York Times Magazine* (November 7, 2018) piece, "What if the Placebo Effect Isn't a Trick?"。

3 关于运动表现与安慰剂的最新综述，参见：Hurst P., et al., "The Placebo and Nocebo Effect on Sports Performance: A Systematic Review," *European Journal of Sport Science* 20(3) (April 2020): 279–292。

4 关于"假手术"的经典研究，参见：Moseley J. B., et al., "A Controlled Trial of Arthroscopic Surgery for Osteoarthritis of the Knee," *New England Journal of Medicine* 347(2) (2002): 81–88。研究发现，无论患者接受的是真手术还是假手术，他们的骨关节炎疼痛都得到了同等程度的缓解。这些结果已经在随后的各种研究和荟萃分析中得到了复现和证实，包括：Kirkley A., et al., "A Randomized Trial of Arthroscopic Surgery for Osteoarthritis of the Knee," *New England Journal of Medicine* 359(11) (2008): 1097–1107。另见：Sihvone, R., Paavola, M., Malmivaara, A., and the FIDELITY (Finnish Degenerative Meniscal Lesion Study) Investigators, "Arthroscopic Partial Meniscectomy Versus Placebo Surgery for a Degenerative Meniscus Tear: A 2-Year Follow-up of the Randomised Controlled Trial," *Annals of the Rheumatic Diseases* 77 (2018): 188–195。

5 参见综述：Marchant, J., "Placebos: Honest Fakery," *Nature* 535 (2016): S14–S15。关于肠易激综合征，参见：Kaptchuk, T. J., et al., "Placebos Without Deception: A Randomized Controlled Trial in Irritable Bowel Syndrome," *PLoS ONE* 5 (2010): e15591。关于癌因性疲乏，参见：Zhou, E. S., et al., "Open-Label Placebo Reduces Fatigue in Cancer Survivors: A Randomized Trial," *Support Care Cancer* 27 (2019): 2179–2187。综合性的解释参见：Rich Hariday, "The 'Honest' Placebo: When Drugs Still Work Even Though Patients Know They're Fake," *New Atlas* (October 2018)。

6 引用评论出自 2018 年 10 月一篇发表于在线科技与新闻杂志 *New Atlas* 的文章，作者是 Rich Haridy，参见：https://newatlas.com/honest-placebo-treatment-research/56720；参见：Kaptchuk, T. J., et al., "Placebos Without Deception: A Randomized Controlled Trial in Irritable Bowel Syndrome," *PLoS ONE* 5(12): 2010: e15591。

7 参见：Carvalho, C., et al., "Open-Label Placebo Treatment in Chronic Low Back Pain: A Randomized Controlled Trial," *Pain* 157(12) (2016): 2766–2772。

8 参见：Zhou, E. S., et al., "Open-Label Placebo Reduces Fatigue in Cancer Survivors: A Randomized Trial," *Support Care Cancer* 27 (2019): 2179–2187。

9 这个故事被载入了 20 世纪安慰剂研究的历史。故事中的医生于 1955 年写了一篇非常有影响力的短文，参见：Henry Beecher, "The Powerful Placebo," *The Journal of the American Medical Association* 159 (1955): 1602–1606。对这篇文章的富有启发意义的批评，参见：Kienle, G. S., and Kiene, H., "The Powerful Placebo Effect: Fact or Fiction?," *Journal of Clinical Epidemiology* 50(12) (1997): 1311–1318。相关综述，参见：Benedetti, F., *Placebo Effects*, 2nd ed. (Oxford: Oxford University Press, 2014)。

10 参见：Headrick, J. P., et al., "Opioid Receptors and Cardioprotection—'Opioidergic Conditioning' of the Heart," *British Journal of Pharmacology* 172(8) (April 2015): 2026–2050。另见：Corder, G., et al., "Endogenous and Exogenous Opioids in Pain," *Annual Review of Neuroscience* 41(1) (2018): 453–473。

11 参见：Benedetti, F., et al., "Teaching Neurons to Respond to Placebos," *The Journal of Physiology* 594(19) (2016): 5647–5660。

12 大卫·罗布森的名作提出了这种可能，参见：Chapter 5（"Faster, Stronger, Fitter"）of *The Expectation Effect: How Your Mindset Can Transform Your Life* (Edinburgh: Canongate, 2022)。这本书展示了大量关于如何利用"期望效应"提高运动表现的方法，包括健身、饮食、应对压力、提高意志力和增强问题解决能力等。

13 引文出自学术先锋迪帕克·沃拉（Deepak Voora），摘自维维亚娜·卡利耶（Viviane Callier）在《新科学家》发表的文章，参见："Genetic Test Helps People Avoid Statins That May Cause Them Pain" (August 18, 2017)。相关研究，参见：Peyser, B., et al., "Effects of Delivering SLCO1B1 Pharmacogenetic Information in Randomized Trial and Observational Settings," *Circulation: Genomic and Precision Medicine* 11(9) (2018): e002228。

14 由遗传决定的差异就可能产生某种影响。COMT（儿茶酚–O–甲基转移酶）等酶的共同作用有助于确定多巴胺在一些重要脑区的代谢水平。COMT 水平较高者的多巴胺代谢水平也更高，导致可用的多巴胺较少，他们对安慰剂的反应也较弱。较低水平的 COMT 效果相反，似乎能促进对安慰剂的反应。这是因为多巴胺是复杂的（精度加权）平衡活动的关键一环，影响着对预测和感官证据的选择性加权。参见：Hall, K. T., Loscalzo, J., Kaptchuk, T. J., "Systems Pharmacogenomics—Gene, Disease, Drug and Placebo Interactions: A Case Study in COMT," *Pharmacogenomics* 20(7) (May 2019): 529–551。

15 参见：Dienes, Z., et al., "Phenomenological Control as Cold Control," *Psychology of Consciousness: Theory, Research, and Practice* 9(2) (2022): 101–116；以及 Lush, P., et al., "Trait Phenomenological Control Predicts Experience of Mirror Synaesthesia and the Rubber Hand Illusion," *Nature Communications* 11, 4853 (2020)。另见：Martin, J. R., and Pacherie, E., "Alterations of Agency in Hypnosis: A New Predictive Coding Model," *Psychological Review* 126(1) (2019): 133–152。

16 神经成像研究显示，在虚拟现实条件下，一些重要脑区如脑岛、丘脑以及体感区的神经活动发生了变化。参见：Hoffman, H. G., et al., "The Analgesic Effects of Opioids and Immersive Virtual Reality Distraction: Evidence from Subjective and Functional Brain Imaging Assessments," *Anesthesia & Analgesia* 105 (2007): 1776–1783。关于该研究的介绍，参见：Yudhijit Bhattacharjee, "A World of Pain," *National Geographic*（January 2020）：46–69。

17 参见：Tanja-Dijkstra K., et al., "The Soothing Sea: A Virtual Coastal Walk Can Reduce Experienced and Recollected Pain," *Environment and Behavior* 50(6) (2018): 599–625。

18 针对烧伤的治疗，参见：Hoffman, H. G., et al., "Virtual Reality as an Adjunctive Pain Control During Burn Wound Care in Adolescent Patients," *Pain* 85 (2000): 305–309。针对

烧伤的虚拟现实疗法效果，见综述：Malloy, K. M., and Milling, L. S., "The Effectiveness of Virtual Reality Distraction for Pain Reduction: A Systematic Review," *Clinical Psychology Review* 30 (2010): 1011–1018。另见：Kipping, B., et al., "Virtual Reality for Acute Pain Reduction in Adolescents Undergoing Burn Wound Care: A Prospective Randomized Controlled Trial," *Burns* 38 (2012): 650–657。虚拟现实疗法对幻肢痛的作用，参见：Ambron, E., et al., "Immersive Low-Cost Virtual Reality Treatment for Phantom Limb Pain: Evidence from Two Cases," *Frontiers in Neurology* 9 (2018): 67。

19 参见：http://www.hitl.washington.edu/projects/vrpain/。

20 对音乐疗法和虚拟现实疗法的比较，参见：Honzel, E., et al., "Virtual Reality, Music and Pain: Developing the Premise for an Interdisciplinary Approach to Pain Management," *Pain* 160 (2019): 9: 1909–1919。

21 参见：Ouyang, H., "Can Virtual Reality Help Ease Chronic Pain?," *New York Times Magazine* (April 26, 2022)。

22 参见：https://www.fda.gov/news-events/press-announcements/fda-authorizes-marketing-virtual-reality-system-chronic-pain-reduction.

23 参见：Garcia, L. M., Birckhead, B. J, Krishnamurthy, P., et al., "An 8-Week Self-Administered At-Home Behavioral Skills–Based Virtual Reality Program for Chronic Low Back Pain: Double-Blind, Randomized, Placebo-Controlled Trial Conducted During COVID-19." *Journal of Medical Internet Research* (2021) 23(2):e26292。另见：Garcia, L. M., Birckhead, B. J., Krishnamurthy, P., et al., "Three-Month Follow-Up Results of a Double-Blind, Randomized, Placebo-Controlled Trial of 8-Week Self-Administered At-Home Behavioral Skills–Based Virtual Reality (VR) for Chronic Low Back Pain," *Journal of Pain* (2021)。

24 谨慎是必要的，因为许多疾病——包括心血管疾病、癌症、病毒和细菌感染——若非尽早发现和治疗，都会呈螺旋式发展，最终恶化。因此，负责任地使用安慰剂需要以正确的诊断为基本前提。参见：Benedetti, F., "The Dangerous Side of Placebo Research: Is Hard Science Boosting Pseudoscience?," *Clinical Pharmacology & Therapeutics* 106(6) (2019): 1166–1168。

25 参见：Martens, A., et al., "Combating Stereotype Threat: The Effect of Self-Affirmation on Women's Intellectual Performance," *Journal of Experimental Social Psychology* 42 (2006): 236–243。相关综述，参见：Cohen, G. L., and Sherman, D. K., "The Psychology of Change: Self-Affirmation and Social Psychological Intervention," *Annual Review of Psychology* 65 (2014): 333–371。

26 参见：Cohen, G. L., et al., "Reducing the Racial Achievement Gap: A Social-Psychological Intervention," *Science* 313(5791) (September 1, 2006): 1307–1310。关于英国拮据学生的研究，参见：Hadden, I. R., et al., "Self-Affirmation Reduces the Socioeconomic Attainment Gap in Schools in England," *British Journal of Educational Psychology* 90(2) (May 2020): 517–536。另见：Goyer, J. P., et al., "Self-Affirmation Facilitates Minority Middle Schoolers' Progress Along College Trajectories," *Proceedings of the National Academy of Sciences of the United

States of America 114(29) (2017): 7594–7599。

27 关于语言影响预测处理的多种方式，参见：Lupyan, G., and Clark, A., "Words and the World: Predictive Coding and the Language-Perception-Cognition Interface," *Current Directions in Psychological Science* 24(4) (2015): 279–284。

28 早餐煎蛋卷研究，参见：Brown, S., et al., "We Are What We (Think We) Eat: The Effect of Expected Satiety on Subsequent Calorie Consumption," *Appetite* 152 (2010): 104717。奶昔和胃促生长素的研究，参见：Crum, A. J., et al., "Mind over Milkshakes: Mindsets, Not Just Nutrients, Determine Ghrelin Response," *Health Psychology* 30(4) (2011): 424–429。其他证据和相关讨论，参见：Robson, D., *The Expectation Effect* (Edinburgh: Canongate, 2022)。

29 这是国际疼痛研究协会的界定，相关报告，参见：Cohen, S. P., Vase, L., and Hooten, W. M., "Chronic Pain: An Update on Burden, Best Practices, and New Advances," *Lancet* 397(10289) (2021): 2082–2097。这份报告同样定义了正文稍后提到的可塑性疼痛。

30 参见：Fitzcharles, M. A., et al., "Nociplastic Pain: Towards an Understanding of Prevalent Pain Conditions," *Lancet* (2021 May) 29; 397(10289): 2098-2110。

31 参见：Freynhagen, R., et al., "Current Understanding of the Mixed Pain Concept: A Brief Narrative Review," *Current Medical Research and Opinion* 35 (2019): 1011-1018。

32 对某些慢性疲劳特例的讨论，参见：Nijs, J., et al., "In the Mind or in the Brain? Scientific Evidence for Central Sensitisation in Chronic Fatigue Syndrome," *European Journal of Clinical Investigation* 42 (2012): 203–212。

33 参见：Trujillo, M. S., et al., "Embodiment in Virtual Reality for the Treatment of Chronic Low Back Pain: A Case Series," *Journal of Pain Research* 13 (2020): 3131–3137。

34 我是从凯瑟琳·内夫那儿听说马克斯·霍金斯的故事的，凯瑟琳和我在一个关于预测性大脑的大型赞助项目中共事。我们就这个故事合写了一篇文章（当然作者还有另外几位项目成员），正文接下来的几段就摘自那篇文章。参见：Miller, M., et al., "The Value of Uncertainty," *Aeon Magazine*. https://aeon.co/essays/use-uncertainty-to-leverage-the-power-of-your-predictive-brain。

35 参见：Schwartenbeck, P., et al., "Exploration, Novelty, Surprise, and Free Energy Minimization," *Frontiers in Psychology* 4 (2013): 710。另见：Domenech, P., Rheims, S., and Koechlin, E., "Neural Mechanisms Resolving Exploitation-Exploration Dilemmas in the Medial Prefrontal Cortex," *Science* 369(6507) (2020): eabb0184。

36 参见 2019 年的演讲：*YPO Edge*, "Leaning in to Entropy," https://www.youtube.com/watch?v=3ecDsJrkKn4。

37 一些有代表性的论文，包括（关于成瘾的）：Bogenschutz, M. P., et al., "Psilocybin-Assisted Treatment for Alcohol Dependence: A Proof-of-Concept Study," *Journal of Psychopharmacology* (Oxford, England), 29(3) (2015): 289–299;（关于临终焦虑）：Ross, S., et al., "Rapid and Sustained Symptom Reduction Following Psilocybin Treatment for Anxiety and Depression in Patients with Life-Threatening Cancer: A Randomized

Controlled Trial," *Journal of Psychopharmacology* 30(12) (2016): 1180;（关于抑郁症）：Carhart-Harris, R. L., et al., "Psilocybin for Treatment-Resistant Depression: fMRI-Measured Brain Mechanisms," *Scientific Reports* 7(1) (2017): 13187。另见：Barrett, F. S., Preller, K. H., and Kaelen, M., "Psychedelics and Music: Neuroscience and Therapeutic Implications," *International Review of Psychiatry* 30(8) (2018): 1–13。

38 参见：Kettner, H., et al., "From Egoism to Ecoism: Psychedelics Increase Nature Relatedness in a State-Mediated and Context-Dependent Manner," *International Journal of Environmental Research and Public Health* 16 (2019): 5147。

39 相关报道，参见：Helen Ouyang, "Can Virtual Reality Help Ease Chronic Pain?," *New York Times Magazine* (April 26, 2022)。

40 传统致幻剂都可视为 5-羟色胺 2A 受体激动剂，它们会与 5-羟色胺 2A 受体位点结合并因此发挥作用。这一点很清楚，因为阻断这些受体（例如用抗高血压药物酮色林）就能消除这些药物的致幻作用。5-羟色胺 2A 受体在神经结构中的位置和密度表明，致幻剂主要作用于更高层级的皮质处理。参见：Carhart-Harris, R., "How Do Psychedelics Work?," *Current Opinion in Psychiatry* 32 (2019): 16–21。

41 并非各个脑区的活动都会同等程度地减少，相反，活动的减少主要发生在一些关键区域（丘脑、后扣带皮质、内侧前额叶皮质），它们被视为对全脑活动实施"排演"与协调的"中枢"。参见：Carhart-Harris, R. L., et al., "Neural Correlates of the Psychedelic State as Determined by fMRI Studies with Psilocybin," *Proceedings of the National Academy of Sciences* 109 (2012): 2138–2143。

42 关于致幻剂导致的自我消解，参见：Letheby, C., and Gerrans, P., "Self Unbound: Ego Dissolution in Psychedelic Experience," *Neuroscience of Consciousness* 2017(1) (2017): nix016；关于后扣带皮质的影响，参见：Carhart-Harris, R. L., and Friston, K. J., "REBUS and the Anarchic Brain: Toward a Unified Model of the Brain Action of Psychedelics," *Pharmacological Reviews* 71 (2019): 316–344。

43 参见：Carhart-Harris, R. L., and Friston, K. J., "REBUS and the Anarchic Brain: Toward a Unified Model of the Brain Action of Psychedelics," *Pharmacological Reviews* 71 (2019): 316–344，特别是其中的 G 小节。

44 并非所有的消遣性药物都有传统致幻剂潜在的有益作用，有些药物只有其中的一部分。酒精和许多其他"成瘾药物"的作用方式截然不同，它们似乎会"劫持"大脑对其在减少预测误差方面表现如何的评估。这意味着大脑被愚弄，以为自己在减少预测误差方面做得比预期的要好得多。在最大限度地减少大量预测误差方面取得的虚幻的成功会鼓励养成反复使用的习惯。与多种环境因素共同作用，会导致这习惯特别难戒除。参见：Miller, M., Kiverstein, J., and Rietveld, E., "Brain and Cognition Embodying Addiction: A Predictive Processing Account," *Brain and Cognition* 138 (2020): 105495。

45 不同类型的冥想的作用及其与致幻剂的作用的对比，参见 Millière, R., et al., "Psychedelics, Meditation, and Self-Consciousness," *Frontiers in Psychology* 9 (2018): 1475。

46 有趣的是，对冥想的神经成像研究发现，不同风格和形式的练习会产生不同的效果。例如，

2016 年对 78 项此类研究的荟萃分析发现，几种不同的技术具有独特的激发和抑制模式。尽管每种技术都显示出自己独特的细粒度特征，但它们几乎都涉及对岛叶皮质的影响——正如我们在第 4 章看到的那样，岛叶皮质是整合多种身体（内感受）信号的区域。参见：Fox, K. C. R., et al., "Functional Neuroanatomy of Meditation: A Review and Meta-Analysis of 78 Functional Neuroimaging Investigations," *Neuroscience & Biobehavioral Reviews* 65 (2016): 208–228。

47　参见：Laukkonen, R. E., and Slagter, H. A., "From Many to (N)one: Meditation and the Plasticity of the Predictive Mind," *Neuroscience and Biobehavioral Reviews* 128 (April 2021): 199–217。

48　尽管有一些表面上的相似之处，但这种"从自我后退一步"与人格解体障碍（DPD）患者报告的有时非常可怕的体验截然不同。人格解体障碍是一种精神疾病，可能由虐待、酷刑或极端压力导致。人格解体障碍患者会报告他们感到与世界和自己脱离开来了，这令他们深感不安，甚至感觉自己已不再存在，尽管依然保留了全部的记忆和知识。长期冥想者偶尔会陷入这种混乱无序的状态。事实上，有人将这种人格解体障碍称为"开悟的孪生恶魔"。但人格解体障碍与正常的冥想截然不同，因其显然涉及个人控制能力的丧失。关于二者的共性和差异的讨论，参见：Deane, G., Miller, M., and Wilkinson, S., "Losing Ourselves: Active Inference, Depersonalization, and Meditation," *Frontiers in Psychology* 11 (2010): 539726。另见：Gerrans, P., "Depersonalization Disorder, Affective Processing and Predictive Coding," *Review of Philosophy and Psychology* 10 (2019): 401–418。

49　许多文献都探讨了这类练习的效果，得出了多种多样的结论（这一点需要强调）。参见 Farb, N., et al., "Interoception, Contemplative Practice, and Health," *Frontiers in Psychology* 6 (2015): 763；以及 Farb, N. A. S., Segal, Z. V., and Anderson, A. K., "Mindfulness Meditation Training Alters Cortical Representations of Interoceptive Attention," *Social Cognitive and Affective Neuroscience* 8 (2013): 15–26。

结论　预测生态学：心智的大一统理论

1　参见：Chalmers, D., *The Conscious Mind: In Search of a Fundamental Theory* (New York: Oxford University Press, 1996)。

2　参见：Dennett, D., *Consciousness Explained* (Boston: Little, Brown, 1991); and Frankish, K., "Illusionism as a Theory of Consciousness," *Journal of Consciousness Studies* 23(11–12) (2016): 11–39。我自己对这个问题的理解，参见："Consciousness as Generative Entanglement," *Journal of Philosophy* 116(12) (2019): 645–662。另见：Clark, A., Friston, K., and Wilkinson, S., "Bayesing Qualia: Consciousness as Inference, Not Raw Datum," *Journal of Consciousness Studies* 26(9–10) (2019): 19–33。

3　在我写下这些文字时，一个专门针对该主题的新项目已经启动。项目由欧洲研究委员会协同基金资助（XSCAPE——物质性心智研究的新方法论），聚集了视觉科学家、考古学家、哲学家和计算理论学者，他们共同致力于解决不同的物质和社会环境如何影响我们的预测心智的问题。

4 一些有趣的猜测，参见：Deacon, T., *The Symbolic Species* (New York: Norton, 1997); Donald, M., *Origins of the Modern Mind: Three Stages in the Evolution of Culture and Cognition* (Cambridge: Harvard University Press, 1991); 以及 Mithen, S., *The Prehistory of the Mind: A Search for the Origins of Art, Religion, and Science* (London: Thames & Hudson, 1996)。另见：Deacon, T. W., "Beyond the Symbolic Species," in Schilhab, T., Stjernfelt, F., and Deacon, T. (eds.), *The Symbolic Species Evolved*, vol. 6 of *Biosemiotics* (Dordrecht: Springer, 2012); Hutchins, E., "The Role of Cultural Practices in the Emergence of Modern Human Intelligence," *Philosophical Transactions of the Royal Society, B 363 (1499)* (June 12, 2008): 2011–2019; 以及 Hutchins, E., "The Cultural Ecosystem of Human Cognition," *Philosophical Psychology* 27 (2011): 34–49。

5 人类象征性文化的产生可能只是一种幸运，是某些适应策略、某些历史偶然和原本为其他目的而演化出来的某些资源不断地"神经复用"的结果。相关猜测，参见：Dehaene, S., *The Number Sense* (Oxford University Press, 1997); Smith, K., and Kirby, S., "Cultural Evolution: Implications for Understanding the Human Language Faculty and Its Evolution," *Philosophical Transactions of the Royal Society B*, 363 (1509) (November 12, 2008): 3591–3603; 以及 Heyes, C., *Cognitive Gadgets: The Cultural Evolution of Thinking* (Cambridge: Harvard University Press, 2018)。

附录　细节补充

1 相关作品如：Jacob Hohwy, *The Predictive Mind* (New York: Oxford University Press, 2013) 和我自己的 *Surfing Uncertainty: Prediction, Action, and the Embodied Mind* (New York: Oxford University Press, 2016)。Anil Seth, *Being You: A Science of Consciousness* (Penguin, UK, 2021) 提供了认知神经科学的见解。

2 请注意，这个孩子对其乐高积木内部生成模型的使用可能得到其在现实世界中的探索行动的支持和引导。他可能将积木块推来推去，这有助于他对可以建造怎样的结构产生新的想法。正如我们在第6章看到的那样，这种技巧被证明是非常强大的。

3 神经网络生成"伪名人"图像的例子，参见：Karras, T., Laine, S., and Aila, T., "A Style-Based Generator Architecture for Generative Adversarial Networks," *arXiv* 1812:04948 (December 2018): 1–12。

4 参见：Goodfellow, I., et al., "Generative Adversarial Nets," *Advances in Neural Information Processing Systems* 27 (2014): 2672–2680。

5 该方向的早期研究如 Çatal, O., et al., "Learning Generative State Space Models for Active Inference," *Frontiers in Computational Neuroscience* 14 (2020): 574372。

6 参见：Parisi, G.I., et al., "Continual Lifelong Learning with Neural Networks: A Review," *Neural Networks* 113 (2019): 54–71。

7 一些最快速的早期处理（如第 1 章和第 5 章所述）可能也涉及所谓的平摊推理，这听起来有点儿吓人，但它实现了一种非常直接，而且可能速度极快的（从某些传入的感觉数据到对世界的信念的）映射，有助于为后续的迭代预测和基于预测误差的微调过程奠定基础。参见：Tschantz, A., et al., "Hybrid Predictive Coding: Inferring, Fast and Slow," *arXiv* 2204:02169v2 (2022)。另见：Teufel, C., and Fletcher, P. C., "Forms of Prediction in the Nervous System," *Nature Reviews Neuroscience* 21(4) (2020): 231–242。

8 参见：Barrett, L. F., and Bar, M., "See It with Feeling: Affective Predictions in the Human Brain," *Philosophical Transactions of the Royal Society B*, 364(1521) (May 4, 2009): 1325–1334。

9 参见：Friston, K. J., et al., "Action and Behavior: A Free-Energy Formulation," *Biological Cybernetics* 102 (2010): 227–260。该见解在机器人平台上的应用，参见：Pio-Lopez, L., etal., "Active INFERENCE and Robot Control: A Case Study," *Journal of the Royal Society Interface* 13 (2016): 20160616。

10 参见：Friston, K., "The Free-Energy Principle: A Rough Guide to the Brain?", *Trends in Cognitive Sciences* 13 (2009): 293–301。另见：Friston, K., "Predictive Coding, Precision and Synchrony," *Cognitive Neuroscience* 3(3–4) (2012): 238–239。

11 参见：Kok P., et al., "Attention Reverses the Effect of Prediction in Silencing Sensory Signals," *Cerebral Cortex* 22(9) (2012): 2197–2206。

12 参见：Mirza, M. B., et al., "Introducing a Bayesian Model of Selective Attention Based on Active Inference," *Scientific Reports* 9(1) (September 2019): 13915。

13 在统计学语境下，"精度"即逆方差，而方差指对特定信号含噪水平的评估。参见：Feldman, H., and Friston, K., "Attention, Uncertainty, and Free-Energy," *Frontiers in Human Neuroscience* 2(4) (2010): 215。

14 关于大脑的层级结构，参见我于 2016 年出版的著作 *Surfing Uncertainty: Prediction, Action, and the Embodied Mind* (New York: Oxford University Press)。

15 在神经生理学层面，这一点是由许多大脑机制共同作用来实现的，尤其包括以多巴胺、5-羟色胺和乙酰胆碱为核心的复杂的神经递质作用机制。参见：Friston, K., et al., "Dopamine, Affordance and Active Inference," *PLoS Computational Biology* 8(1) (2012): e1002327。另见：Kanai, R., et al., "Cerebral Hierarchies: Predictive Processing, Precision and the Pulvinar," *Philosophical Transactions of the Royal Society B*, 370(1668) (May 19, 2015): 20140169。关于预测处理的实证证据，一篇非常详细的综述，参见：Walsh, K. S., et al., "Evaluating the Neurophysiological Evidence for Predictive Processing as a Model of Perception," *Annals of the New York Academy of Sciences* 1464(1) (2020): 242–268。

16 要理解这一切，从概念景观到神经生理学细节，包括一个出色的模拟工具包，参见：Parr, T., Pezzulo, G., and Friston, K., *Active Inference: The Free Energy Principle in Mind, Brain, and Behavior* (Cambridge: MIT Press, 2022)。